Knowledge BASE 系列

一冊通曉 全人類文明・文化分合交融的履歷

圖解 世界史 更新版

小松田直 著　黃秋鳳 譯

以世界史為座標認識台灣

文◎楊肅獻
（台灣大學歷史學系教授）

　　台灣的史學界習慣以「本國史／外國史」或「中國史／西洋史」，來劃分歷史研究領域。這一種劃分方式是十九世紀「國別史」寫作傳統的餘緒。十九世紀的「國別史」深受民族主義的影響，充滿著沙文主義，助長世界的衝突。一九六○年代，歐美學者開始提倡「世界史」觀念，希望去除歐洲中心主義，從整體人類的關照來撰寫世界史，以促進族群、文明間的相互理解。這是一種高貴的理念。

　　一九七○年代以來，台灣由於經濟的發展，快速地向世界開放，人民的視野逐漸開闊，對世界文化開始有理解的興趣。歷史學界受到此一潮流的衝擊，也開始接受「世界史」觀念。到一九九○年代，台灣的大學歷史系紛紛以「世界史」取代傳統的「外國史」或「西洋史」課程。那麼，台灣人為何要認識「世界史」呢？了解「世界史」對現代台灣人的自我認知有何意義呢？

了解世界史是認識台灣的必要條件

　　歷史的功用之一，是讓人透過對「過去」的理解，以達到「自我認識」。台灣人要了解自己的過去，無疑地首先必須通曉台灣史與中國史。我們的歷史教育一向以中國史為主，晚近台灣史也獲得正視。不過，我們習於把台灣史，特別是中國史孤立起來看待，很少將其置放在「世界史」脈絡。這樣的看待方式有時會妨礙我們對台灣或中國歷史的理解。

　　台灣是一個開放的海島國家，歷史上從不自我封閉。自十六世紀以來，全球各地逐漸形成一個單一的「世界體系」。早在十七世紀初期，地處東亞海域的台灣就因西班牙與荷蘭人的來臨而進入此一體系，並與「世界接軌」了。四百年以來，台灣的歷史發展與世界歷史的脈動息息相關。就此而言，具備「世界史」──特別是近代史──知識，是了解台灣歷史不可缺少的條件。

　　中國史家喜歡強調中國歷史的獨自性，秦漢帝國與羅馬帝國、五胡亂華與蠻族入侵、隋唐帝國與伊斯蘭帝國，雖然並存於世，在我們的歷史圖像中卻很少拼在一塊。近世以來，中國與世界的互動漸繁，但我們的歷史書幾乎看不到此一互

動。談到十九世紀的中西衝突，我們經常只看到中國的戰敗與屈辱，對近代歐洲的擴張則不甚了了。過度地將「中國史」孤立於「世界史」之外，其實限制了我們對中國歷史變動的理解。

追溯文化傳統中的西方文明要素

事實上，閱讀「世界史」不但有助於我們理解「台灣史」或「中國史」，從某個角度而言也是認識「我們的文化傳統」的一種途徑。

有人會問：「世界史」與「我們的文化傳統」有何關聯？談到台灣文化的內涵，我們習慣上會聯想到漢文化、日本文化與原住民文化。實際上，台灣文化的來源複雜而多元，有傳統要素，也有現代成分。現代台灣是一個成功的現代化國家，文化上是與「現代文明」接軌的。「現代文明」根於「近代西方文化」，對我們而言是外來文化。我們的現代生活，無論物質上或精神上，大都非出自本土的文化傳統。我們吃的漢堡、穿的西裝、住的洋房、開的汽車、打的高爾夫球、看的電視等等，本都是「舶來品」，但都轉成我們文化的一部分。因此，對我們來說，閱讀「世界史」並非只是在欣賞異國情調的異國文化，也是在了解我們自己的文化傳統。

二十一世紀是一個「全球化」的時代。在這樣的時代，台灣人必須有開闊的視野，要能「立足台灣、關懷亞洲、放眼世界」。閱讀世界史乃是開拓我們文化視野的最佳途徑。

兼具專業知識與閱讀興味

「世界史」涵蓋古今中外，內容包羅萬象，一個不具歷史專業的讀者應如何去接觸呢？對這樣的讀者，一本清楚易懂、生動有趣的歷史讀物是非常有幫助的。《圖解世界史》就是寫給一般讀者的世界史普及讀物。作者小松田直畢業於法政大學社會學系，後來轉成歷史方面的自由作家兼編輯，持續幫出版社編撰日本史與世界史讀物。

明治時代以來，日本史學界即開始研究「西洋史」，百年來累積了可觀的成就，東亞國家中無出其右者。他們早就跳出「西洋史」的舊框架，從「世界史」架構來討論人類歷史的演變。一九七〇年代初，日本學界出版「岩波講座世界歷

史」，從東方文化立場來解釋「世界的歷史」，是其代表作。除了專業研究，日本學者也熱心歷史知識的普及。他們透過歷史普及書刊或者漫畫，把學院的歷史研究轉化為普及的歷史知識，提供大眾認識、接觸歷史的機會。

《圖解世界史》是一本兼具專業知識與閱讀興味的歷史讀物。這本書內容豐富，舉凡一般讀者需要知道的世界史知識，都有深入淺出的敘述。時間上，作者從人類的起源講到二十世紀冷戰結束；空間上，本書涵蓋世界各地文化，從歐洲、非洲、美洲到亞洲。在寫作安排上，作者將世界史大致斷為史前、古代、中古與近代四大階段。在每個階段中，作者以個別章節分別介紹世界各地的重要文明發展，盡量提供讀者一個完整的歷史圖像。

除了提供豐富的歷史知識外，作者也經常在行文中介紹一些讀者熟悉的典故、事物的歷史起源或背景，以提高讀者的閱讀興趣。例如：談到周朝的建國，引入姜子牙與文王的故事；講到約瑟夫二世的開明專制時，介紹了莫札特的歌劇《費加洛婚禮》；討論一八四八年二月的波蘭革命，點出蕭邦的鋼琴練習曲《革命》的創作背景；說到加州的淘金熱時，不忘解釋「牛仔褲」的起源。這些典故、事物的介紹，增加了讀者對世界史的親切感。

《圖解世界史》的原本寫作對象是日本讀者。為了讓日本讀者認識日本史與世界史之間的關聯，作者還不時地在適當地方導入日本相關的史事。例如：討論遠古人類的發現時，作者介紹一九九二年日本考古學者在衣索比亞發現拉密達猿人的成就；講到古代絲路時，強調日本是絲路的終點；談到《馬可波羅遊記》時，則特別介紹馬可波羅對日本的記述。這樣的安排，則有助於日本讀者從世界史的脈絡來認識自己本國的歷史。

楊肅献

打開世界之門，走進世界之道

文◎李聖光

（東吳大學歷史學系副教授）

　　歷史告訴我們，人類和社會都是過去的產物，了解過去並掌握時代脈動的見識可以培養出具前瞻性的洞察力，而此洞察力對於個人或社會、甚至世界的發展都是必要的。因此在閱讀歷史的過程中，最主要的關切正是人類經驗中時遷事異的縱向發展，以及受限於當世狀況的各個面貌之橫切面。換言之，歷史並不是「教導」我們對過去不假思索或者崇古地一味接受，也不只是「傳授」我們過去各個文明的成就，而是「訓練」我們了解人類如何進展到目前的情況，俾使吾人能體會到歷史不只是各個文明、國家、文化、宗教和衝突的紀錄，也是所有平凡的人的故事，而這群平凡的人也許永遠不會意識到他們或她們也曾經是歷史的塑造者，為歷史的發展默默地貢獻出一己之力。

　　當然，通曉自己文化的歷史演變很重要，了解其他文明的歷史進展同樣不容忽視，尤其在二十一世紀初，當全球化市場經濟勢不可擋的潮流之下，世界變成了「地球村」，不但突破了傳統主權、領土與國家觀念，並超越了時空界限。以自由開放與競爭為主導的思想成為新興國家追求的目標，此潮流雖然使得自由貿易蓬勃發展，但是反封閉的自由貿易體制（如世界貿易組織）卻刻意排除了各國的社會和文化傳統，造成嚴重的文化衝突。從關懷人文的角度與前提下來思考此潮流時，如果我們能採取一個全面性或整體性的視野來研習或理解整個人類歷史，這對書寫歷史的學者以及閱讀歷史的讀者來說，將是一項很大的挑戰，卻也是一項刻不容緩、且具有時代意義的使命與責任。換言之，有關不同文明的比較或跨文化交流（cross-cultural encounters）的歷史書寫方式，不但可超越傳統以地理區域或國別做為劃分領域的標準所面臨的限制，也能超脫所謂「種族中心論」的價值取向。

　　總之，身為歷史學家所面臨的艱鉅工作之一，即是提醒一般社會大眾，當人類跨越了公元二〇〇〇年之際，歷史知識不僅在文化身分認同的形成過程中是一基本要素，對於超越我們自己的社會與文化之外，培養出更為寬廣的世界觀更是絕對必要的知識。因此，了解過去所有人類的經驗，以面對來自現實的挑戰，並滿懷著信心走向未來，是每一個受過良好教育的公民應有的天職。

認識自己，放眼世界：我們需要一部什麼樣的「世界史」？

　　日本社會與學界早在橫跨公元二〇〇〇年之際已認清「任何國家都不能自外於這個世界」，因而不斷用多面性角度重新書寫這個世界中多樣性的歷史風貌，並且藉由出版一系列有關世界歷史的相關書籍，要將日本的歷史納入世界史的一環，或是從日本眼光、角度和立場來看世界史。在此時代走向與氛圍下，持續在歷史領域的專業出版社從事有關歷史編撰的自由作家兼編輯小松田直先生，出版了《圖解世界史》，儘管本書仍不免透露出日本人眼中的世界史，但是本書的圖解和圖表編寫形式（不僅只是圖像而已）是值得在台灣的我們借鏡的。台灣的城邦出版公司易博士出版社也身負普及歷史知識、以及引領一般社會大眾走進世界歷史的使命，因而出版了中文譯本；誠如該社所設定的目標，出版的重心是要回到原點的基礎學習，讓一般社會大眾更容易從中得到學習的樂趣。回顧歷史，「鄭和將中國帶給了世界，卻沒有把世界帶給中國」，讀史至此，深感中文譯本的出版是一件具有劃時代意義的事業和願景。

圖解的概念、視覺的思考邏輯與言簡意賅的文字敘事

　　本書依據文明的進程和歷史的時序、斷代和時代特徵，總共分為十大章，每章再根據相關主題細分為若干小節，總共八十五節，中文譯本分為上、下兩冊，每冊各五大章。涵蓋的時間從七百萬年前人類出現開始，直到二十世紀的冷戰和東西對峙、以及之後的世局和對未來的瞻望。

　　作者以左右雙頁對照的圖文合作和對話的方式，在交織互補和拼貼的過程中創造出獨樹一幟的書寫風格以及另類的閱讀經驗。而本書最具創意和賣點之處即在於將圖解的概念帶入學習與閱讀之中，透過清晰的視覺思考邏輯和化繁為簡的圖解和圖表形式，勾勒出世界文明與歷史進程的梗概。圖文並茂的形式簡明扼要且一目了然，但顯而易見的，做為一本啟蒙入門書，作者的企圖心是要激發讀者更進一步鑽研的好奇心，並大量運用地圖、圖解和圖表的方式來導引讀者充分發揮想像力，以便進入歷史發生的「場景」與「情境」之中。

　　從本書的編排方式可以一窺作者獨具匠心的細膩與宏觀之處。眾所周知，要兼顧史實的詳細與容易消化吸收，並從中達成通盤的認知和了解，而且能享受閱讀和學習的樂趣，並非易事。作者使用提綱挈領的章節編排與圖解方式看似簡單，卻凸顯出作者的世界史觀之思維，以成其「一家之言」。各章節的標題與圖

解充分呈現作者運用東西文明、或世界文明比較的視野來掃描世界歷史發展的大趨勢，並鋪陳出一條清晰且具視覺思考邏輯的脈絡和線索，因而蘊藏著「通古今之變」的奧妙於其中。

為了兼具實用性和通俗性，作者不僅將各地區不同人種、語言文字、民族國家、生活方式、學術思想、文學作品、物質文明、都市文明、宗教、藝術等用圖解編成一覽表，且收錄了各地區的重要神話傳說、典故、建築藝術、以及貫穿世界史的主要人物和事件，例如世界七大奇觀、感恩節的由來、聖誕樹的起源、鐵幕等。至於新聞事件和標題式的穿插運用，不但強化讀者對歷史的認知，同時也達到結合歷史與現實生活的旨趣。此外，作者也不時列舉以歷史題材所拍攝的電影，這些影片並非「模擬過去」，而是企圖藉用影像的虛實之間，印證「歷史的真相」是存在於影片中的主題與時代氛圍和品味的選擇。

找到全世界的感覺

人世間發生的事情有如過眼雲煙般，卻也歷經了千萬年之久。如果所留下的文物、紀錄與被刻意遺忘和忽略的加在一起，多如天上的星辰。而本書的作者不需依賴繁複的文字敘事以及深度的詮釋和解讀，卻能點出人類文明進程中主要發生且一再發生的事情（例如帝國的興衰、宗教的起源、學術思想的更迭、東西「絲路」的開通與交流、技術的革新、戰爭與革命的反覆等等）以及導致事情發生且一再發生的「人」──不論是男人、女人、英雄或平凡大眾。

在文字與圖解的互動之間，不難體會出本書作者企圖喚醒一般社會大眾對於過往歷史失去的熱情與興趣，正如作者在最後一章節語重心長所表明的，學習歷史以及向歷史學習的目的是要「理解」紛雜多變的世界和「了解」自己現在所處的世界，走出「報復的鎖鏈」，進而自尊尊人，自重重人，共同期待「和平曙光」的出現。這是一本值得各級學生、老師以及一般社會大眾閱讀和教學輔助參考的世界史，易讀易懂。讀完本書之後，請各位讀者捫心自問：「我是否找到全世界的感覺？」

2005.11.20
寫於士林外雙溪畔

探索歷史事件的「世界」效應

　　二〇〇二年六月的世界盃足球賽，不只讓日本、也讓全世界狂熱了起來。勝負的結果當然令人關心，不過讓筆者印象最深刻的是各國選手背負著國家的榮譽參賽之前，唱著自己國家國歌的情景。

　　國歌，象徵著一個國家的歷史。例如，奪得冠軍的巴西，他們的國歌歌詞是「為了保衛和平連死也不懼怕」之類的內容，表達了一八二二年宣布脫離葡萄牙獨立時的喜悅、以及對美麗國土的讚頌。而意外地很快就被淘汰出局的法國，他們的國歌是廣為人知的《馬賽曲》，一七九二年法國革命時，占領巴黎的馬賽義勇軍唱的就是這首歌。

　　但是，你知道巴西的獨立與法國革命有很深的淵源嗎？

　　法國革命帶動自由主義、民族主義席捲歐洲，受到拿破崙侵略的西班牙、葡萄牙也先後發動革命。這波狂瀾甚至還擴及曾是歐洲列強殖民地的中南美洲各國，各國接連脫離宗主國的統治，紛紛獨立。葡萄牙王子也在這波浪潮中登上王位，宣布巴西獨立。

　　大家都知道日本幕末時代，美國佩里率領的艦隊抵達日本，為日本的近代化開啟了一扇窗。那麼，為何佩里會來到日本呢？從最初締結的日美親善條約便可知道，他們最主要的目的，美其名是通商，說穿了是要逼迫日本幕府政府允許當時盛行的捕鯨船在日本補充糧食及燃料。此外，在鴉片戰爭之後，為了對抗開始將中國半殖民地化的西歐列強，美國必須確保對自己有利的太平洋航線也是目的之一。

　　像這樣，不要把發生於某個國家或地區的歷史事件，只是當成試題答案般背誦，如果可以把目光放在「世界史」這個大方向上，其實有很多地方會讓你茅塞頓開。

本書的目的便在於此。筆者不以時間為界將世界史區分成古代、中世紀、近代、近現代，或者分為歐洲史、亞洲史等，也避免只是排列枯燥無味的事項，以期可以讓大家順暢地理解整個世界史的發展過程。本書的各章節中不只有政治、經濟或戰爭，還包含了宗教、思想、文學、藝術等文化層面，並且廣泛地運用地圖及流程圖，簡單易懂地說明世界歷史的變。

各位如果能從頭開始看當然是最好的，不過歷史的樂趣也包含在人物或事件的小插曲裡，所以筆者盡量編排得讓讀者即使只是翻閱自己喜歡的時代，也可以從內文或迷你短評中享受閱讀雜學的樂趣。

筆者在撰寫這本書的過程中，各種相關的新聞還是陸陸續續出現，筆者也將這些最新資訊收錄其中。例如在印度發現的都市遺跡，使得考古學、古代史中的謎樣民族蘇美人的文明必須再往前追溯；以及最新發現的原人頭蓋骨，顯示了人類的祖先是誕生於大約七百萬年前。至於現代史部分，則有震驚世界、讓巴勒斯坦問題更陷入泥淖的美國九一一事件。

學習歷史，絕對不只是回想過去的浪漫而已。筆者衷心地期望各位讀者可以或多或少記取「歷史的教訓」，並將它運用到未來的生活。

最後，筆者要感謝かんき出版社的小島和彰先生，以寬容的心不斷鼓勵原稿遲遲沒有進展的筆者，還有沼田泰夫先生及かんき出版社的全體同仁，將許許多多繁雜的圖表簡潔地歸納整理出來。

小松田　直

3 分鐘讀取 700 萬年！

世界史地圖索引

本書的各章分布如下，不論東、西方歷史，都將順沿著時代的發展敘述。
透過以下的簡要地圖，可以幫助你掌握各時代的歷史大事件。

700 萬年前	
7 世紀	**PART 1** 四大文明與東方的統一
6 世紀	
5 世紀	
4 世紀	**PART 2** 希臘文化與佛教及諸子百家
3 世紀	
2 世紀	
公元前 1 世紀	**PART 3** 秦漢、羅馬帝國與民族大遷移
公元後 1 世紀	
2 世紀	
3 世紀	**PART 4** 伊斯蘭帝國與隋唐帝國
4 世紀	
5 世紀	
6 世紀	**PART 5** 十字軍與蒙古帝國
7 世紀	
8 世紀	
9 世紀	**PART 6** 大航海時代和亞洲的專制帝國
10 世紀	
11 世紀	**PART 7** 產業革命及資本主義
12 世紀	
13 世紀	
14 世紀	**PART 8** 帝國主義與社會主義
15 世紀	
16 世紀	**PART 9** 大恐慌與世界大戰
17 世紀	
18 世紀	
19 世紀	**PART 10** 東西冷戰與南北問題
現在 20 世紀	

PART 1 四大文明與東方的統一
700 萬年前～公元前 6 世紀的世界

東方文明誕生，波斯統一了東方。

黃河文明

印度文明

美索不達米亞文明

埃及文明

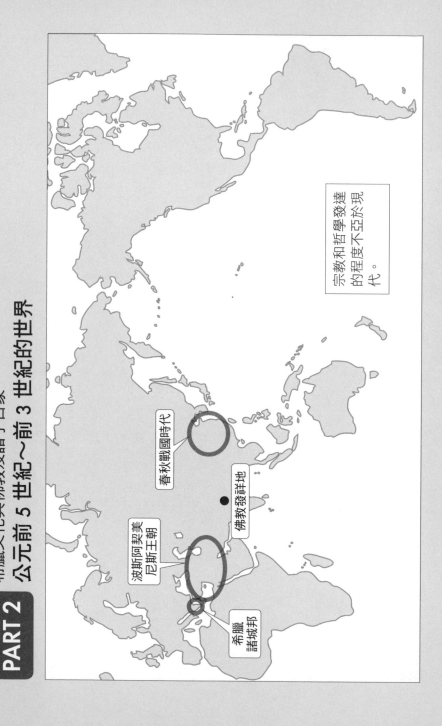

PART 2 希臘文化與佛教及諸子百家

公元前 5 世紀～前 3 世紀的世界

宗教和哲學發達的程度不亞於現代。

春秋戰國時代

佛教發祥地

波斯阿契美尼斯王朝

希臘諸城邦

PART 3

秦漢、羅馬帝國與民族大遷移
公元前 3 世紀～公元 6 世紀的世界

納斯卡文化

宗教和哲學發達
的程度不亞於現
代。

漢

匈奴

絲路

日耳曼人

羅馬帝國

13

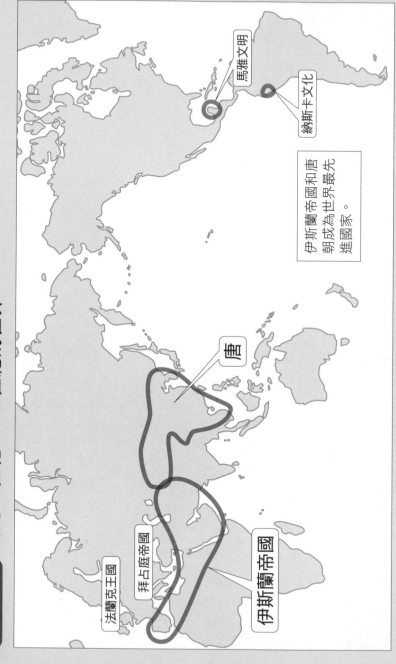

PART 4 公元 7 世紀～ 11 世紀的世界

伊斯蘭帝國與隋唐帝國

唐

伊斯蘭帝國

法蘭克王國

拜占庭帝國

馬雅文明

納斯卡文化

伊斯蘭帝國和唐
朝成為世界最先
進國家。

PART 5　十字軍與蒙古帝國
公元 11 世紀～15 世紀的世界

由於十字軍和成吉
思汗的遠征加速了
東西文化的交流。

馬雅文明

蒙古帝國　哈喇崑崙

元

大都

基輔

威尼斯

耶路撒冷

十字軍

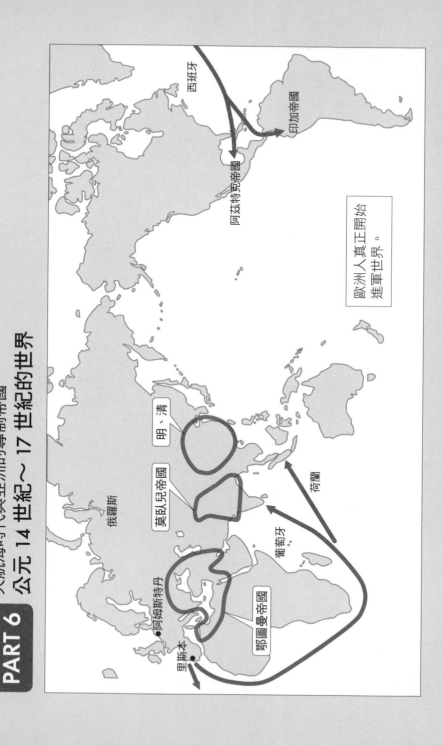

PART 6 大航海時代與亞洲的專制帝國

公元 14 世紀～ 17 世紀的世界

西班牙

印加帝國

阿茲特克帝國

歐洲人真正開始
進軍世界。

明、清

莫臥兒帝國

俄羅斯

荷蘭

葡萄牙

鄂圖曼帝國

阿姆斯特丹

里斯本

PART 7 產業革命與資本主義

公元 16 世紀～ 19 世紀初的世界

美國

清

莫臥兒帝國

鄂圖曼帝國

聖彼得堡

柏林

維也納

巴黎

倫敦

全世界開始被導
入工業社會中。

17

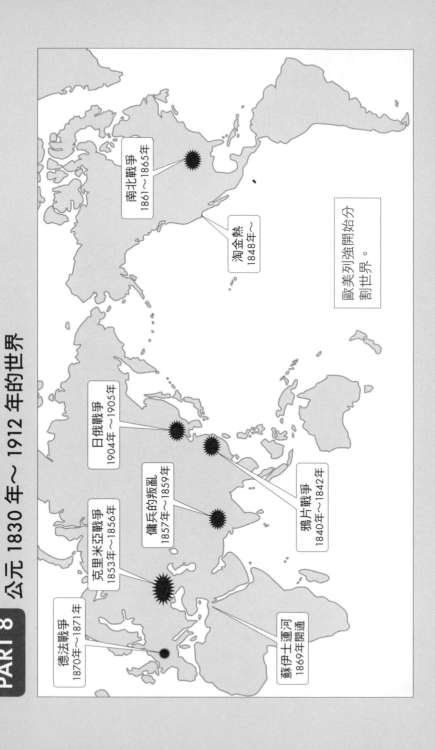

PART 8 帝國主義與社會主義
公元 1830 年～1912 年的世界

南北戰爭
1861～1865年

淘金熱
1848年～

日俄戰爭
1904年～1905年

傭兵的叛亂
1857年～1859年

鴉片戰爭
1840年～1842年

克里米亞戰爭
1853年～1856年

德法戰爭
1870年～1871年

蘇伊士運河
1869年開通

歐美列強開始分割世界。

PART 9

大恐慌與世界大戰
公元 1914 年～1945 年的世界

華爾街的
黑色星期四
1929年

太平洋戰爭爆發
1941年

西歐沒落，美國
成為世界最強的
國家。

中華民國成立
1912年

蘇維埃聯邦成立
1922年

第二次世界大戰
1939年

第一次世界大戰爆發
1914年

第 1 章　四大文明與東方的統一
700萬年前～公元前6世紀的世界

第 **2** 章 | # 希臘文化與佛教及諸子百家
公元前5世紀～前3世紀的世界

第 **3** 章 | # 秦漢、羅馬帝國與民族大遷移
公元前3世紀～前6世紀的世界

第 **4** 章　伊斯蘭帝國與隋唐帝國
公元7世紀～11世紀的世界

第 **5** 章 十字軍與蒙古帝國
公元11世紀～15世紀的世界

第 **6** 章 # 大航海時代和亞洲的專制帝國
公元14世紀～17世紀的世界

第 **7** 章 產業革命與資本主義
公元16世紀～19世紀初的世界

目錄 CONTENTS

第 10 章 東西冷戰與南北問題
第二次世界大戰後的世界

四大文明與東方的統一

歐洲	非洲、西亞、印度	
	700？～600 萬年前	─ 最早的猿人化石
	1 人類出現	
	5 萬年前	─ 現生人類（新人）的化石
	2 四大文明	
	前 7000	─ 美索不達米亞開始農耕
環狀巨石柱群等的巨石文化 ─ 前 30 世紀	前 30 世紀左右	**3 美索不達米亞文明**
		4 埃及文明
	前 23 世紀	**5 印度文明**
	前 15 世紀	─ 雅利安人定居於印度河流域
特洛伊滅亡 ─ 前 13 世紀	前 14 世紀	─ 埃及的圖坦卡門王
9 愛琴海文明	前 10 世紀	─ 希伯來王國興盛（大衛、所羅門王）
7 腓尼基人和阿拉姆人		**8 希伯來人**
	前 814	─ 腓尼基人建立迦太基城
	前 720	─ 以色列王國滅亡
	前 7 世紀前葉	─ 亞述征服埃及
	10 東方的統一	
	前 641	─ 東方分為四國
	前 586 ～	─ 巴比倫之囚
	前 525	─ 由波斯的阿契美尼斯王朝第二次統一東方

700 萬年前～公元前 6 世紀的世界

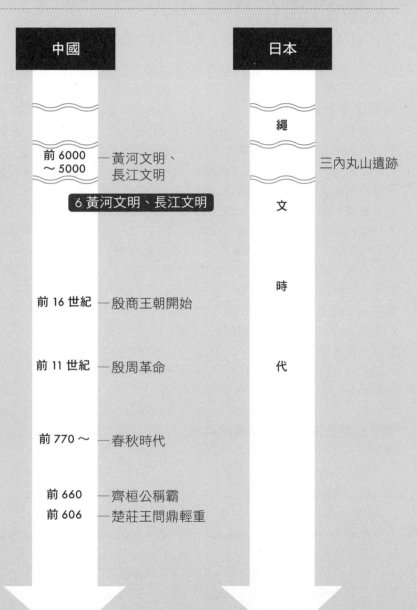

中國

日本

前 6000
～5000 ── 黃河文明、
長江文明

繩

三內丸山遺跡

6 黃河文明、長江文明

文

時

前 16 世紀 ── 殷商王朝開始

代

前 11 世紀 ── 殷周革命

前 770 ～ ── 春秋時代

前 660 ── 齊桓公稱霸
前 606 ── 楚莊王問鼎輕重

人類的進化知多少？

屬於人科的各種物種滅絕，最後只剩下現代人。

黑猩猩不會進化成人

有關「人類的進化」，我們熟悉的大概都是類猿人、猿人、原人、舊人、新人，由左至右有如行進隊伍般排成一列的圖。因為這張進化演變圖廣為流傳，讓人誤以為人類是大猩猩或是黑猩猩進化而來的，其實這是一個很大的誤解。

大猩猩或黑猩猩並不是人類的祖先，它們是「現生類人猿」，是數百萬年前從大猩猩和人類的「共同祖先」分支出來的另一種物種，說起來可算是人類的遠親。一般認為這個分支之後，直立步行的「猿人」才誕生。

最早的猿人出現在六百萬年前嗎？

最早的猿人究竟出現於何時？因為現在仍陸續有新的化石出土，所以教科書常常改寫。

最有名的化石應該是一九七四年在衣索比亞發現的「露西」。露西大約生存於三百二十萬年前，身高一公尺，雖然還留有類人猿的生理構造，但是從骨盤的形狀可以看出它已用雙腳行走，有一段期間露西被認為是最早的猿人。

「露西」其實是個暱稱，取自披頭四的「Lucy In The Sky With Diamonds（鑽石天空下的露西）」，當時發現化石而興奮莫名的考古隊，帳棚內正播放著這首曲子。露西的學名是「阿法南猿」。

一九九二年，在衣索比亞發現了大約四百四十萬年前的拉密達猿人。這個化石是被日本東大的諏訪元副教授等人（譯註：此為東京大學綜合研究博物館人類型態研究室諏訪元副教授，與加州大學柏克萊分校的古生類學家懷特教授等所組成的國際研究團隊）發現，一直到最近還被認為是「最早的人類」。

不過，隨著遺傳基因研究的進步，大家推測應該還有更早的猿人存在。有人根據DNA的分析結果發表了看法，認為人類的祖先是在大約出現在五百到六百萬年前、從與人類血緣最接近的黑猩猩的祖先分支出來的。

● 人類出現前的漫長路程

| 150 億年前 | ———— 宇宙的誕生（大爆炸）？ |

100 億年前

50 億年前　　　46 億年前—地球誕生
　　　　　　　36 億年前—生命誕生

現在　　　　　5 億年前 ———— 原始魚類出現

　　　　　　　4 億年前 ——— 兩棲類出現

　　　　　　　　　　　　 ——— 爬蟲類出現

　　　　　　　3 億年前

　　　　　　　　　　　　 ——— 哺乳類出現

　　　　　　　2 億年前

恐龍時代
〈侏儸紀・白堊紀〉

　　　　　　　1 億年前

　　　　　　　　　　 ——— 恐龍滅絕

　　　　　　　現在 ← [人類終於出現了]

二〇〇〇年十月底，有人發表了大約六百萬年前的化石，取名為千禧人。而在二〇〇二年七月，也有人發表了估計是六、七百萬年前的化石——薩赫勒古人猿。

與人類進化有關的挖掘及研究，至今仍不斷持續進行。今後或許還會不斷有新的化石出土，推翻之前有力的假說，或者有新的遺傳因子研究成果報告。

原人開始用火

以野生動、植物為食物，會使用簡單舊石器的猿人之中，逐漸出現了爪哇原人、北京原人、海德堡人等「原人」。在中國發現的大約一百七十萬年前的化石——元謀原人，是最早的原人，已被證實會使用火。

接著一百萬年前，出現了腦容量和現代人差不多的「舊人」。考

●世界的化石人骨出土地圖

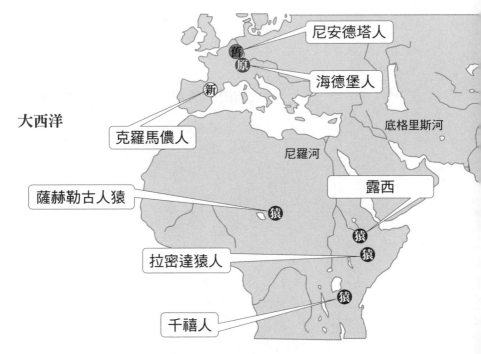

尼安德塔人

海德堡人

大西洋

克羅馬儂人

底格里斯河

尼羅河

露西

薩赫勒古人猿

拉密達猿人

千禧人

古學家找到二十三萬年前的尼安德塔人化石，從他們埋葬死者並留下獻花的痕跡，可以看出他們已經有了宗教概念。另外也找到了他們用動物的骨頭鑿洞做成的「長笛」。

舊人之後接著出現的是「新人」，也就是現代人，有名的如克羅馬儂人等，學名和我們一樣是智人。「屈葬」的風俗和陪葬品的增加，以及阿爾塔米拉和拉斯科的洞穴藝術，都訴說著「新人」在文化層面的進步。二〇〇〇年九月，在法國發現的屈薩克洞窟最古老的洞穴壁畫，據說是三萬二千年前的作品。

以DNA追溯人類起源

在最近的研究中發現，人類的進化並非單純的直線，而是有如樹木的枝幹般延伸，「人科」中有很

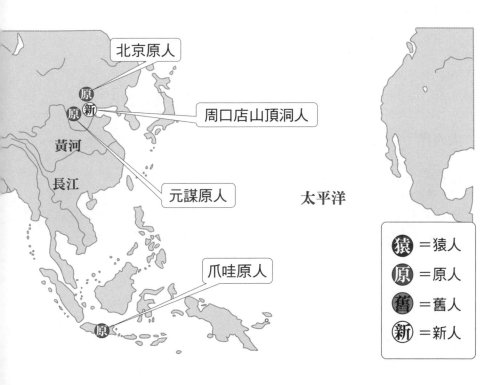

多的物種出現又滅絕，最後只有現在的智人存留下來。這個看法逐漸成為主流，其立論點來自卵子所遺傳的粒線體DNA的研究。

遺傳因子的變化只要追溯母系即可，所以分析工作並不難。於是有人以粒線體DNA的地域性差異為線索追溯人類的母系起源，結果追溯到大約二十萬年前位於非洲的某個女性，而提出了「夏娃假說」，認為全人類是共同的母親——夏娃的直系子孫，也有人稱之為「非洲單一起源說」。

如果「非洲單一起源說」的論點正確，那就變成：在夏娃之前不存在於非洲的北京原人和爪哇原人，都已經在演化過程中滅絕了。但「非洲單一起源說」之前的主流——「多地域連續進化說」則一直認為：分散到世界各地的原人，分別在落腳的地方各自從舊人進化成新人。所以兩派學說的論點引起很大的爭論。

爭論的焦點是舊人與新人的關係。從化石出土的狀況看來，尼安德塔人似乎在大約三萬年前為止與新人一起存在過，但是從新人進入冰河期的歐洲之後，尼安德塔人的蹤跡就消失了。他們是與新人混血後進化消失了，還是滅絕了呢？

一九九七年，科學家首次從尼安德塔人化石取出DNA與現代人的DNA做比較，結果發現，他們和現代人（亦即新人）在六十萬年前就分支了，而且也沒有交配過。因此目前看起來應該是「非洲單一起源說」比較占優勢。

日本的原人研究

日本列島曾經發現舊人的化石，但是關於原人，被稱為「明石原人」的化石在戰爭中燒毀，殘存的石膏模型到底是不是原人的，還在爭議之中。二〇〇〇年時，遺跡的捏造事件被揭發，原來是研究學者把石器偷偷埋進原人時代的地層、自導自演的鬧劇，這使得日本的原人研究又得從頭開始。

●人科的進化〈非洲單一起源說〉

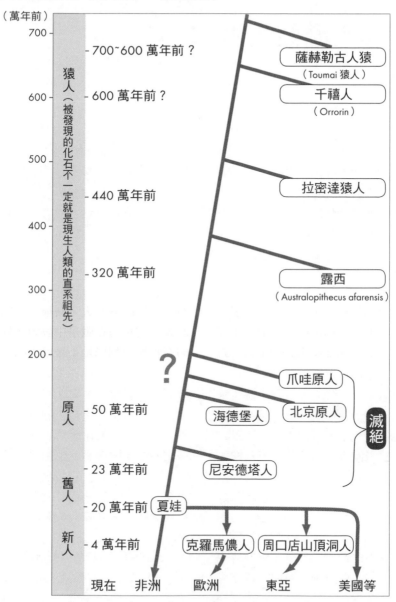

（萬年前）

猿人（被發現的化石不一定就是現生人類的直系祖先）

- 700~600 萬年前？
- 600 萬年前？
- 440 萬年前
- 320 萬年前
- 50 萬年前
- 23 萬年前
- 20 萬年前
- 4 萬年前

原人

舊人

新人

700
600
500
400
300
200

薩赫勒古人猿（Toumai 猿人）

千禧人（Orrorin）

拉密達猿人

露西（Australopithecus afarensis）

?

爪哇原人

海德堡人　北京原人

尼安德塔人

滅絕

夏娃

克羅馬儂人　周口店山頂洞人

現在　非洲　歐洲　東亞　美國等

真的有挪亞大洪水嗎？

經過農業革命後，大約五千年前，大河流域開始產生都市與文字。

洪水傳說暗示著古代文明的形成

舊約聖經的「創世記」中，記載著有名的「挪亞方舟」神話：神為了消滅墮落的人類引起洪水，不過祂教導一向敬神且行為端正的挪亞製作方舟，讓他帶著家人與動物避開洪水。方舟完成後，大雨連續下了四十天，洪水持續氾濫一百五十天，地球上的動物都滅絕了。

洪水退去時，方舟擱淺在亞拉臘山（位於現在的土耳其共和國，標高五一六五公尺）山頂，挪亞兩次放走鴿子和烏鴉，但是洪水尚未完全退去，地面還沒露出，所以鳥兒們又飛回來了。但是第三次挪亞放走鴿子和烏鴉，牠們就沒再回來了。就這樣，挪亞從方舟走出來成了新人類的祖先。

從出土的古代遺跡中發現，遠在聖經之前，巴比倫王國的傳說中也有賢人帶著家人及財產搭船、從洪水中得救的傳說，內容與挪亞方舟幾乎一模一樣。其中一個出土文物，是大約公元前八世紀，記載《吉爾伽美什敘事詩》的黏土板。目前為止，已在全世界三十幾個古代民族中找到洪水傳說。

心理學家榮格主張：不同神話中所呈現的不可思議的雷同，正是人類共同心境的「原形」；也就是說，遠古的大洪水記憶，以榮格所主張的「集體潛意識」，在不同神話裡被共同保存著。的確，在美索不達米亞的古代都市烏爾，確實有類似大規模洪水侵襲過的黏土層。

農耕革命後四大文明發祥

榮格的主張是否正確還有待商榷，但是各地的洪水傳說確實暗示著文明的發祥。洪水氾濫原本是一種大自然的恩惠，它將富含養分的土壤帶到下游，不僅藉此促進了農耕、畜牧，更為文明的發祥做了準備。

未來學者艾文‧托佛勒將農耕、畜牧的產生稱為「第一波」（第二波是產業革命，第三波則是現正進行的資訊革命）。

就像日本猿猴會洗滌地瓜一樣，在動物界中也可見到「文化」的萌芽，但「文明」卻是人類才有的。具體而言，當都市形成，人們開始使用文字或青銅器的階段，就被認為文明已經發祥了。

大約五千五百～五千年前，底格里斯河、幼發拉底河、尼羅河、印度河、黃河流域已經有文明發祥，這些文明分別是美索不達米亞文明、埃及文明、印度文明、黃河文明，一般稱為「四大文明」。

五千年前左右，四大文明開始萌芽時，歐洲各地也發展著環狀巨石柱群等巨石文化。

史前時代文化至今疑點重重

當時的歐洲雖然還是史前時代，但是根據環狀巨石柱群是古代天文台的有力學說看來，當地的天文學應該已經相當發達。只是用環狀巨石柱預測日、月蝕的說法尚有

●世界的洪水傳說

《吉爾伽美什敘事詩》	蘇美
《摩訶婆羅多》（參見P104）	印度
《愛達》	北歐神話
《馬雅族聖經》 《契拉姆，巴拉姆》	墨西哥

此外，在中國、夏威夷、阿拉斯加、印尼等世界各地也有類似的洪水傳說。

心理學家榮格認為，這是人類「集體潛意識」的產物。

爭議，至今還沒有明確定論。

另外，從日本最近出土的青森縣三內丸山遺跡，學者認為五千五百到四千年前的一千五百年之間，人類在此過著定居的生活。在一向被認為過著狩獵、採集生活的繩文時代（新石器時代），卻發現了世界最大規模的部落集體種植作物，日本的古代史被迫重新審視。

還有長久以來，最早的都市文明被認為是美索不達米亞的蘇美人所建立。但是最近，印度發現了比它早大約四千年的海底都市遺跡（參見P56），現在就連「四大文明」這個名詞本身是否適用都需要重新審視了。

在這樣的情況下，近年南美洲各地的遺跡也嘗試著重新測定正確的年代。

● 古文明地圖

馬雅文明

埃及文明

太平洋

那斯卡文化

大西洋

亞馬遜河

多樣的混血人種

根據舊約聖經的記載，大洪水之後，挪亞的三個兒子閃、含、雅弗繁衍出世界各民族。實際上，世界各地確實出現了各式各樣的民族，其中有些民族甚至發展成為國家。

「民族」和「國家」這兩個名詞，雖然有時也被當成同義詞使用，但它們原本是完全不同的分類，不能單純的混為一談。事實上，世界史是「人種」、「民族」、「國家」複雜交錯下，累積出來的前因後果。

現代智人人種的生物學學名為Homo sapiens。因為「人種」、「民族」、「語系」、「國家」這些用語而形成多樣的分類方式。

「人種」依遺傳因子、性狀分類，有黑色、黃色、白色三大人種。大致上，黑色人種分布於非洲，黃色人種分布於亞洲，白色

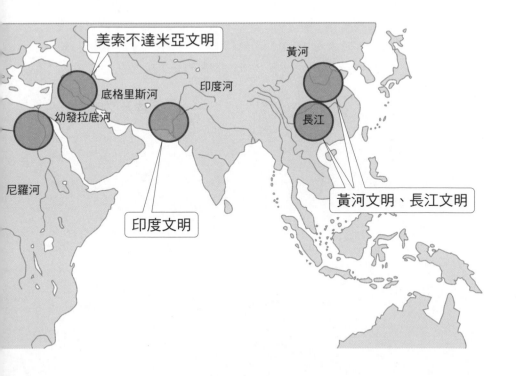

人種分布於歐洲。但是現在已經沒有這種明顯的界線，反倒是混血的人種比較多。「人種」這個詞彙，雖然是誤會的根源，但是人類早就超越了人種的差異進而混血，所謂的人種只不過是同一種物種之中的「亞種」罷了。

孤立存在的日、韓語系

除了人種之外，以語言系統分類的是「語系」。

據說世界有三千種以上的語言，這些語言大致起源於幾個共同語系。例如：英語、法語、德語、俄語、拉丁語等屬於「印歐語系」；匈牙利語、芬蘭語、愛沙尼亞語等屬於「烏拉爾語系」。

附帶一提，日語在語言學上是孤立的。雖然有各種說法論述日語和「烏拉爾—阿爾泰語系」及韓語（同樣也是孤立的）的關係，但這些說法都還沒得到證實。

而「民族」，是指語言、宗教、社會習慣等，在文化上具有共同傳統的團體。

文明發祥以後，多數的民族形成「國家」。不過像南斯拉夫這樣，即使在語言學上的分類相同，卻因宗教或使用的文字不同，而在同一個國家內產生不同的民族意識的情形並非罕見，這與「國家」和「民族」的一致性相當高的日本不同，所以「國家」和「民族」兩者的定義其實是很模糊的。

● 人種和語言、民族、國家

人種

依體系分類

黑色人種（Negroid）
黃色人種（Mongoloid）
白色人種（Caucasoid）

不一致

國家

也有像美國一樣，由多民族、多人種組成的國家。

不一致

不一致

語系

從同一系統的共同語言分出來的一群
例如：印度、歐洲語系、閃語系等

民族

語言、宗教、社會習慣等文化傳統相同的族群
例如：日耳曼民族、斯拉夫民族

人類最古老的都市文明？

都市國家更迭的兩河流域——底格里斯河與幼發拉底河。

蘇美人發明六十進位法

一般認為，人類最早的農耕開始於四大文明之一的美索不達米亞平原。

所謂美索不達米亞平原，是指底格里斯河和幼發拉底河兩條「河流之間的土地」，位於現在的伊拉克附近。從現在算起大約九千年前（公元前七〇〇〇年左右），從西亞開始包括這片土地，以東地中海海域為中心，開始發展農耕。

蘇美人建立了美索不達米亞最早的都市文明，他們製作了精緻的青銅器和彩文土器，建造了烏爾、烏魯克、拉加什等用城牆圍起來的都市國家，以稱為「廟塔」的神殿為中心，施行神權政治，被認為是個民族系統不明的神祕民族。

十九世紀中葉，黏土板上記載的楔形文字被解讀之後，美索不達米亞文明才逐漸為世人所知。蘇美人用蘆葦的莖或楔狀的金屬，在黏土板上刻劃各種形狀與數字，藉此表達意思。從黏土版上面的記載，可以得知蘇美人採用以月亮的圓缺為基礎的太陰曆和六十進位法。

農耕起源的爭議

關於農耕的起源，長久以來認為發源於西亞到東地中海地區的說法較為普遍，因為西亞的伊朗西南部到地中海沿岸，曾經有適合栽種的野生穀類和豆類。

一元起源論認為，公元前九〇〇〇年時，人類開始畜養綿羊和山羊。公元前七〇〇〇年開始栽培麥子、豌豆、小扁豆。不久之後，農耕、畜牧從西亞傳到了世界各地。

但是近年來，多元起源說認為農耕應該是在若干地區各自產生，這個說法已變得較為有力。

例如，逐漸有人認為中國黃河流域，在公元前六〇〇〇年左右開始栽培稻米、大豆、和小米等雜糧，也開始畜養狗和豬。而此時東南亞開始栽種芋頭；非洲栽種薯蕷、芝麻、葫蘆；美洲栽種馬鈴薯、玉蜀黍。

在日本也有種植的水稻，開始

●農業一元起源說與多元起源說

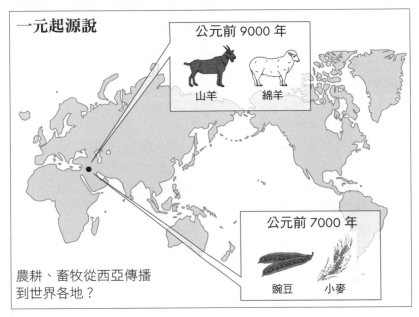

一元起源說

公元前 9000 年

山羊　綿羊

公元前 7000 年

豌豆　小麥

農耕、畜牧從西亞傳播到世界各地？

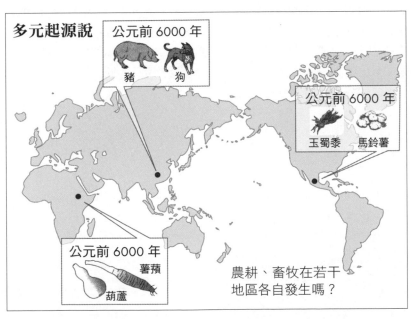

多元起源說

公元前 6000 年

豬　狗

公元前 6000 年

玉蜀黍　馬鈴薯

公元前 6000 年

薯蕷
葫蘆

農耕、畜牧在若干地區各自發生嗎？

於公元前五○○○年左右的中國浙江省，從此以米為主食的文化逐漸發達。

漢摩拉比法典——身分若愈高，刑罰愈輕

蘇美人後來被阿卡德人征服，阿卡德人在薩爾恭一世統治時期，建立了美索不達米亞第一個統一王國。

之後，蘇美人雖然曾一度復興，但是接著從敘利亞沙漠侵入的亞摩利人征服了美索不達米亞，以幼發拉底河畔的巴比倫為首都，建立古巴比倫王國（巴比倫第一王朝）。在這個王國的全盛時期，漢摩拉比王君臨天下，他編纂了「以眼還眼，以牙還牙」這部名聞遐邇的《漢摩拉比法典》

漢摩拉比王參考美索不達米亞興衰過的其他民族的成文法（譯註：所謂「成文法」，是指法律規範係以書面的型式存在，並且經過體系化編纂，如憲法、法律、命令等），再搜集亞摩利人的習慣法（譯註：即憑祖先傳下來的、以思想文化的習慣規範人與人之間的社會行為和關係，以及懲罰的標準）於大成。法典以楔形文字刻在石柱上，最早發現的石柱現在收藏於巴黎的羅浮宮。

《漢摩拉比法典》雖然是三千七百年前制訂的，但是早已具備了刑法、民法、商法、訴訟法，影響廣及整個東方。

《漢摩拉比法典》最常被提及的特徵是「以仇報仇的原則」，因為該法典主張：被毀壞眼睛的人也可以毀壞對方的眼睛，所以也有人稱之為「復仇法」。不過和現在的法律比較起來，《漢摩拉比法典》最大的不同點應該是身分法，即依貴族、平民、奴隸之社會階級，身分愈低者所受的刑罰愈重。

●古代美索不達米亞各國的興衰

公元前30世紀 ---

蘇美人的都市國家

- 著名的有烏爾、烏魯克、拉加什等都市國家。
- 吉爾伽美什被認為是烏魯克的國王。
- 發明蘇美文字及時間、角度單位的 60 進位法。

阿卡德時代

- 阿卡德地區的國王薩爾恭,最早統一美索不達米亞到敘利亞一帶。

公元前20世紀 ---

古巴比倫王國

漢摩拉比法典
以楔形文字記載於
石柱。

- 閃族血統的游牧民族亞摩利人建國。
- 公元前 1530 年左右,巴比倫遭西台人掠奪及燒毀。

亞述帝國

公元前15世紀

米坦尼王國

- 印歐語系
  公元前 16 世紀統治兩河地區北部。

喀西特

- 印歐語系
  公元前 16 世紀
  ～ 12 世紀統治
  巴比倫尼亞地
  區。

公元前10世紀 ---

亞述帝國

- 閃族血統
  公元前 2000 年初興起於美索不達米亞北部,
  九世紀開始壓制鄰近各國。

金字塔並非墳墓

橫跨兩千年以上、經歷三十一個王朝興衰的古埃及文明之謎。

埃及是尼羅河的恩賜

尼羅河的源頭衣索比亞高原一到雨季便洪水暴漲，每年都會在下游造成大氾濫。但是相對地，這不僅帶給埃及豐腴的耕地，同時也使埃及成為水運交易通路的要塞。希臘歷史學者希羅多德形容埃及是「尼羅河的恩賜」，指的就是這份歷史悠久的恩澤。

埃及在公元前三〇〇〇年左右出現了統一國家，到公元前六世紀後葉被波斯帝國的阿契美尼斯王朝滅亡為止，古王朝持續了兩千多年。古王朝的全盛時期可分為古王國時代、中王國時代、新王國時代，全盛期間曾經興衰過二十個王朝。

相異於四通八達的美索不達米亞，埃及北面臨海，東西有沙漠，而且尼羅河的上游有通行困難的急流漩渦，是外敵難以入侵的地形，也因此得以維持安定的統治。

金字塔是公共建設

埃及稱國王為法老王，古王國時代的法老王們建造了許許多多意為「大屋子」的金字塔。

埃及最大的金字塔是建於公元前二十六世紀，位於吉薩鎮的古夫王金字塔。完成時的高度是一四七公尺（現在頂端被削掉了），總共用了二百三十萬塊平均重達二噸半的大石塊。在中國因為形狀像「金」字而被取名為金字塔，由此轉變而來，在日本金字塔也被認為具有「不朽的豐功偉業」之意。

此外，埃及還有守護神的石像——人面獅身。雖然只有位於吉薩鎮最大的人面獅身較有名，但實際上，埃及各地的王宮或神殿旁邊，都可見到人面獅身像。

建造金字塔如此巨大的建築物需要相當多的勞力，所以有人認為過去曾強迫大批奴隸勞動。但是最近的研究當中發現，當初參與工程的人是支領薪水的，所以有人發表看法，認為金字塔並非墳墓，而是尼羅河氾濫期間，為了解決失業問題所實施的公共建設。

隨著建築金字塔的盛行，測

● 古埃及的都市分布

以上字形分別顯示出
PTOLMIS的神聖文字，
成為了解讀羅塞塔碑的線索。

羅塞塔 ●
亞歷山卓港 ●
（前4世紀～）
吉薩 ● 開羅
孟菲斯 ●（10世紀～）

● 阿馬那

帝王谷 ● ● 底比斯

● 亞斯文

阿布辛貝 ●

在帝王谷發現了圖坦卡門
王的面具

量技術也跟著進步，歐氏幾何等希臘幾何學被認為受到埃及測量技術的影響。還有我們現在使用的太陽曆，其實是古埃及的曆法，是埃及人為了預測尼羅河氾濫而採用的曆法，極為準確。凱撒遠征埃及（參見P134）後將它帶回羅馬，被羅馬皇帝採用做為「儒略曆」，之後成為「格里曆」（譯註：即為「公曆」）普及於全歐洲，日本在明治五年開始採用。

「羅塞塔碑」帶動埃及學的發展

埃及的象形文字有刻成碑文的神聖文字、神聖文字簡化後記載於「紙莎草紙」（以紙莎草的莖做成）上的神官文字、以及民用文字。其中，神聖文字是現在的英文字母的根源之一。附帶一提，被稱為人類最初的紙張——紙莎草紙（papyrus），是英文「紙（paper）」的語源。

古埃及滅亡後，埃及文字長期被遺忘，已被認為無法解讀。但是，一七九九年拿破崙遠征埃及時發現的羅塞塔碑（目前收藏於大英博物館）提供了劃時代的線索。

拿破崙發現的羅塞塔碑，是歌頌希臘主義時代（參見P118）的埃及王托勒密五世的部分石碑，以神聖文字、民用文字、及希臘文字三種字體刻寫著同樣的內容。一八二二年，法國的商博良終於成功地讀解羅塞塔碑，被稱為「埃及學」的學問從此快速發展。

「圖坦卡門詛咒」

埃及人相信死後的世界，所以將屍體做成木乃伊，等待復活之日。

因為木乃伊被認為可以治療百病，非常珍貴，所以新王國時代的墓穴為了避免被盜挖，通常祕密地建造在地下。不過，長久的歲月之中還是有許多墓被盜挖，只有一九二二年考古學者卡特等人在「帝王谷」發現的圖坦卡門王墓例外。圖坦卡門王的木乃伊及金銀財寶，與非常有名的黃金面具一起出土，但是後來考古隊的成員陸續離奇死亡，因而被認為遭遇了恐怖的「圖坦卡門詛咒」。

堅決實行宗教改革的阿蒙霍特普四世

古埃及的宗教是以阿蒙神為中心的多神教。

但是，第十八朝的阿蒙霍特普四世廢除傳統，積極進行宗教改革，強制崇拜唯一神——阿吞神。他將首都從底比斯遷至到阿馬那，甚至將自己的名字改為「阿肯那頓（易克納唐）——阿吞神歡喜的

人」。

　　由於法老王的指示，在新首都產生了自由、寫實的美術，同時雕刻和繪畫也很盛行（阿馬那美術）。雖然名為寫實，其實當時的美術特徵是刻意誇張的表現方式，就像在阿肯那頓王雕像也可看到的細長的臉，厚厚的嘴唇。這大概是法老王的堅決意志力催生了大膽、自由的藝術。

「鐵的王國」西台王國

　　阿肯那頓王逝世後，改革回到了原點。繼位的圖坦卡門王把首都遷到孟菲斯，阿蒙神的多神教再度復活。

　　埃及在第十九王朝時，與在安那托利亞高原（現在的土耳其共和國）擴張勢力的西台王國之間的抗爭愈來愈激烈。西台是從中亞遷移來的印歐語系民族，在公元前十九

●金字塔的各種形狀

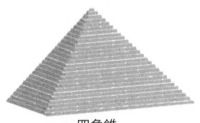

四角錐

階梯

也有說法認為金字塔不是國王的墓，而是公共建設

曲折

 ➡ 外形像「金」字 ➡ 所以叫金字塔

世紀左右建立王國。西台的軍隊擁有馬戰車，打造出強大的帝國，在公元前十六世紀初滅亡古巴比倫王朝，公元前十四世紀進入全盛時期並南侵埃及。

西台強大的原因不只是馬和戰車，還有鐵製武器，到公元前十二世紀滅亡為止，西台的製鐵技術是獨一無二的。

拉姆西斯二世與西台爭奪敘利亞的霸權，在卡德墟戰役打得不分勝負，這時兩國締結了世界最早的和平條約、也就是國與國之間的對等國際條約。

關於西台還有許多未解的謎，後世因此有了「西台學」的專業領域。從博阿茲柯伊遺跡出土的黏土板的解說中，證實了西台首都哈圖薩什的存在，至今考古學家仍在安那托利亞高原努力挖掘。

●埃及的古代王朝

年代	時代名	主要的王、其他
公元前3000年	初期王朝時代（第1～第2王朝）	
	古王國時代（第3～第6王朝）	古夫王、 卡夫拉王
	第一中間期（第7～第10王朝）	
公元前2000年	中王國時代（第11～第12朝）	
	第二中間期 （第13～第17王朝）	王權衰微 異民族王朝成立
	新王國時代（第18～第20朝）	阿蒙霍特普四世 （阿肯那頓） 圖坦卡門 拉姆西斯二世
公元前1000年	第三中間期（第21～第24朝） 統治亞述（第25～第26朝）	
公元前525年	被波斯的阿契美尼斯王朝滅亡	

為埃及研究提供線索的羅塞塔碑

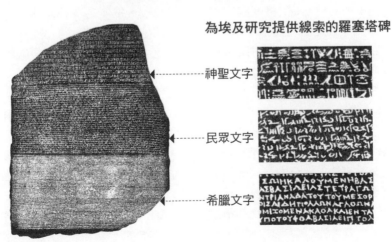

神聖文字

民眾文字

希臘文字

種姓制度社會

印度文明從歷史消失蹤跡後，雅利安人創造了種姓制度社會。

印度文明充滿謎團

公元前二三〇〇年左右，被稱為印度文明的都市文明開始繁榮於印度西北部，也就是從西藏流入阿拉伯海的印度河流域。其中，摩亨佐達羅和哈拉帕是較具代表性的遺跡，兩者都被證實具有規畫完整的街道、城堡、大浴池、和卓越的排水設備。

但是在二〇〇二年有媒體報導，有人發現比這些遺跡早五千年的古代都市遺跡，考古學家從印度西部蘇拉特海面的康貝灣海底，找到木材和壺器的碎片，以及可能是用於建築的材料。從木材的年代測定，得知是公元前七五〇〇年左右的遺跡。如果這是事實，那表示蘇美文明形成的大約四千年以前，印度已經有古代都市存在了，這項發現相當引人注目。

不過，有關印度文明的謎底並沒有因此揭開，目前只知道建造這個文明的民族，與分布於南印度的達羅毗荼各族關係密切，其他並不十分清楚，而且文字也還沒被解讀出來。

印度文明被認為從公元前一八〇〇年開始，由於洪水和氣候的變化，導致急速衰亡。但是謎點還是很多，要完全弄明白看來還要花上一段時間。

雅利安民族四千年前的大遷徙

現在的印度人是印歐語系的一支，雖然皮膚和眼睛的顏色和歐洲人不同，卻和歐洲人一樣擁有高鼻子和深眼窩。

印歐語系共同的故鄉被認為是中亞的高原地帶，也稱為雅利安人的他們，被認為在公元前二〇〇〇年開始遷移，其中的一支進入印度河流域，到公元前一五〇〇年為止定居於西北部的旁遮普地區，不久取代了印度文明。

此外，雅利安人中也有團體擴展到東方和歐洲。希特勒屠殺猶太人（閃語族）時，曾讚揚雅利安人是「優秀的民族」，指的就是遷移到歐洲的雅利安人其中的一支，也就是日耳曼人。

●雅利安人的遷移

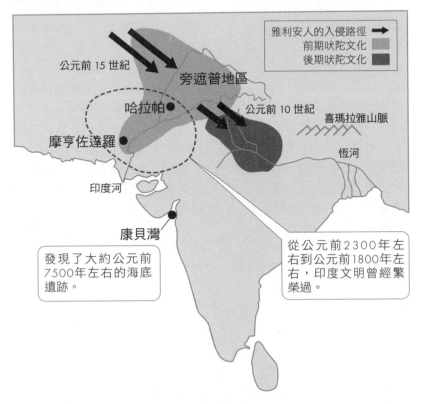

雅利安人的入侵路徑 ➡
前期吠陀文化
後期吠陀文化

公元前 15 世紀

旁遮普地區

哈拉帕●

公元前 10 世紀

喜瑪拉雅山脈

摩亨佐達羅●

恆河

印度河

康貝灣

發現了大約公元前 7500 年左右的海底遺跡。

從公元前 2300 年左右到公元前 1800 年左右，印度文明曾經繁榮過。

古印度史的推移

公元前 24 ～ 18 世紀⋯⋯⋯▶印度文明

公元前 15 世紀左右⋯⋯⋯⋯▶雅利安人定居印度河流域。

公元前 10 世紀左右⋯⋯⋯⋯▶雅利安人抵達恆河。

公元前 5 世紀左右⋯⋯⋯⋯▶梵語形成。
　　　　　　　　　　　佛教、耆那教興起。

公元前 4 世紀末⋯⋯⋯⋯⋯▶孔雀王朝首次統一印度（參見 P108）。

梵語從婆羅門教的經典誕生

進入印度的雅利安人自古沒有特定的神（唯一神），而是奉太陽或雷等自然萬物為神。他們把獻給這些神的讚歌或禮法，用梵語記載於經典《吠陀》。

梵語的形成大概是在公元前五世紀左右。最初，印度雅利安人的宗教——婆羅門教的經典所使用的是「吠陀語」，公元前一〇〇〇年左右主要部分都已完成，最古老的《梨俱吠陀》是用抒情詩的方式以口語相傳，也就是說吠陀語並非以文字流傳。

不久吠陀語逐漸被婆羅門（祭司）階級當成日常用語使用。以此為基礎，文法家巴膩尼把吠陀語當成上流階級的標準語，歸納出文法規則，後來經過增補，古典的梵語就形成了。

十世紀左右，擴展印度的伊斯蘭教勢力，使得梵語曾經一度衰微。不過後來吠陀語仍以「已完成的語言」之姿，影響了印度語（現代印度語的代表）的形成。

日語中也有梵語

有如拉丁語在歐洲被定位為學者的共同語言一般，梵語在印度的上流階級代代相傳，即使經過兩千年以上的歲月，至今仍繼續存在著。它是十五種以上的印度公用語之一，也被指定為義務教育的科目，在學術發表會上，梵語不只被用於文章的書寫，也經常被使用於會話。

梵語也流傳到日本。佛教和印度教的經典因為是用梵語口傳或者抄寫，所以梵語在佛教傳入日本的過程中，有相當多已經變成日語定型下來。例如「婆婆（Syaba）」、「奈落（Naraku）」等日常用語的語源是「sahā」、「naraka」。還有，插在墓地的「卒塔婆（Sotoba）」（譯註：即塔形木牌）也是從梵語的「stupa」來的，而卒塔婆上用墨水寫的奇妙文字就是梵語。

公元前開始支配印度的種姓制度

印度社會的最大象徵，應該就是種姓制度。在印度安定下來的雅利安人社會中產生了祭司（Brahman）、貴族與騎士（Kshatriya）、庶民（Vaisha）、奴隸（Shudra）四種階層，這四個階層再依出生地分為更小的集團。

「種姓制度」這個名詞是從英語「caste」而來，從十五世紀末進入印度的葡萄牙人，稱這些小集團為「casta（族譜、血統）」而來，在印度叫做「ja-ti」，乃出生之意。

種姓的種類多達三千種，其

●成為日語的梵語

日語	梵語	字意
奈落（ならく）	naraka	地獄、谷底
卒塔婆（そとば）	stūpa	插在墓碑旁的塔形木牌
僧（そう）	saṃgha	僧侶
袈裟（けさ）	kāṣaya	袈裟
座禪（ざぜん）	dhyāna	打禪
旦那（だんな）	dana	僕人對主人的稱呼， 或妻子稱呼自己的丈夫
馬鹿（ばか）	moha	愚蠢
有頂天（うちょうてん）	akaniṣtha	形容高興得要飛上天的樣子
娑婆（しゃば）	sāha	娑婆世界
痘痕（あばた）	arbuda	麻子
刹那（せつな）	kṣana	刹那
三昧（ざんまい）	samādhi	打坐入定的狀態

■ 梵語的形成

傳述婆羅門教的經典　➡　使用吠陀語

⬇

以口語相傳《梨俱吠陀》

⬇

成為婆羅門（祭司）的日常用語

⬇

文法家巴膩尼歸納整理成標準語

古典梵語完成

⬇

因為伊斯蘭教勢力侵入而衰微

⬇

成為上流社會的語言繼續流傳

中充滿著有關婚喪喜慶或飲食、職業等瑣碎的、排他性的規定，因此阻礙了印度社會的近代化。為此，一九五〇年印度獨立後，雖然在制定的憲法中否定了種姓制度，但是現實生活中早已成為根深柢固的社會習慣。

甚至還加入了其他連種姓制度中都沒被列入的「不可觸賤民」，賤民在職業上也受到不當的輕視。印度獨立之父甘地雖然極力提升他們的地位，但還是沒能將這種舊習徹底廢除。

●種姓制度社會的構造

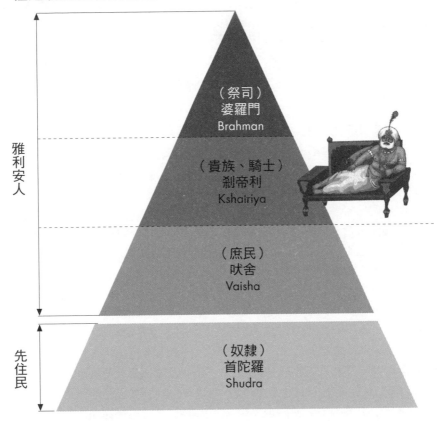

雅利安人

（祭司）
婆羅門
Brahman

（貴族、騎士）
剎帝利
Kshatriya

（庶民）
吠舍
Vaisha

先住民

（奴隸）
首陀羅
Shudra

■「種姓制度（Caste）」是歐洲人取的名稱

印度人將依土地細分的階層稱為ja-ti（「出生」之意）。

↓

葡萄牙語的「casta」意指「血統」、「門第」，
與印度的「ja-ti」意思相近，故以此稱之。

↓

演變成英語「caste（種姓制度）」

神話與史實的關係

記載於《史記》的夏朝，其存在尚未得到證實，殷則被認為是最古老的王朝。

中國有兩個古代文明？

我們常說「中國有四千年歷史」，但是事實上中國的文明可以追溯到六千年前。公元前五〇〇〇年～四〇〇〇年左右，黃河的中下游開始展開農耕文明，這就是四大文明之一的黃河文明。

從飛機上俯瞰中國大陸，可以清楚地看到黃河流域黃泥堆積的情形。黃河就如同它的名字，是一條「黃色的河流」。就像《三國志》開頭，大家所熟悉的「黃巾之亂」所象徵一樣，漢族取黃河流域肥沃的土壤，奉「黃色」為神聖的顏色。連傳說中，中國最初的帝王也叫「黃帝」。

不過根據考古發現，長江下游流域似乎也有與黃河文明幾乎同樣古老的文明。

在浙江省的河姆渡遺跡發現的高床式建築和稻作的痕跡，經過最新的年代測定，得知可以追溯到公元前四〇〇〇年以前，這個發現被認為將大幅改寫以往的中國古代史。

寓含理想政治的古代傳說

在此對中國古代史的發展做一個簡單扼要的概述。

漢代的歷史學家司馬遷在《史記》中，從「三皇五帝」揭開中國歷史的序幕。所謂「三皇」是開創漁業的伏羲、教人民耕種的神農、傳授用火技術的燧人。接下來的「五帝」是黃帝、顓頊、帝嚳、堯、舜，他們都是傳說的帝王。

堯、舜被視為理想的君王，舜之後禪讓帝位給禹，禹被認為創造了中國第一個世襲制度王朝——夏朝。由於禹讓位給家臣後逝世，而繼位的君王在服完喪之後又把帝位讓給禹的兒子，因此一般認為父傳子的世襲制度是從這個時期開始固定下來。

堯、舜、禹在位期間所遇到的共同問題，就是黃河氾濫的整治工作。堯將治水的工作交給臣下鯀（顓頊的兒子），但經過九年依然沒有成果，於是就把鯀殺了，然後起用鯀的兒子禹。禹「通九道、陂九澤、度九山」終於平定了全國的

●殷周的勢力範圍及甲骨文與漢字的對照

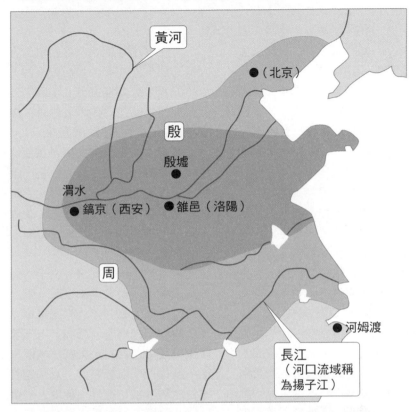

甲骨文字	漢字	甲骨文字	漢字
	黍		羊
	田		馬
	年		鹿
	牧		龜

水患。

禹開創的夏朝共維持了十七代共四百五十年，但傳到沉溺於「酒池肉林」的暴君桀王時，被藩屬殷國的湯王滅亡了。

也有傳說提到禹原本是人面魚身的治水之神。總之，從「三皇五帝」到禹，中國歷史幾乎都沒有走出傳說的領域。

殷朝並非傳說

至於殷朝原本也被認為只是傳說。但是河南省安陽縣小屯出土的甲骨文被解讀後，證實當地曾是殷的首都，便將該地稱為殷墟。殷是中國經過證實的最初王朝，被認為開始於公元前十六世紀左右。

從遺跡出土的龜甲和牛胛骨上，發現了刻有占卜結果和時辰的象形文字，這些就是後來成為漢字基礎的甲骨文。當時殷朝施行「神權政治」，重要的國事幾乎都要事先占卜神意，再由君王決定。

殷朝的末期，反覆的對外征討和君王持續的暴政使得民怨愈積愈深。《史記》中如此記載著，殷朝最後的君主——紂王，重蹈夏朝桀王的覆轍，沉溺於酒池肉林之中，是個使用酷刑的暴君。

殷周革命的推手——太公望

以清廉明君聞名的周文王勢力擴大，在牧野之戰打敗殷的紂王。在這場戰役中大顯身手的就是太公望（譯註：別名呂尚、姜子牙等）。

文王看出在渭水河畔釣魚的呂尚擁有超凡的才智，進而起用他，以「先王太公期望的賢人」賜名為太公望，俗話說「姜太公釣魚，願者上鉤」就是從這個故事由來。

傳說以前太公望的妻子在他窮途潦倒時離他而去，後來他當上宰相，妻子回頭要求重修舊好，那時太公望將盆子裏的水潑出去，讓妻子死心，從此產生了「覆水難收」這句名言。

公元前十一世紀末，文王的兒子武王繼位，終於消滅了殷。這之後到公元前七七〇年「平王東遷」為止的周朝被稱為「西周」。周朝摒棄仗著神意橫行強權的神權政治，施行以「血緣關係」為基礎的「封建制度」。這是一種地方分權制度，賜給諸侯和地方有權勢者封地，讓他們負責納貢和軍役。後來的孔子也認為封建制度是理想的國家體制，而這種強烈的血緣關係，在現在中國人的民族性中還繼續傳承著。

西歐的feudalism也被譯成封建制度。不過它是一種基於君臣間「契約」的冷漠制度。另外，日本的「忠臣藏」（譯註：泛指以元祿時代，四十七名家臣為君主復仇的史實為題

材的戲劇及文學作品，內容主要在強調家臣對君主的忠誠）所象徵的日本式封建制度，除了血緣關係外，回報恩惠的奉公精神也是重要的原動力。

中華思想從周朝的高度文化中萌芽

建立周朝的漢族在文化發達後，逐漸對周圍的異族產生了優越感，認為周圍的異族夷狄除了擅長騎馬及弓箭，並無可取之處，自己才是世界中心的文化大國，並以此稱自己為「中華」，而將四方的異族稱為東夷、西戎、南蠻、北狄，開始鄙視他們。

這是漢族對自己國家的文明和政治力量，產生的強大自信和自負。之後，這種意識從戰國時代到秦漢統一，逐漸發展成「中華思想」。

後來的中國歷史中，只要出現可與「中華」匹敵的夷狄（大多是

●什麼是酒池肉林？

夏的桀王	與妹喜	在舖著白色碎石子的大池子中注入美酒，池子的四周圍著肉做成的山丘，上面林立著肉乾做成的樹林，三千佳麗在一旁唱歌跳舞、飲酒作樂。
殷的紂王	與妲己	池、林和夏的桀王一樣，此外，更有赤裸的男女相繼曼舞一百二十天（長夜之飲）。

妹喜、妲己都是以「傾城美女」聞名的愛妃。

騎馬民族），朝廷就會驅逐他們，並自稱此行動為「攘夷」。春秋戰國時代，眾諸侯之間便高喊著「尊崇周文王、驅散異族」之意的「尊王攘夷」口號，日本幕府末期發生的尊王攘夷運動就是援引自此。

另一方面，中華思想對友好的異族國家建立了「冊封體制」的外交關係，把進貢中華帝國的朝鮮、日本、琉球（沖繩）視為臣下。

●公元前的中國王朝

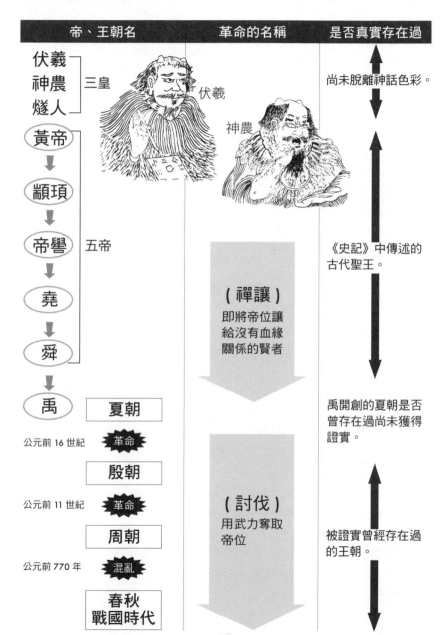

帝、王朝名	革命的名稱	是否真實存在過

伏羲
神農 ─ 三皇   伏羲
燧人   神農

黃帝

顓頊

帝嚳 ─ 五帝

堯

舜

禹

（禪讓）
即將帝位讓
給沒有血緣
關係的賢者

尚未脫離神話色彩。

《史記》中傳述的
古代聖王。

夏朝

公元前 16 世紀　革命

殷朝

公元前 11 世紀　革命

周朝

公元前 770 年　混亂

春秋
戰國時代

（討伐）
用武力奪取
帝位

禹開創的夏朝是否
曾存在過尚未獲得
證實。

被證實曾經存在過
的王朝。

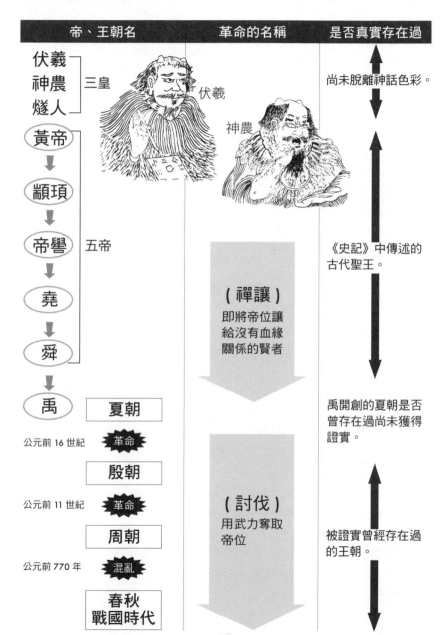

什麼是世界最早的公用語？

地中海貿易民族的活躍，促進了字母與阿拉伯文字的完成。

埃及與西台的勢力衰退

敘利亞、黎巴嫩、巴勒斯坦周圍不僅是聖經故事的舞台，自古以來也是海陸貿易要地。由於面向地中海，又位於美索不達米亞連接埃及的陸路，所以常常受到大國的侵略，其影響遠及現在的巴勒斯坦問題。

一般推測，閃族各民族於公元前三〇〇〇年左右開始移居到地中海東岸，閃是舊約聖經中挪亞之子的名字，也被當成語系名和民族名使用。

公元前一五〇〇年左右，閃族血統的迦南人開始活躍於地中海東岸一帶，但是公元前十三世紀左右遭到神祕的「海洋民族」入侵。

這些「海洋民族」出處不明，成了古代史上很大的謎，但是這個神祕的民族卻具有不小的影響力。

「海洋民族」入侵後，之前爭奪這塊陸路的大國埃及和西台衰微，甚至掌握著制海權的克里特和邁錫尼（參見P76）也衰弱，東地中海的勢力版圖在此重寫。

結果，沒有了大國的干涉，閃族血統的腓尼基人、阿拉姆人開始頻繁進行交易活動，這兩個民族在文字的歷史上扮演了很重要的角色。另外，猶太人也屬於同時期在東地中海繁榮過的閃族，關於這一點將在下一節說明。

腓尼基人促進了字母的普及

腓尼基人到布匿戰爭（參見P131）被羅馬滅亡之前，曾獨占地中海貿易長達一千年。

他們在現在的黎巴嫩建立了西頓、推羅等港灣都市，在非洲北岸也建設了迦太基等許多殖民都市，活動範圍曾經一度擴展到大西洋和印度洋。

事實上，腓尼基人在我們現在使用的字母普及上，扮演了很重要的角色。

創造出字母原型的是迦南人，他們將埃及的象形文字套用於自己的語言——閃語發音，創造出「原迦南文字」。他們所採取的並不是每個文字都有特定意義的「表意」

●古代東地中海的各民族

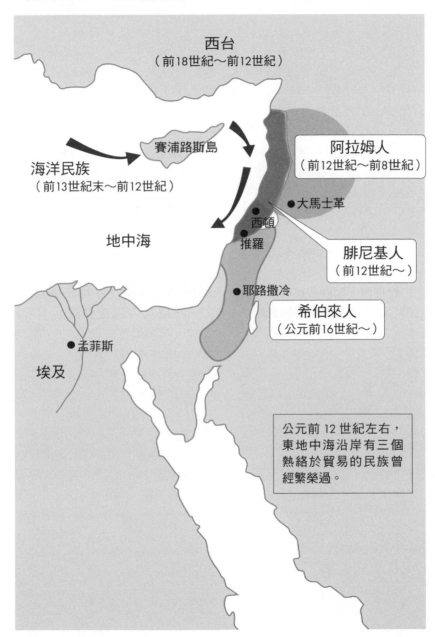

西台
（前18世紀～前12世紀）

賽浦路斯島

海洋民族
（前13世紀末～前12世紀）

地中海

阿拉姆人
（前12世紀～前8世紀）

●大馬士革

西頓
推羅

腓尼基人
（前12世紀～）

●耶路撒冷

希伯來人
（公元前16世紀～）

●孟菲斯

埃及

公元前 12 世紀左右，
東地中海沿岸有三個
熱絡於貿易的民族曾
經繁榮過。

文字，而是一個發音套一個文字的「表音」文字。

這與日本人從漢字（表意文字）創造出假名（表音文字）類似。不過在公元前誕生的這個構想，是將語言轉變成文字的鼻祖，更具有劃時代的意義。

便利的東西自然廣為流傳，原迦南文字的構想逐漸傳到各地，向來被視為最古老文字的西奈文字，現在也被認為是從原迦南文字分枝出來的。

腓尼基人以原迦南文字為基礎創造了腓尼基文字，由於腓尼基人透過頻繁的地中海貿易活動將它傳給希臘人，所以腓尼基文字比其他分枝的文字來得重要。後來以腓尼基文字為基礎的希臘文字誕生，接著羅馬字母形成。

附帶一提，「字母（alphabet）」一詞是希臘文字開頭的兩個字，也就是「α、β」變音而來的。

同源的阿拉伯文字和蒙古文字

從腓尼基文字還誕生了阿拉姆文字，而阿拉姆文字的影響也逐漸擴展到東方和亞洲地區。

游牧民族的阿拉姆人在公元前一三〇〇年左右，從阿拉伯半島遷徙到敘利亞，進而定居於此，以大馬士革為中心建立了許多都市國家。因為他們獨占內陸的轉接貿易，所以與腓尼基的文字相同，阿拉姆語也因為做為交易時使用的共同語言而廣為流傳，後來甚至成為波斯帝國阿契美尼斯王朝（參見P84）的官用語言，阿拉姆語在古代東方的地位，有如現在的英語一般，連基督教（參見P140）也使用過阿拉姆語。

為了記錄阿拉姆語，阿拉姆人以腓尼基文字為基礎創造出阿拉姆文字，並於公元前九世紀左右開始使用。阿拉姆文字隨著內陸貿易的擴展流傳各地，不久取代了東方世界主流的楔形文字。後來，阿拉姆文字也成了希伯來文字和阿拉伯文字的雛型。

阿拉姆文字接著經由絲路傳到維吾爾和蒙古，然後經過修改而產生了各種文字（參見P191）。

●字母的變遷

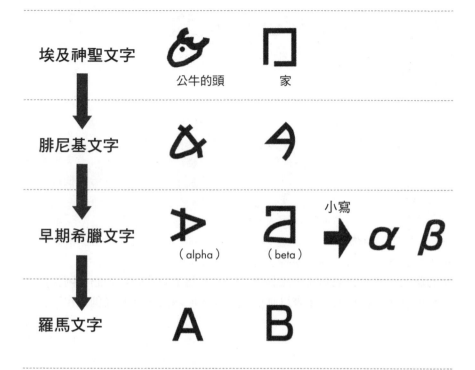

埃及神聖文字

公牛的頭　　家

腓尼基文字

早期希臘文字

（alpha）　　（beta）　　小寫 ➡ α β

羅馬文字

A B

舊約聖經中哪些是史實？

《舊約聖經》中的希伯來史包含了亞當和夏娃、挪亞、亞伯拉罕、摩西，大衛與所羅門等內容。

希伯來人即是猶太人？

希伯來人本來是美索不達米亞的游牧民族，於公元前一五○○年左右定居於巴勒斯坦。

希伯來人是後來創造出基督教母體——猶太教的民族，《舊約聖經》是猶太教的經典，而《舊約聖經》與記載了耶穌言行的《新約聖經》則成為基督教的經典。

其實「希伯來人」是當時其他民族對他們的稱呼，他們本身從以前到現在都自稱為「以色列人」。此外，「猶太人（Jew）」原是基督教徒視猶太教徒為其他人種所用的名稱，在現在的以色列則被定義為「以猶太人為母親者」或是「猶太教徒」。

「出埃及」與「摩西十誡」

希伯來人有一部分移居埃及，但後來因為無法忍受法老王的壓制，在公元前十三世紀逃離埃及，此時引導以色列人民逃亡的正是摩西。《舊約聖經》的「出埃及記」中描述摩西帶領著以色列人民逃離埃及，朝「應許之地——迦南」（現在的巴勒斯坦）前進。看到埃及軍隊緊追而來，驚慌害怕的以色列人開始指責摩西，但是摩西平靜地站立在「蘆葦之海」前，伸手一指，強烈的東風吹起，將海水往上推成兩邊。海，裂開來了。

以色列人走過宛如懸崖峭壁般聳立的海水中間的陸地，急速前進，後面追趕的埃及軍隊也跟著走進了蘆葦之海，摩西再次用手一指，海水突然恢復原狀，埃及軍隊就被吞沒了。

之後，摩西登上西奈山接受啟示，訂立承認耶和華是唯一絕對神的契約，接受了十條律法，這就是「摩西十誡」。

有人認為「蘆葦之海」是現在的紅海，海水分開的奇蹟在好萊塢電影《十誡》中也是大家熟悉的場景，也有人推測海水分開可能是海水漲落或是地震引起的海嘯造成的。

● 從《舊約聖經》看希伯來史

 舊約聖經的世界

人類誕生
● 亞當和夏娃、挪亞方舟的洪水故事。

希伯來史

與亞伯拉罕的契約
● 抵達應許之地──迦南。

➡ 公元前 1500 年左右，從美索不達米亞中部移居到巴勒斯坦。

● 約瑟做為奴隸前往埃及。

➡ 因而有一部分移居到埃及。

摩西的出埃及與十誡
● 返回迦南（前 13 世紀）。

以「不可信仰其他神」為首，為了勸戒不可殺人、姦淫、竊盜、做偽證所訂的十條戒律。

大衛與所羅門
● 所羅門王與希巴女王鬥智。

➡ 公元前 1000 年左右的希伯來王國。

➡ 公元前 922 年左右分裂為以色列與猶太。

以色列王國
➡ 公元前 722 年左右滅亡。

猶太王國
➡ 公元前 587 年左右滅亡。

與其他民族混血成為撒馬利亞人。

成為巴比倫之囚

➡ 公元前 538 年被波斯人釋放。

經歷巴比倫之囚後，成立猶太教

所羅門王建立黃金時代

四十年後，在繼承摩西遺志的約書亞帶領下，以色列人征服了迦南之地，並在公元前一〇〇〇年左右建立以色列王國（希伯來王國），該王國在大衛王與所羅門王的時代極為繁榮，大衛王因為成為米開朗基羅（參見P232）的雕刻作品而廣為世人熟知。根據《舊約聖經》記載，大衛原本是牧羊人，在與非利士軍隊的戰役中迎戰敵方的巨人歌利亞，以拿手的擲石頭將歌利亞打倒，因而受到掃羅王的賞識。掃羅王死後，大衛被長老們指名為王，遷都耶路撒冷後打下統一王國的基礎。

大衛王死後由兒子所羅門繼承王位，所羅門王在北鄰腓尼基人所建立的都市國家——推羅的援助下建造巨大神殿，締造了黃金時代。此外，還有為了試探神授的「所羅門智慧」而遠從阿拉伯半島南部來的「希巴女王」的故事等，《舊約聖經》中記載著許多神話故事。

「巴比倫之囚」的逆境誕生了猶太教

所羅門王死後，王國分裂為南北。不久，北邊的以色列王國被亞述（參見P82）滅亡，從此從歷史上消失。

南邊的猶太王國後來也被新巴比倫王國滅亡，人民被帶到巴比倫當奴隸，這就是對猶太教的成立影響深遠的「巴比倫之囚」。一般認為，收藏著神親手刻寫十誡的兩片石板的「法櫃」，就是在這時候遺失的，電影《法櫃奇兵》便是以尋找這個寶物為題材的作品。

在巴比倫的苦難之中有幾個預言者出現，他們勸戒大家不要墮落，呼籲民族要團結。「預言者」不同於「先知」，像諾斯特拉達姆士（參見P242）一樣知道將來會發生的事是先知，而預言者是指摩西、耶穌、穆罕默德等的宗教指導者，是「神的語言的保管者」。

在古代的東方，多神教非常普遍。但猶太人卻只信仰唯一絕對神——耶和華，屬於一神教。他們抱持著「與耶和華簽下契約的自己才是被神選上的子民」的想法，深化了「救世主信仰」。猶太人相信「最後審判」那一天，救世主將會現身解救被神選上的自己，其背景是因為他們曾經歷過王國滅亡、巴比倫之囚等民族苦難。

正因為如此，他們被打敗新巴比倫的波斯帝國阿契美尼斯王朝拯救後，就在耶路撒冷建造神殿，建立了猶太教。

●唯一絕對神之名

代表猶太教唯一絕對神——耶和華的「YHWE」，是從原本被稱為「神聖四字」的希伯來文寫成拉丁文而來的。因為規定「不得隨便唸誦」這四字，所以改發音為「Adonai（主）」。基督教中的「Jehovah」（耶和華）是宗教改革時期，在YHWE加上子音錯讀的結果。

割禮的習俗也是與神的契約中，必須遵守的戒律之一。

考古中被證實的特洛伊戰爭

在愛琴海周圍開花結果的克里特（米諾斯）文明和邁錫尼文明。

愛琴海文明是克里特文明和邁錫尼文明的總稱

在位於現在希臘的巴爾幹半島及愛琴海周圍，受到東方影響的愛琴海文明在此萌芽，包括了從公元前二十世紀一直繁榮到公元前十二世紀的克里特文明、邁錫尼文明等，統稱為愛琴海文明。

一九〇〇年考古學家在克里特島的克諾索斯，發現了讓人聯想到希臘神話中迷宮的大規模凹陷構造的遺跡。英籍的發現者埃文斯以神話中的克里特王米諾斯之名，稱這個文明為「米諾斯文明」，但是一般稱之為克里特文明。這個文明的民族血統至今不明，文字也尚未解讀出來，但是至少遺址的發現證明了希臘神話的英雄故事不是憑空杜撰。

「迷宮傳說」亞莉雅德之線

希臘神話中，與「只進不出」的迷宮有關的，就是廣為人知的「亞莉雅德之線」和「伊卡洛斯的墜落」。

發明家代達羅斯設計的克里特迷宮中，住著牛頭人身的怪物——彌諾陶諾斯，若不獻上活人當貢品牠就會暴跳如雷，所以戰勝雅典的克里特國王米諾斯，命令雅典每年必須送上七對少男少女，給彌諾陶諾斯當貢品。

雅典王子鐵修斯看到雅典市民的悲哀，挺身而出自願當貢品，克里特公主亞莉雅德對抵達克里特的鐵修斯一見鍾情，於是向代達羅斯請教逃出迷宮的方法，但是設計圖早就燒毀，年邁的發明家也想不起來複雜的迴廊構造。

後來代達羅斯指點亞莉雅德，把線團的開端綁在入口處，一邊放線一邊走入，回來時只要循著線就可以走出來了。

亞莉雅德向鐵修斯表達了愛慕之情，並將線團拿給他，鐵修斯進入迷宮，成功地殺死了彌諾陶諾斯，之後兩個人坐船離開了克里特島。

●愛琴海

黑海

奧林帕斯山●

愛琴海

●特洛伊

萊斯博斯島

德爾斐

馬拉松

●雅典

以弗所

科林斯

米利都

奧林匹克

斯巴達

羅德島

錫拉島
（聖托里尼島）

克諾索斯

地中海

克里特島

■謎樣的未解讀文字

克里特文明有很多至今未解之謎，因為當時使用的圖形文字與線條文字A尚未讀解
出來，不過邁錫尼人模仿克里特文字所創的線條文字B已經被解讀了。

線條文字 A	

線條文字 B	

■聖托里尼島是亞特蘭提斯島？

舊稱錫拉島的聖托里尼島，在公元前1500年左右發生火山爆發，島中央部分都爆
飛了。相傳有關這個災害的記載，後來成為亞特蘭提斯島大陸傳說。

伊卡洛斯的墜落

得知公主與鐵修斯私奔的米諾斯國王非常震怒，將替公主出主意的代達羅斯與他兒子伊卡洛斯抓起來關入迷宮，不過這次可就沒有線團了。

「有什麼方法可以逃出去？」

絞盡腦汁的代達羅斯想到從空中逃脫的方法，兩個人做好翅膀飛了起來。但是伊卡洛斯太高興可以像鳥兒一樣飛翔，不聽父親的忠告愈飛愈高，由於太接近太陽所以粘接翅膀用的蠟開始溶化，掉了翅膀的伊卡洛斯終於倒栽墜落愛琴海。

荷馬也傳述過的特洛伊戰爭

德國的業餘考古學家謝里曼，比發現克里特文明的埃文斯更早一步發現了邁錫尼文明。

謝里曼小時候便被特洛伊戰爭的傳說深深感動，進而對考古燃起熱情。荷馬在敘事詩《伊利亞德》中如此描述著希臘軍進攻特洛伊的故事：

以阿伽門農為總司令，擁有阿基里斯等英雄的希臘軍包圍特洛伊城長達十年之久，但是久攻不陷的特洛伊城始終堅守，於是希臘軍做了一具大木馬，裡頭藏了數十名戰士，然後把木馬放到海岸後撤退。一時大意的特洛伊軍把木馬拉進城內，到了半夜，藏在木馬裡的戰士們打開城門，希臘軍突然攻進，就這樣特洛伊城終於淪陷了。

一般認為邁錫尼文明攻占特洛伊，是比克里特文明稍晚、發生於公元前十三世紀後葉左右的史實。

希臘文明之前繁榮又衰微過的愛琴海文明，包括特洛伊木馬的故事，長久以來都被認為只是傳說。但是謝里曼自己研究古代史，自費投入考古工作，其執著終於有了成果。從一八七〇年開始，花了將近二十年的時間，終於發現了特洛伊的遺跡（現在的土耳其共和國）。之後，謝里曼前往希臘繼續挖掘，因而發現了邁錫尼文明。

希臘人建設了城邦

希臘人的祖先是居住在巴爾幹半島北部的印歐語系民族，公元前二十世紀左右南下到愛琴海周圍，開始定居下來。

首先南下的是邁錫尼文明的推動者——阿卡亞人（後來由於方言的不同，又分為愛奧尼亞人、伊奧利亞人等）。他們在各地建立小王國，其中一支前進到克里特島並且滅亡了克里特文明，在希臘本土建立了邁錫尼等小王國，而另一支則被認為征服了特洛伊。

公元前十二世紀，邁錫尼文明被晚一步南下而來的希臘人，亦即多利亞人滅亡，也有一說認為是被

● 愛琴海文明的變遷

克里特文明；又稱米諾斯文明
（繁榮於克里特島、錫拉島）　　　公元前 3000 年左右

（希臘人的祖先南下到
巴爾幹半島、小亞細亞）　　　公元前 2000 年左右

邁錫尼文明
（克里特文明滅亡）

特洛伊滅亡
　　　　　　　公元前 1260 年～ 1250 年左右

邁錫尼文明滅亡
（被多利亞人所滅？或是被海洋民族所滅？）

（長達四百年的黑暗時期）

出現雅典、斯巴達等城邦文明

「海洋民族」（參見P68）滅亡的。之後，希臘在長達四百年的「黑暗時期」中，經歷了破壞和混亂。

　　公元前八世紀左右，希臘人選擇在交通要塞開始群居生活，建造四周有城牆包圍著的都市（城邦）。在後來成為希臘中心的雅典，城邦的中心有舉行祭祀用的衛城（譯註：城邦〔polis〕是古代希臘的獨立城市。衛城〔Acropolis〕是雅典、也是古希臘的政治文化中心，祀奉雅典守護神雅典娜的地方，位於雅典城中心偏南的一座小山頂的台地上）和廣場，城牆外是廣大的農地。當時規模最大的城邦是斯巴達，範圍比日本的兵庫縣稍大。

●希臘人的遷移

西方希臘人

特洛伊

愛奧尼亞人的遷徙

底比斯・

伊奧利亞人的遷移

邁錫尼・　・雅典
・科林斯

斯巴達・

多利亞人的遷徙

・克諾索斯

愛奧尼亞人居住地
伊奧利亞人居住地
多利亞人居住地
西方希臘人居住地

克諾索斯宮殿遺跡
邁諾斯國王的妻子與公牛
墜入情網生下彌諾陶諾
斯，傳說克里特島上的迷
宮是為了囚禁這頭怪物而
建造的。

邁錫尼的獅子門
傳說是邁錫尼的國王阿伽
門農建造的獅子門曾經覆
蓋著青銅，是黃金文明邁
錫尼對外的大門。

81

巴別塔與世界七大奇觀

亞述的第一次統一之後,波斯帝國阿契美尼斯王朝再次完全統一東方。

鐵和馬的征服

公元前七世紀前葉,包含了美索不達米亞和埃及的古代東方,由亞述帝國首次統一。

亞述是閃族血統的游牧民族,活躍於連接小亞細亞的內陸轉接貿易,他們擁有鐵製武器和戰車、騎兵等強大的軍事武力,接二連三地征服東方各地後,建立了最早的世界帝國。亞述的製鐵技術是從西台人(參見P54)學來的。

亞述於亞述巴尼拔國王統治期間,在首都尼尼微建造巨大的王宮和收藏了許多黏土板的圖書館等,帝國進入全盛時期。此外,王宮中當時描繪歷代國王獵獅情景的浮雕也很有名。

亞述是東方史上第一個平定異族的帝國,但是由於強迫異族服從納稅和服兵役等義務,使得異族痛苦不堪,所以叛亂也不斷發生。埃及獨立,米底王國、里底亞王國成立後,亞述帝國的統治體制逐漸崩潰。迦勒底人建立的新巴比倫王國和米底王國,聯手於公元前六一二年進攻亞述首都尼尼微,滅亡了亞述帝國。

新巴比倫的繁榮與巴別塔

亞述帝國瓦解後分裂為四個國家,其中領先一步的是美索不達米亞的新巴比倫。

掌政長達四十年的尼布甲尼撒二世,建立了新巴比倫王國的全盛時期,他打敗入侵的埃及軍,奪取敘利亞、滅亡猶太王國,將猶太人民帶回巴比倫囚禁(參見P74),當時王國繁榮的盛況被稱為「巴比倫榮華」。首都巴比倫有雄偉的宮殿、廟塔以及被列入世界七大奇觀的空中花園。

雖然稱為空中花園,不過它並不是飄浮在空中,根據推測,這座壯麗的庭園建築在屋頂上,然後引水上去灌溉。還有,據說聖塔是模擬《舊約聖經》中的巴別塔建造的,其遺址在十九世紀被德國的探險隊發現。

●世界的七大奇觀

拜占庭的古希臘哲學家費隆選出了「七大驚奇的建築物」。
後來還有人選出包括英國的巨石群、復活島的巨石像等「新
世界七大奇觀」。

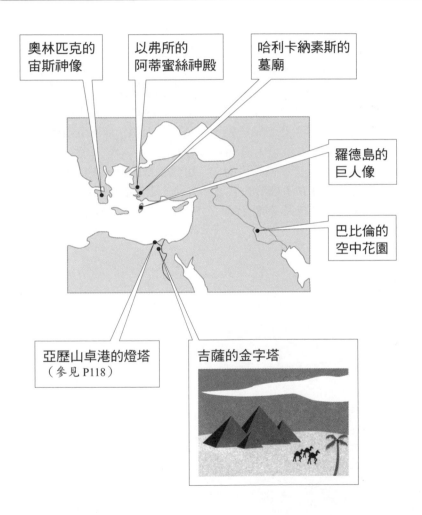

奧林匹克的
宙斯神像

以弗所的
阿蒂蜜絲神殿

哈利卡納素斯的
墓廟

羅德島的
巨人像

巴比倫的
空中花園

亞歷山卓港的燈塔
（參見 P118）

吉薩的金字塔

巴別塔為何尚未完成？

《舊約聖經》中有一則有關巴別塔的故事：

大洪水之後，從挪亞的三個兒子開始，人類再度繁衍子孫。他們說著相同的語言，定居在平原的人開始建造城鎮，並準備建築一座高可通天的塔。

從天而降的神看到塔說：「他們是同一族的人民，說著相同的語言，才會想出這種荒唐事！」於是弄亂了人類的語言，突然之間大家語言無法溝通，便擱下建造城鎮和塔的事，分散到各地去了。就這樣，違背神意、做出了傲慢計畫的人類，從此各自說著不同的語言。

附帶一提，「巴別」是閃語的「混亂」之意。

波斯帝國阿契美尼斯王朝第二次統一東方

以伊朗高原西南部為據點的印歐語系民族——波斯（伊朗）人，在居魯士二世時，造反推翻宗主國米底王國，滅亡里底亞、新巴比倫，釋放被囚禁在巴比倫的猶太人，然後於公元前五二五年滅亡埃及的第二十六個王朝，再度統一東方。

之後，由大流士一世建立維持了二百年以上的波斯帝國——阿契美尼斯王朝。他派遣被稱為「國王的眼睛」、「國王的耳朵」的監察官到各州監視，施行中央集權，將王朝帶入全盛時期。

●亞述與波斯帝國權力版圖

**亞述統一的
領域範圍**
（公元前7世紀前葉）

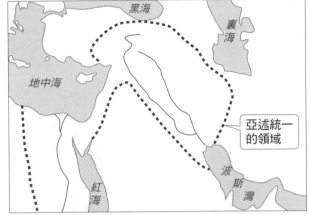

亞述統一
的領域

四王國並立
（公元前 7 世紀後葉）

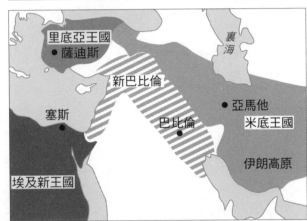

里底亞王國
●薩迪斯

新巴比倫

塞斯

巴比倫

亞馬他

米底王國

伊朗高原

埃及新王國

**阿契美尼斯王朝
的最大版圖**
（公元前 5 世紀）

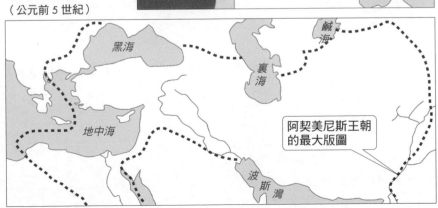

阿契美尼斯王朝
的最大版圖

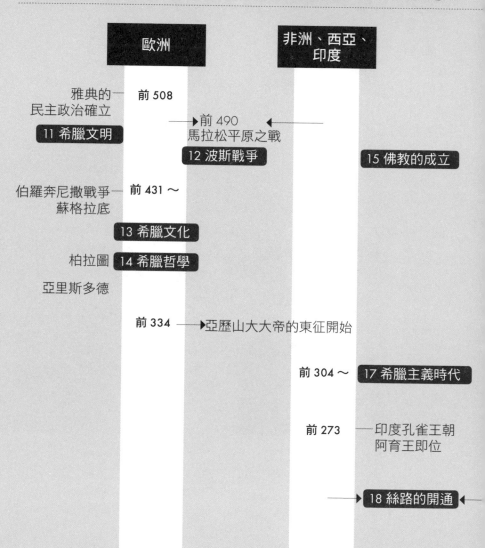

PART 2
希臘文化與佛教及諸子百家

歐洲

非洲、西亞、印度

雅典的
民主政治確立 ── 前 508

11 希臘文明

前 490
馬拉松平原之戰

12 波斯戰爭

15 佛教的成立

伯羅奔尼撒戰爭 ── 前 431 ～
蘇格拉底

13 希臘文化

柏拉圖 14 希臘哲學

亞里斯多德

前 334 ──→亞歷山大大帝的東征開始

前 304 ～ 17 希臘主義時代

前 273 ── 印度孔雀王朝
阿育王即位

18 絲路的開通

公元前 5 世紀～前 3 世紀的世界

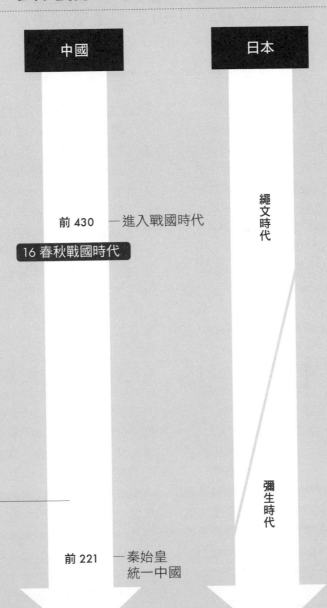

中國

日本

前 430 —進入戰國時代

16 春秋戰國時代

繩文時代

彌生時代

前 221 —秦始皇
統一中國

雅典民主政治和斯巴達教育
奴隸制度維持著希臘諸城邦的民主政治。

民主主義開始於金權政治

黑暗時代結束後的希臘，於公元前八世紀開始形成城邦。城邦的國王雖然握有軍事指揮權，但是掌管祭祀的貴族力量強大，再加上其地理位置被山海包圍，不必像四大文明一般，需要集權指揮治水工程，所以國王不如東方的專制君主般擁有強大的權力。

後來貴族取得軍事方面的權力，國王的權力縮小，城邦逐漸轉變成市民共同體，民主政治從此誕生。

附帶一提，民主主義的英語是democracy，意思為「城邦的民主政治」，正是從希臘語的demos（民眾）和kratia（統治）而來。

到了公元前七世紀，鄰國的里底亞王國（參見P85）發明貨幣，不久，商業繁榮的希臘也開始鑄造貨幣，富裕的市民階層逐漸產生。他們自己花錢購買武器，編制成重裝步兵部隊的市民軍，對貴族強烈要求參政權。

被政治惡鬥濫用的罷免制度

雅典隨著「執政官」地位的提升，經歷貴族政治、富裕市民手下的金權政治、僭主政治等過程後，最後建立民主政治。

公元前六世紀後葉，被認為是最早的僭主——庇西特拉圖，深受不滿金錢政治的無產階級歡迎，他以此為基礎發動軍事叛變，取得政權。所謂「僭主」，就是指利用平民和貴族之間的抗爭，以非法手段奪取政權的獨裁者。但是庇西特拉圖不同，他引導市民的動力，讓雅典逐漸發展成強而有力的城邦。

但是後來卻接連出現差點成為暴君的僭主，所以公元前六世紀末，執政官克利斯提尼制定了陶片放逐法，類似於現在的罷免制度。所謂的陶片放逐法，是指如果有市民舉發「即將變成獨裁者的政治家」，首先會在市民大會上表決是否進行陶片投票。如果表決通過，反對該位政治家的市民，就會將政治家的名字寫在陶片上，然後進行投票。票數超過六千票中最多票

者、或是六千票以上的人，將被放逐國外十年。

可是這個制度在波斯戰爭之後，卻被利用做為迫使政敵下台的手段，有能力的領導者被放逐的惡例增加，因而逐漸失去了意義。

排斥女性和奴隸的排他性民主政治

貴族出身的克利斯提尼得到市民的支持進行改革，奠定了民主政治基礎。他實施了一個劃時代的改革，瓦解以前貴族依靠血緣關係構成的「四部族制」，改以市民的居住地區為基礎的地緣性「十部族制」，再從這些新部族之中選出將軍以及其他職位。另外還新設了五百人評議會，這個評議會被定位為市民的前議機關。

公元前五〇八年，雅典的「公

● 陶片放逐法的結構

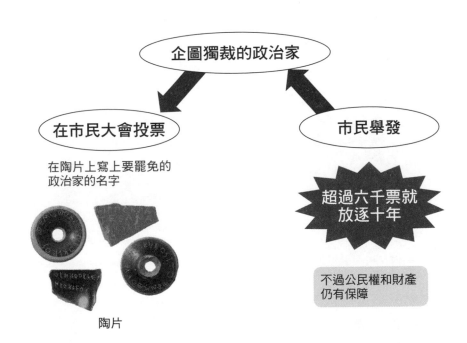

企圖獨裁的政治家

在市民大會投票

市民舉發

在陶片上寫上要罷免的政治家的名字

超過六千票就放逐十年

不過公民權和財產仍有保障

陶片

民大會」成為立法、司法、行政的最高機關，古希臘的民主政治就此展開。它並非現在議會的代議制，而是有參政權的市民全部集會共同決議事情的直接民主政治。不過，公民大會只有成年男子可以參加，奴隸與女性則被拒於門外，這一點和現在的民主政治有很大的不同。

男性市民不被約束於工作和家事，得以有時間和精力熱中政治、軍事、思想、文化活動，正是因為這種排他性制度做為後盾的緣故。

民主政治後來逐漸擴展到其他城邦，特別是在波斯戰爭中，沒有能力購買武器的無產階級市民，因為成為軍船的舵手而活躍起來，發言權也增強了。

靠「斯巴達教育」維持的其他民族統治

屬於多利亞人其中一支的斯巴達人，侵略伯羅奔尼撒半島南部，靠著「征服」建立斯巴達城邦。相較於愛奧尼亞人「群居」形成的雅典，斯巴達城的斯巴達人數遠少於被征服的奴隸人數。而為了以軍事力量統治人數有十倍之多的奴隸，斯巴達的男性從小就被施以「斯巴達式」的嚴格軍事訓練，為了加強團隊精神，據說他們連吃飯也在一起。

就這樣，相對於擁有海軍的雅典，斯巴達擁有了希臘最強的陸軍軍力。不過也因為徹底的軍事教育，所以文化上沒有什麼發展。

●希臘文明

■群居形成的雅典市街

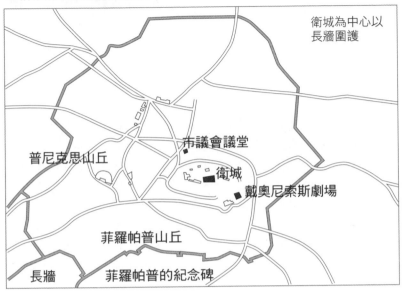

衛城為中心以長牆圍護

市議會議堂

普尼克思山丘

衛城

戴奧尼索斯劇場

菲羅帕普山丘

長牆　菲羅帕普的紀念碑

■斯巴達教育

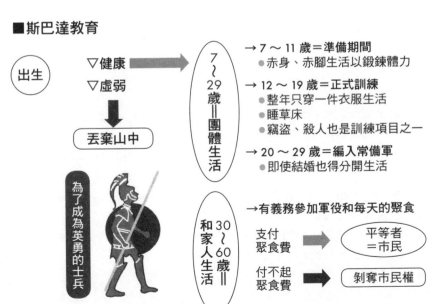

出生

▽健康

▽虛弱

丟棄山中

為了成為英勇的士兵

7～29歲＝團體生活

→7～11歲＝準備期間
　●赤身、赤腳生活以鍛鍊體力

→12～19歲＝正式訓練
　●整年只穿一件衣服生活
　●睡草床
　●竊盜、殺人也是訓練項目之一

→20～29歲＝編入常備軍
　●即使結婚也得分開生活

30～60歲＝和家人生活

→有義務參加軍役和每天的聚食

支付聚食費 ➡ 平等者＝市民

付不起聚食費 ➡ 剝奪市民權

馬拉松起源於二千五百年前

西元前五世紀，東方文明與地中海文明互動干戈。

馬拉松戰役，雅典軍打敗波斯

勢力擴展到西方的波斯帝國——阿契美尼斯王朝的大流士一世（參見P84），將小亞細亞（現在的土耳其）西岸愛奧尼亞地區的希臘殖民市納入統治下，加深了與希臘諸城邦的對立。公元前五〇〇年，這些殖民市得到雅典的軍事援助發動叛亂，波斯戰爭因此展開。

波斯曾經三次遠征希臘本土，第一次是公元前四九二年，波斯艦隊遇到狂風敗陣而退。第二次於公元前四九〇年的遠征，雖然成功登陸巴爾幹半島，但是雅典的重裝步兵軍拿著長槍和盾，採取密集陣形的戰術對抗波斯的弓兵，波斯軍在馬拉松的激烈戰役中大敗。

馬拉松競技的起源

大約六百年後的二世紀初，羅馬帝國的希臘裔歷史家普魯塔克的《希臘羅馬名人傳》，記載了傳令兵為了傳達雅典軍的勝利，從馬拉松到雅典不停歇地跑了大約三十六公里，到達同時也氣絕身亡的故事。

陸上競技的熱門項目馬拉松，當然與這個傳說有關。一八九六年，於奧林匹克的發祥地希臘舉行的第一次奧林匹克大會中，二千四百年前從古戰場到雅典的路線重現，希臘代表路易士以第一名跑回終點，令全場觀眾為之瘋狂。現在的馬拉松規定以第四次倫敦大會的路線四二，一九五公里為基準，不過這與實際上馬拉松到雅典的距離無關。

斯巴達全軍覆沒，雅典軍反擊

公元前四八〇年，波斯軍的第三次遠征由繼承大流士的薛西斯一世親自率軍。

同一年的溫泉關戰役，勇猛的斯巴達軍全軍覆沒。擊破希臘聯軍中心後士氣大增的波斯軍湧進雅典城，雅典讓市民躲到船裡逃到海上避難，採取了海上迎擊的作戰方式。

雅典市雖然很快被波斯軍占領破壞，但是被引誘到薩拉米斯灣

●東方、地中海文明的過程

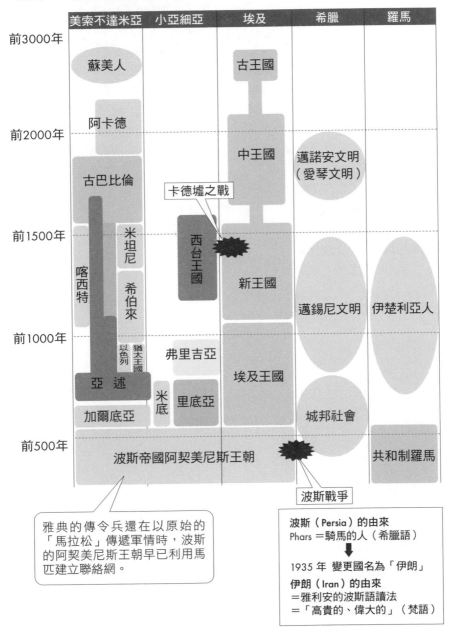

雅典的傳令兵還在以原始的
「馬拉松」傳遞軍情時，波斯
的阿契美尼斯王朝早已利用馬
匹建立聯絡網。

波斯（Persia）的由來
Phars ＝騎馬的人（希臘語）

1935 年 變更國名為「伊朗」

伊朗（Iran）的由來
＝雅利安的波斯語讀法
＝「高貴的、偉大的」（梵語）

的波斯軍因為船行速度慢，被泰米托克利率領的雅典軍擊沉，撤退而去。

薩拉米斯海戰使得局勢逆轉，接著在陸上反擊的斯巴達與雅典聯軍，逼得波斯軍節節敗退。就這樣，愛奧尼亞各城市又恢復獨立，希臘守住了城邦的自由和獨立。

在此之前，東方文明堪稱是世界先進地區，而這一場波斯戰爭，卻讓後進的地中海文明初嚐勝利果實。

雅典的繁榮和帝國化

希臘雖然戰勝，但與波斯之間的對立並沒有因此解除。於是希臘諸城邦為了應付波斯的再次進軍，以雅典為盟主，組織同盟募集基金，並將總部設於提洛島，稱為提洛同盟。

由於諸城邦對蠻橫的斯巴達失去信心，所以立雅典為希臘世界的盟主。雅典以復興城邦為目標，不久便進入全盛時期的伯里克利時代，開始統治其他城邦。

後來伯里克利挪用提洛同盟的基金，大規模重建被波斯軍破壞的帕德嫩神殿，甚至還向同盟各市要求法制外的分擔金。對此，沒有加入提洛同盟的斯巴達以及科林斯城邦，明確地表明反雅典的立場，加強原有的伯羅奔尼撒同盟力量，開始爭奪霸權。

●波斯和希臘的勢力範圍

溫泉關

馬拉松

雅典

愛奧尼亞

薩迪斯
（小亞細亞
的波斯總督）

奧林匹亞

伯羅奔尼撒

薩拉米斯

斯巴達

▨	波斯帝國
▥	波斯的臣屬國
☐	與波斯敵對的希臘各國
☐	中立國

Ⅹ 波斯軍勝利

Ⅹ 希臘聯軍勝利

雅典城裡豪華的衛城，是挪用提洛
同盟的基金所重建。

神話和奧林匹克的世界

以敘事詩和悲劇的形式口語相傳的希臘神話。

希臘留下許多古典文藝

　　希臘的文藝作品,成為歐洲的古典文藝,留給後世豐富的遺產,到現在還被許多文學作品或電影、音樂引用,其影響非常深遠。

　　公元前八世紀荷馬所寫的兩大敘事詩《伊利亞德》和《奧德賽》,描寫了活躍於特洛伊戰爭中的阿基里斯、奧狄修斯等英雄。不過也有說法認為這兩大敘事詩並非荷馬一個人所寫,而是集合幾個詩人的作品而成。

　　公元前七世紀,萊斯博斯島的女詩人莎孚,完美地歌詠出對少女們的感情,雖然受到極高的評價,不過也因此產生了同性愛或悲戀的傳說。女同性戀(Lesbian)這個詞就是從「萊斯博斯(Lesbos)的女人」,亦即莎孚來的。

　　收錄有大家熟悉的「螞蟻和蟋蟀」、「龜兔賽跑」等故事的《伊索寓言》,一般認為是以公元前六世紀、希臘人伊索的動物寓言集為原型寫成的。《伊索寓言》首次在日本出現,是在相當於豐臣秀吉時代的文祿二年(一五九三),天草群島有人製作了羅馬拼音的天主教版本及日文譯本《伊曾保物語》。

　　波斯戰爭結束後,公元前五世紀時,雅典陸續出現歌劇傑作。三大悲劇詩人埃斯庫羅斯、索福克勒斯、歐里庇得斯描寫人類的生存方式、命運以及戰爭的悲慘,將希臘悲劇帶入全盛時期。之後還有亞里斯多芬的喜劇等,城邦市民的歌劇熱潮持續不斷。

奧林匹克的競技項目

　　希臘人聚集到城邦內居住,由於各個城邦的獨立性很強,所以城邦間的軍事競爭綿延不斷。但是他們似乎並非完全敵對,因為他們在經濟、文化上都有交流,其中最具代表性的應該是奧林匹克競技。

　　奧林匹克競技開始於伯羅奔尼撒半島的伊利斯城邦,不久發展成令全希臘為之瘋狂、甚至可以丟下武器休戰的祭典。主要項目有綜合格鬥、角力、短跑、跳遠、鐵餅、標槍等,比賽長達五天,這項傳統

●希臘文化的文藝遺產

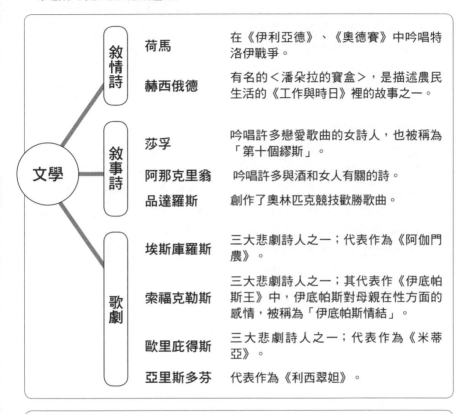

文學

敘情詩

荷馬　　　在《伊利亞德》、《奧德賽》中吟唱特洛伊戰爭。

赫西俄德　有名的〈潘朵拉的寶盒〉，是描述農民生活的《工作與時日》裡的故事之一。

敘事詩

莎孚　　　吟唱許多戀愛歌曲的女詩人，也被稱為「第十個繆斯」。

阿那克里翁　吟唱許多與酒和女人有關的詩。

品達羅斯　創作了奧林匹克競技歡勝歌曲。

歌劇

埃斯庫羅斯　三大悲劇詩人之一；代表作為《阿伽門農》。

索福克勒斯　三大悲劇詩人之一；其代表作《伊底帕斯王》中，伊底帕斯對母親在性方面的感情，被稱為「伊底帕斯情結」。

歐里庇得斯　三大悲劇詩人之一；代表作為《米蒂亞》。

亞里斯多芬　代表作為《利西翠妲》。

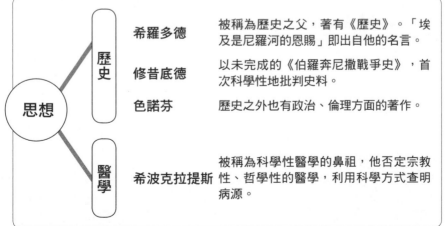

思想

歷史

希羅多德　被稱為歷史之父，著有《歷史》。「埃及是尼羅河的恩賜」即出自他的名言。

修昔底德　以未完成的《伯羅奔尼撒戰爭史》，首次科學性地批判史料。

色諾芬　　歷史之外也有政治、倫理方面的著作。

醫學

希波克拉提斯　被稱為科學性醫學的鼻祖，他否定宗教性、哲學性的醫學，利用科學方式查明病源。

一直持續到羅馬時代。

　　近代奧林匹克也會在競技期間，要求戰爭當事國自我約束戰鬥行為，但是國家之間的政治對立常常引起聯合抵制，實在令人感到遺憾。

充滿人性的希臘眾神

　　希臘的神話世界是其藝術的精神基礎，傳說眾神居住的奧林帕斯山（標高二九一七公尺）、祭祀太陽神阿波羅的德爾斐神廟，都是希臘人共同的信仰標的。

　　特別是德爾斐的神諭非常有權威，有時連是否要戰爭都要由當地的女祭司宣布。因為前來求取神諭的人大批湧進，使得德爾斐就像日本的門前町（譯註：因寺院而發達的城鎮）一樣熱鬧。

　　充滿著各種神祇的希臘神話也被引用到閃耀的夜空中，成為一個個星座，這些神話之後被羅馬繼續傳承。

　　希臘眾神雖然被託付了人類的理想，但是也有像宙斯那樣不斷外遇、沈醉男色，綁架美女的神明。反映了人類本性的一面。像這樣不只是崇拜神祇，也具有人性特徵的希臘文化，正是在城邦社會的自由風氣下產生的。

● 希臘神話眾神一覽表

希臘名	屬性	羅馬名
※ 宙斯	天神，諸神的統治者	朱彼特
※ 赫拉	掌管結婚、生育的女神，是諸神的天后	朱諾
※ 狄蜜特	掌管農業的女神	席瑞絲
※ 雅典娜	智慧、戰爭、和平女神	米娜娃
※ 阿波羅	音樂、預言、太陽之神	阿波羅
※ 阿芙羅黛蒂	掌管愛與美的女神	維納斯
※ 阿瑞斯	戰神	馬斯
※ 阿蒂蜜絲	純潔、狩獵、月亮女神	戴安娜
※ 波賽頓	海和地震之神	尼普頓
※ 赫密斯	諸神的使者、旅行者之神、亡靈接引神	墨丘利
※ 赫發斯特斯	鑄造、技藝之神	瓦爾肯
※ 海絲娣雅	灶神、聖火之神、家庭的守護神	維斯塔
戴奧尼索斯	葡萄、酒、歌劇之神	巴卡斯
黑帝斯	財富之神，冥界的統治者	普魯圖
泊瑟芬	冥王之妻	普洛塞庇娜
蓋婭	大地女神	特拉斯

※ 奧林帕斯十二神

眾愚政治的犧牲者蘇格拉底

希臘人在哲學上有很大的發展，但在政治方面卻衰退了。

探求萬物根本的自然哲學

在希臘，蘇格拉底、柏拉圖、亞里斯多德等偉大的哲學家非常活躍，其思想一直到後世還具有像世界史一樣的影響力。

希臘哲學家的出發點是「自然哲學」，於公元前六世紀左右，以愛奧尼亞地區希臘殖民都市為中心展開，這個地區後來成為波斯戰爭的導火線。

所謂的自然哲學，就是試圖以理論性的思考，尋找出科學的根本答案，是一種不依賴宗教的真理探求。其中最大的疑問就是「世界是怎麼形成的？」

被認為是自然哲學始祖的泰利斯，主張世界的組成物是「水」，並嘗試說明如何從水產生自然萬物。他捨棄了以天地創造的神話來解釋萬物的本質與根源，而想藉由理論的方式說明。

根據現代物理學，物質是以「分子→原子→素粒子」的方式分解，當時的自然哲學家們在沒有現代實驗設備的情況下，提出了萬物的根本是「水」、「四元素」、「原子」等各種學說。赫拉克利圖斯主張「萬物不停流轉，所以沒有實體」；畢達哥拉斯主張萬物的根本是「數」。他們思考所有理論，而其理論的基礎是走在近代科學之前的「合理主義」。

哲學的對象轉向人類

後來希臘民主政治發達，被稱為「智者」的辯論家也跟著活躍起來。

被認為是智者代表的普羅塔哥拉斯主張「人類是萬物的準繩」，把興趣由萬物的根本轉向人類的研究，智者們論述城邦市民該有的生活方式，逐漸受到歡迎。

但是，沒多久他們的主張逐漸變質成「只要懂得辯論術，不管什麼事都能正當化」的詭辯，因而產生了煽動政治家，逐漸演變成眾愚政治。

三大哲學家和民主主義劃清界線

在這些智者的活動之中，雅典出現三位具歷史意義的大哲學家。

公元前五世紀，蘇格拉底和智者們相反，他主張人類要思考穩健、普遍的、客觀的真理，並且創造了「philosophy（哲學）」這個名詞，意思是「熱愛智慧」。

他號召當時如同遊魂一般的年輕人，向他們勸說「無知的知」，引導他們在超越人類智識的「真理」面前要學著謙虛。但是沉醉於眾愚政治的民主派市民不能理解他的真意，以「冒瀆神，誤導年輕人」為由將他判刑。據說雖然有人

● 希臘思想

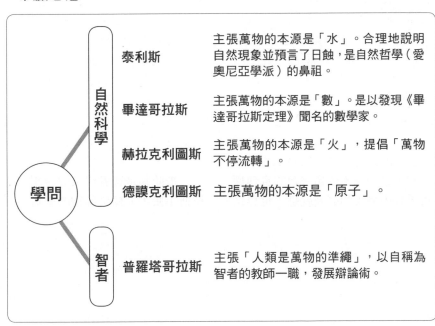

學問	自然科學 泰利斯	主張萬物的本源是「水」。合理地說明自然現象並預言了日蝕，是自然哲學（愛奧尼亞學派）的鼻祖。
	畢達哥拉斯	主張萬物的本源是「數」。是以發現《畢達哥拉斯定理》聞名的數學家。
	赫拉克利圖斯	主張萬物的本源是「火」，提倡「萬物不停流轉」。
	德謨克利圖斯	主張萬物的本源是「原子」。
	智者 普羅塔哥拉斯	主張「人類是萬物的準繩」，以自稱為智者的教師一職，發展辯論術。

勸他逃獄，但他還是服從判決，飲毒自盡。

他的弟子柏拉圖在公元前四世紀，把這個判決的情形寫成《申辯篇》。柏拉圖認為：「現實世界是理想世界的縮影」，市民若要接近這個理想，需要的不是民主主義，而是由哲人統治的寡頭政治。所以他寫了《理想國》、《法律篇》等著作。但是後來他對現實失望，在雅典郊外創立學園（Akademeia，即Academy的語源），將熱情傾注於學術研究和教育。他還寫下了有關亞特蘭提斯大陸的傳說，引起後世許多推測。

被推舉為古代最偉大學者的亞里斯多德，是柏拉圖最得意的弟子。亞里斯多德發表了許多著作，集邏輯、自然、社會、藝術等所有方面的學問於大成。和柏拉圖一樣，他也在雅典創立了呂克昂學園，其弟子被稱為逍遙學派。

城邦衰退，文化長存

由於波斯戰爭後的內部鬥爭，希臘荒廢殆盡。但是他們的文化經由受教於亞里斯多德的亞歷山大大帝遠傳到印度，接著數百年後，由羅馬帝國繼承希臘文化的遺產，之後亞里斯多德的系統化學問也在伊斯蘭教圈子裡繼續被研究。

為近代揭開序幕的文藝復興運動，其實是名副其實的希臘羅馬文明的復興運動，所以在西歐被稱為恢復「古典時代」，由此可知希臘文化如何深遠地影響了歐洲。

●三大哲學家的特徵

蘇格拉底

主張「無知的知」

唯有在普遍、客觀的真理下，追求知識才能得到真正的幸福，但是人類卻是一無所知。

因與智者對立而遭處死刑。

蘇格拉底

妻子桑堤婆是惡妻的代名詞，不過據說蘇格拉底說：「還是結婚好，如果成功的話會很幸福，即使失敗也可以讓你成為哲學家。」

柏拉圖

蘇格拉底的弟子

理念（編按：又稱為理型、觀念、共相）才是真正的存在，物質（編按：即現實世界）的存在不過是理念的影子罷了。是「柏拉圖式的愛情」一詞的由來。

因對理想和現實的差異感到失望而創立學園，此外他描述的亞特蘭提斯傳說也廣為人知。

柏拉圖

亞里斯多德

柏拉圖的弟子
從現實主義的觀點
重視中庸

認為理念是個別存在的。

不只發展了理念論，還將許多領域的學問體系化，影響伊斯蘭教和中世紀的經院哲學。設立呂克昂學園，並曾擔任亞歷山大大帝的家庭教師。

亞里斯多德

佛教的成立

印度哲學和佛陀的教義

否定種姓制度的佛教勢力衰微，符合民間需求的印度教普及。

誕生了批判婆羅門教的《奧義書》哲學

在古印度，居於瓦爾納制度（早期的種姓制度）最頂端的婆羅門（譯註：瓦爾納制度中首陀羅為最低層、吠舍為中層、剎帝利和婆羅門為上層）刻意將禮法複雜化，企圖提高自己的權威，所以婆羅門教逐漸變成形式勝於信仰的宗教。

到了公元前七世紀之後，人們對於被婆羅門階級獨占的宗教愈來愈不滿。不久後，東方思想的源流——《奧義書》哲學誕生了。

印度文化原本就相信輪迴，認為「靈魂不滅，活著時所做的行為（業），在來世會轉變成各種不同的結果（果）。」而婆羅門教也主張，行為端正的人才會轉世為種姓制度的上層階級。

《奧義書》便是期望從這種輪迴說解脫的深奧哲學，其影響不只於其他各宗教，還廣及美國的反文化運動（參見P415）。

甘地也讀過的《薄伽梵歌》

當時恆河流域有幾個小王國興起，許多以婆羅門階級之下的王侯貴族為主體的故事於焉誕生。

最有名的為兩大敘事詩為描述婆羅多族戰史的《摩訶婆羅多》，以及羅摩王傳記的《羅摩衍那》。它們經由吟遊詩人不斷地流傳，一般認為現今我們所看到的樣貌，早在公元三世紀左右已經完成。

史稱世界最長的敘事詩《摩訶婆羅多》，描述傳說中婆羅多族內部戰爭的故事。不過故事流程常常被打斷，時而穿插遠大思想的冗長敘述，其中最為印度人熟悉的是公元前二世紀左右完成的《薄伽梵歌》（神之歌）。

這則長篇傳說以長老克里希納（毘濕奴神的化身），和英雄阿周那王子的對話為骨幹，它教論人們，就算不是婆羅門階級，只要全心全意奉獻給毘濕奴神，同樣可以得到解脫。總之，它教給勇敢生存在現實生活的平凡人一套可以遵從的生活倫理。對印度教徒而言，不

●古印度的宗教與哲學

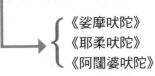

《梨俱吠陀》為印度最古老的經典

加上以下的<u>三本吠陀</u>，成為婆羅門教基本的四大吠陀經典。

→ { 《娑摩吠陀》
《耶柔吠陀》
《阿闥婆吠陀》

瑜珈

原本的意思是「把牛或羊栓在拉車上」。

發展為「結合、合一」之意的健康法。

佛陀就是藉由瑜珈的修行達到「三昧」（身心合一的安定狀態）。

《奧義書》吠陀的附屬經典之一

主張宇宙的根本原理（梵），和自我的根本原理（我）是一致的，即「梵我一如」說。

成為包含了輪迴思想原型的哲學。

論哪一個宗派都很熟悉這部經典，其地位就像不同的佛教教派都珍貴保存的《般若心經》。

據說甘地留學英國的時候，無意間發現這本經典，愛不釋手每天閱讀。而令披頭四為之傾倒的印度哲學也是以《薄伽梵歌》為範本。

佛教否定輪迴和種姓制度

另一方面，公元前五百年前後，佛教和耆那教誕生取代了婆羅門教，兩者都是主張從輪迴中解脫，甚至否定種姓制度的新興宗教。耆那教以嚴格的苦行追求解脫，佛教則教導適度修行（八正道）。後來佛教與基督教、伊斯蘭教並列為世界三大宗教。

佛教的始祖瞿曇悉達多，是捨棄剎帝利身分進入修行之道的釋迦族王子，他之所以捨妻棄子選擇出家，是因為他雖然享盡人間榮華，卻同時對人生充滿痛苦感到「無常」。

悉達多經過嚴格修行之後，喝完村姑善生女貢奉的乳粥（Yoghurt），在菩提樹下小憩時，突然頓悟成「佛陀」（即領悟真理者、覺者）。佛陀不單求自己的解脫，懷著菩薩心，他為解救眾生開始傳教，教導人只要行正道（八正道）就可以逃離痛苦得到解脫。

他八十歲入滅（去世）之後，

被尊稱為釋迦牟尼（釋迦族的聖者）或釋尊者，直到後世，在遙遠的日本也尊崇他為「御釋迦樣」。

受諸王朝保護的佛教逐漸分裂

佛弟子們為了正確傳達佛陀的教誨，因而舉行「佛典結集」，他們收集佛陀說過的話，加以整理。但是這些彙整好的內容，有各種不同註解的「佛說」版本大量出現，因為弟子根性、領略之不同而分裂成不同的部派（教團）。為了統一，佛典結集前後舉行了好幾次。

公元前三世紀，最初統一印度的孔雀王朝阿育王，以及繁榮於犍陀羅地區的貴霜王朝迦膩色迦王，都曾經挺身捍衛佛教。在貴霜王朝時期，受到希臘雕刻影響的佛教美術、亦即犍陀羅美術，也曾盛極一時。

日本的佛教混雜著印度教

笈多王朝的創始者旃陀羅笈多一世，再度統一印度之後的四世紀左右，民眾的婆羅門教和土著的民間信仰融合而成的印度教盛行。比起否定種姓制度、教導解脫的佛教，印度教在種姓制度社會的現實生活中，教導了更合適民間需求的生活方式，所以廣受民眾支持。前述的《薄伽梵歌》也成為印度教的經典，扮演著重要的角色。

●古印度與釋迦有關聯的地方

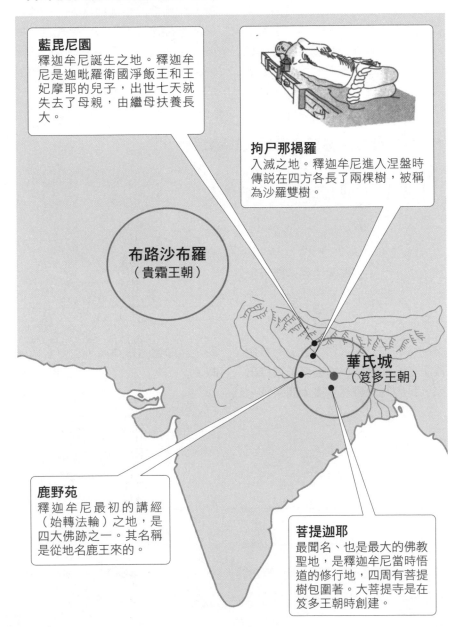

藍毘尼園
釋迦牟尼誕生之地。釋迦牟尼是迦毗羅衛國淨飯王和王妃摩耶的兒子，出世七天就失去了母親，由繼母扶養長大。

拘尸那揭羅
入滅之地。釋迦牟尼進入涅盤時傳說在四方各長了兩棵樹，被稱為沙羅雙樹。

布路沙布羅
（貴霜王朝）

華氏城
（笈多王朝）

鹿野苑
釋迦牟尼最初的講經（始轉法輪）之地，是四大佛跡之一。其名稱是從地名鹿王來的。

菩提迦耶
最聞名、也是最大的佛教聖地，是釋迦牟尼當時悟道的修行地，四周有菩提樹包圍著。大菩提寺是在笈多王朝時創建。

到了八世紀，為了對抗伊斯蘭教、以及為了獲得民眾支持的王侯們也轉向支持印度教，導致佛教走向衰退。佛教在六世紀中葉傳到日本，九世紀的平安時代，最澄大師和空海大師從中國傳入密教，後來衍生出各種宗派。另外，由於中國傳來的佛教混雜著印度教，印度神的外型經過改變之後，變成日本的神祇定型下來。例如大黑天是印度教的破壞之神，弁財天是水和豐饒的女神。

●來自印度教、在日本廣為人知的眾神

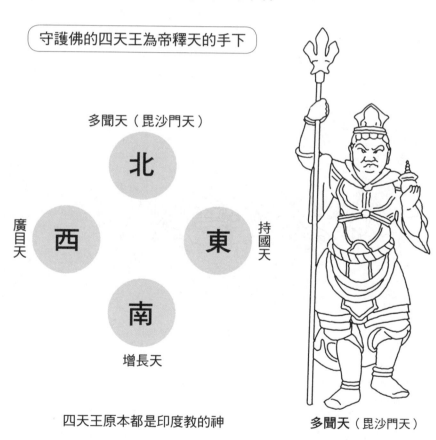

守護佛的四天王為帝釋天的手下

多聞天（毘沙門天）

北

西

東　持國天

廣目天

南

增長天

四天王原本都是印度教的神

多聞天（毘沙門天）

108

日本的七福神之中，也有來自印度教的神

大黑天…破壞之神
毘沙門天…武勇之神
弁財天…水之神

這些神來自印度的
印度教

福祿壽
壽老人（真實人物）
布袋（真實人物）

惠比壽

這些神來自中國的神和賢人

只有惠比壽是
日本的神

成語故事和中國古典世界

在「五霸七雄」割據中，思想界的泰斗「諸子百家」輩出。

周室東遷開啟了春秋、戰國時代

消滅殷的周朝（參見P65）統治華北長達約二百五十年。然而統治各地的諸侯，隨著血緣關係的淡薄開始企圖獨立。接著北方異族入侵，王室的權威逐漸衰弱。

公元前七七○年，周的首都鎬京（現在的西安附近）被異族侵略而遷都雒邑（現在的洛陽），這就是所謂「周室東遷」，之後的周朝稱為東周。

周朝東遷之後，勢力強大的諸侯開始爭奪霸權。到公元前二二一年秦始皇統一天下為止，中國進入了長達五百五十年的亂世，這段期間稱為「春秋、戰國時代」，比日本的戰國時代還要早兩千年以上。

一般認為，前期的「春秋時代」取自孔子編纂的史書《春秋》，後期的「戰國時代」取自於集結縱橫家所言的外交策略《戰國策》。

名存實亡的周朝

春秋時代因為周朝仍殘留著權威，有勢力的諸侯就利用其剩餘價值，喊出「尊王攘夷」的口號，以周王為名義號召結成的同盟（會盟）有好幾個，其中最具有代表性的霸主史稱「春秋五霸」。

「尊王攘夷」終究是個幌子，公元前六○六年，春秋五霸之一的楚莊王，向周朝的使者詢問周朝國寶「九鼎」的大小和輕重，大剌剌地表露出想要奪取王位的野心。這個故事衍生出成語「問鼎輕重」，意喻「看透對方實力，企圖奪取其地位」。

春秋第一霸主——齊桓公

春秋時代產生了很多萬世流傳的成語故事，「管鮑之交」就是其中一則。

春秋時代初期，齊國的管仲和鮑叔牙是從年輕就互相欣賞的好朋友，兩個人長期分別跟隨不同的主公。後來內亂發生，鮑叔牙侍奉的主公即位成為齊桓公，而曾經想

● 春秋戰國時代

也有說法是用秦、宋來取代吳、越

▲公元前403年，分裂為韓、魏、趙，之後便稱為戰國時代▼

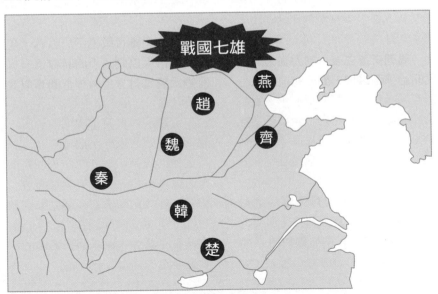

晉的文公（重耳）、齊的宰相晏嬰（晏子）、燕的名將樂毅、齊的宰相孟嘗君等，許多成為小説題材的英雄豪傑都活躍於這個時代。

要取齊桓公性命的管仲則成了階下囚，即將被斬首。

鮑叔牙沒忘記年輕時的友誼，再加上深知管仲的才能，便央求齊桓公免管仲之死，後來齊桓公聽取鮑叔牙的意見起用管仲。之後，管仲在姜子牙的後裔桓公的身邊發揮才能，幫助齊國領先其他諸侯稱霸。

從這個故事之後，即使立場不同，堅定的友誼也永不改變，就被稱為「管鮑之交」。

吳越的對立

春秋時代末期，敗在越王勾踐手下的吳王闔閭，臨死前交待太子夫差一定要向越國復仇雪恨。為了將父親的怨恨深深地刻印在心中，繼承王位的夫差每天晚上睡在材薪上（臥薪），並且吩咐隨從進入房間前大喊父親的遺言：「一定要向越國復仇，替我雪恨」，然後自己回答：「三年之內一定復仇」。後來越王勾踐先發動攻擊，卻被夫差擊退逃到會稽山，最後被包圍降服。

勾踐得到夫差的釋放回到故國，無時無刻不忘做為吳王臣下的屈辱，他隨時帶著苦膽舐嚐（嚐膽），一心一意努力回復國力。相對地，這時夫差沉醉於越國進貢的美女西施的美貌中，完全不聽賢臣

的諫言。十二年後，勾踐經過數次的戰爭終於打敗了夫差。

最後夫差求降不成自殺而死，勾踐成為春秋時代最後的霸主。日後，形容人刻苦自勵，立志雪恥的行為就叫做「臥薪嚐膽」。還有因為吳國與越國嚴重的對立，所以交情不好的人被稱為「吳越之交」，而交情不好的人相處在一起則稱為「吳越同舟」。

戰國時代思想百家爭鳴

公元前四〇三年，「春秋五霸」之一的晉國，由於家臣的反叛，分裂為魏、韓、趙三國，戰國時代隨之來臨。小國被陸續兼併之後，勢力壯大的「戰國七雄」開始爭奪天下。

這樣的亂世持續了一百八十年後，大家開始期待新的秩序。在文字普及的助力下，各種思想家以及學派登場，史稱「諸子百家」。

活躍於春秋時代晚期的孔子，集周朝思想之大成，把「仁」定位為理想的道德。他曾在弱小的魯國幫忙改革政治，但是終究沒有得到肯定，在周遊列國之後回到魯國教育弟子，這個學派後來被稱為儒家。孔子死後，弟子們將老師的言行整理成《論語》。

孟子提倡「性善」，主張主政者應該懷著「仁、義」之心、以

德行統治天下。另一方面，主張「性惡」的荀子則重視徹底制定禮法以維持秩序。附帶一提，「青出於藍、更勝於藍」的比喻，就是鼓勵老師要把弟子教育得更加超越自己。

商鞅、韓非等的法家，將荀子的性惡說發揚光大，主張用法律的強制力治國，這樣的想法後來被秦始皇採用。

●中國四大美女

| 西施 | 吳王夫差的愛妃，
以「東施效顰」的故事聞名。 |

| 王昭君 | 西漢元帝的宮女，
因政治策略性結婚嫁給匈奴王。（參見P128） |

| 貂蟬 | 《三國演義》中虛構的美女。
（參見P144） |

| 楊貴妃 | 唐玄宗的愛妃，
由於安史之亂悲劇性地結束生命。（參見P184） |

另外還有真實性受到質疑的老子、以及把人比喻成「井底之蛙」的莊子。他們批評儒家主張的「仁」不過是人為的無用之禮，強調藉由「無為自然」達到平和境界（道家）。

被稱為老莊思想的道家，思想勢力擴大到與儒家（儒教）相抗衡，後來與渴望長生不老的神仙思想結合，產生民間信仰「道教」，甚至成為日後發動黃巾之亂的太平道的源流，不僅讓寵愛楊貴妃的唐玄宗沉迷其中，也對禪宗產生深遠的影響，大幅改變了中國的思想及宗教。到了二十世紀，歐美人把道家思想稱為Taoism，使得獨善其身成為一種風潮。

還有，以《孫子兵法》為代表的兵家也很有名。有人說孫子是春秋時代的孫武，也有人說是戰國時代的孫臏。據說兵法書《孫子》是後世集兩者的兵法而成。日本武田信玄當年所執的旗號「風林火山」便是取自於《孫子》。

此外，以縱橫捭闔之策遊說諸侯，從事政治、外交活動的「縱橫家」蘇秦和張儀互有不同的見解。蘇秦呼籲「寧為雞口，勿為牛後」，主張「合縱」對秦做成包圍網，張儀則主張個別和秦結為同盟的「連橫」。

●諸子百家的主要思想與思想家

思想	主要人物	主張
儒家	孔子 （公元前 6～5 世紀） 孟子 （公元前 4～3 世紀） 荀子 （公元前 3 世紀）	主張以禮（社會整體的規範）和仁（道德情懷）實現理想社會與天下太平。 著作：《論語》 性善説：主張人性本善。 性惡説：主張人性本惡， 　　　　所以需要禮。 　　　　　　　　　　　　　　孔子
墨家	墨子 （公元前 5～4 世紀）	兼愛：主張無差別、平等的愛。 　　　（孔子的仁是有差別的愛） 非攻：認為戰爭是最大的浪費。
道家	老子 （不詳） 莊子 （公元前 4 世紀）	自然無為： 認為孔子所説的仁和禮都 是人為的，主張排除人 為，以「無」做為萬物根 源，「無」的具體表現則 是「自然」。 　　　　　　　　　　　　　　老子
法家	商鞅 （公元前 4 世紀） 韓非 （公元前 3 世紀）	法治主義：主張戰國時代就應該用法統 　　　　　治國家。秦國採用其思想。
名家	公孫龍 （公元前 4～3 世紀）	認為賦予事物的名稱，都與該事物的本質有關（「白馬非馬論」）。
兵家	孫武 （公元前 6～5 世紀） 孫臏 （公元前 4 世紀）	在春秋戰國時代著作兵法書。
縱橫家	蘇秦 （公元前 4 世紀） 張儀 （公元前 4 世紀）	在戰國時代提倡連橫、合縱。
陰陽家	鄒衍 （公元前 3 世紀）	主張天體的運行與人類生活的關係。

亞歷山大大帝的征服霸業

城邦衰微後，實施君主政體的希臘國家馬其頓征服了波斯。

城邦制度因伯羅奔尼撒戰爭而衰退

公元前五世紀末，以斯巴達和科林斯兩個城邦為中心的伯羅奔尼撒同盟（參見P94），為了反抗雅典的專制，發動了伯羅奔尼撒戰爭。雅典雖然在戰爭初期占上風，但後來遭到伯羅奔尼撒同盟軍反擊，戰敗投降，由斯巴達奪得霸權。

東方的波斯為了防止斯巴達勢力擴張，遂幫助雅典復興，而斯巴達也遭到科林斯背叛，轉而和波斯締結和約。之後，底比斯城邦也曾短暫地擴大勢力，隨之不久再度沒

●亞歷山大的帝國

亞歷山大大帝

馬其頓

黑海

雅典

薩迪斯

亞歷山卓港

孟菲斯

大馬士革

耶路撒冷

埃及

亞歷山大大帝的領土

亞歷山大大帝的進軍路線

落，希臘的各個城邦反覆著興亡。

公元前四世紀之後，向來在希臘世界居於領導地位的城邦衰退，巴爾幹半島北方的部族國家馬其頓興起。公元前三三八年，馬其頓的腓力二世開始統治所有的城邦。

青年君主亞歷山大滅亡波斯帝國

腓力二世的兒子亞歷山大大帝（亞歷山大三世），為了討伐東方大國波斯帝國的阿契美尼斯王朝，率領馬其頓希臘軍遠征東方。

軍事天才亞歷山大在公元前三三三年，於伊蘇斯戰役打敗波斯的大流士三世，征服波斯的領土敘利亞、埃及，大軍勢如破竹。

公元前三三〇年，東方文明中心波斯的首都——波斯波利斯被大火燃燒，阿契美尼斯王朝終於滅亡。亞歷山大大帝採取融合政策，命令一萬名馬其頓士兵與波斯女性結婚，並且繼續東進到現在的阿富汗，最後建立了勢力範圍到達印度河的大帝國。

完成遠征的亞歷山大大帝，回到巴比倫時感染熱病，於公元前三二三年結束了三十二年短暫的生

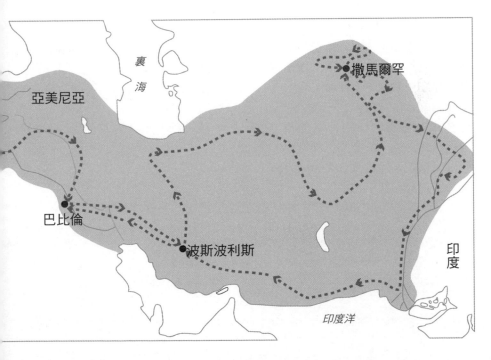

命，他的遺體被埋葬在埃及以大帝名字建立的都市亞歷山卓港。其他還有許多以大帝的名字命名的都市，像阿富汗的城市「坎大哈」就是以他的阿拉伯語名字Iskandar取的。

亞歷山大所建的帝國實在太大了，加上還殘留著波斯的統治組織，所以他死後沒多久，帝國就分裂為馬其頓、埃及、敘利亞三個國家，史稱希臘主義三國。

佛像是希臘主義文化之一

經由亞歷山大大帝的遠征，希臘人與其文化急速地傳播開來，從遠征東方開始，到最後埃及托勒密王朝滅亡（參見P136）為止的三百年間，史稱「希臘主義」時代。

所謂希臘主義是希臘風格的意思，這是近代所創的名詞。這個時代的希臘主義融合了希臘、東方，甚至西北印度（犍陀羅一帶）的文明要素，分裂的三國被羅馬滅亡後，希臘風格的影響仍然深深地留存著。犍陀羅的佛教文化中融入希臘雕刻，開始有了佛像的創作，就是一個希臘主義的最佳實例。

成為「第二個雅典」的亞歷山卓港

埋葬著亞歷山大大帝遺體的亞歷山卓港，是希臘主義時代的經濟與文化中心。曾經是文化中心的希臘本土衰微後，埃及托勒密王朝的首都亞歷山卓港取而代之成為中心地。

亞歷山卓港曾繁榮於尼羅河口，被稱為「世界的樞紐」，設有供奉謬斯神的大型研究機構（希臘語為Mouseion，是英語museum〔博物館〕的語源），以及當時規模最大的亞歷山大圖書館，據說人口超過一百萬。附帶一提，建於公元前三世紀左右，被列為世界七大奇觀之一的「亞歷山卓港大燈塔」，雖然在十四世紀左右倒塌，但一直到現在仍是埃及最大貿易港的這個都市，還保留舊有的地名。

●希臘主義國家

■公元前300年左右

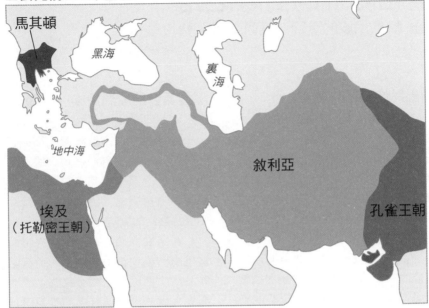

■公元前200年左右

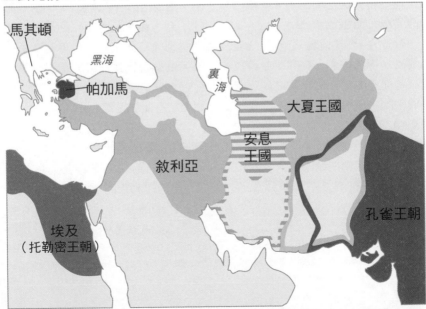

連結綠洲的商隊之路

由於騎馬民族的活躍，東西文明開始接觸。

騎馬民族開拓的草原之路

提到連結東西文明的道路，大家最熟悉的應是「絲路」，不過，古代交通要道其實還有一條「草原之路」。由於從南俄羅斯貫穿蒙古高原的大草原地帶，所以被稱為草原之路，它比絲路還要北邊，被認為是最古老的東西要道。

在草原之路一帶自古就有游牧民族的蹤跡，這些草原之民與周圍的農耕文化圈接觸，帶動文化的交流和發達，而最初的推手是公元前六世紀左右、統治現在南俄羅斯一帶的游牧民族西徐亞人。

西徐亞人擅長騎馬，戰鬥能力優異，導入他們文化的草原游牧民族，從原本溫和的草原之民逐漸變成戰鬥集團，這些民族就是中國歷史中被記載為匈奴、月氏等的各族。特別是匈奴（參見P126），從戰國時代末期開始，屢次入侵中國，為此中國不得不修築萬里長城。

深愛黃金的騎馬民族——西徐亞

西徐亞人以南俄羅斯、高加索為據點，一邊騎馬遷移，一邊與黑海北部的希臘殖民都市頻繁交易，而背後支撐交易活動的是從阿爾泰山脈採掘到的豐富黃金。

後人從他們的墓中，挖掘出極富創意的動物或人物造型的黃金陪葬品，「西徐亞的黃金文明」因而聞名。此外，摻雜其中的青銅器鍍金物品也極受注目。

西徐亞人對黃金的崇拜及鍍金技術，藉由馳騁草原的游牧民族西傳到多瑙河流域，東傳到蒙古一帶，這個傳播途徑最終抵達日本，從奈良縣斑鳩町藤之木古墳出土的黃金之冠便可證實。

絲路的終點是日本

絲路從公元前一世紀左右開通，一直被利用到中世紀。

它是連接東西方最近的交通要道，自古就是中國特產品絲綢輸出西方的要道，所以被稱為「絲

●騎馬民族西徐亞人對日本的影響

西徐亞人

黑海

阿爾泰山脈

西徐亞人發明了適合騎馬穿的長褲，後來傳到歐洲。

從奈良縣櫻井市箸墓古墳的壕溝中，挖掘到源自於西徐亞馬具的木製馬鐙。

藤之木古墳也有豪華的馬具出土。

路」。

這條路徑必須經過歐亞大陸乾燥的內陸沙漠，散布在沙漠上的綠洲城市發揮了中繼站的功能，所以也被稱為「綠洲之路」。駱駝商隊、中國或伊斯蘭的遠征軍隊，還有唐朝的三藏法師（玄奘）到印度（天竺）取經，都曾經過這裡。就這樣，絲路把中國發明的養蠶和造紙技術帶到西方，然後把希臘主義

和波斯風格的文物運到日本。

經由絲路，佛教從印度傳到中國及朝鮮半島，波斯文物也被運到奈良的正倉院寶物殿，所以說日本是絲路的終點站。

伊斯蘭商人活躍於海洋之路

公元七世紀以後，唐朝和伊斯蘭文化接觸後不久，「海上絲路」就熱絡了起來。因為船可以大量運

● 連接東西方的三條路徑

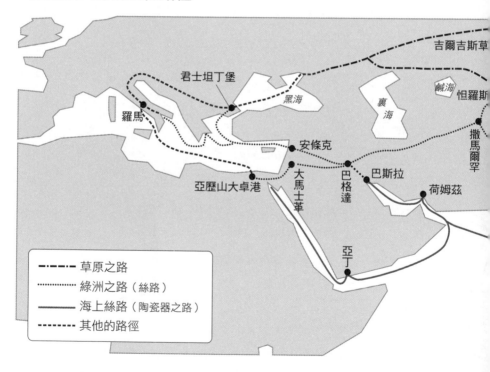

君士坦丁堡
羅馬
黑海
裏海
鹹海
恒羅斯
撒馬爾罕
吉爾吉斯草
安條克
亞歷山大卓港
大馬士革
巴格達
巴斯拉
荷姆茲
亞丁

-‧-‧- 草原之路
············· 綠洲之路（絲路）
——— 海上絲路（陶瓷器之路）
------- 其他的路徑

輸，所以近世以後，海洋成為東西交通的主要動脈。

　　「海上絲路」因為運送世界有名的中國景德鎮（參見P190）陶瓷器和日本陶器等，所以也被稱為「陶瓷之路」。德國的麥森瓷器，受了日本柿右衛門的伊萬里燒的影響而發展。另外，中國發明的火藥和指南針等技術，也是經由這條路徑推動了後來的西歐文明。

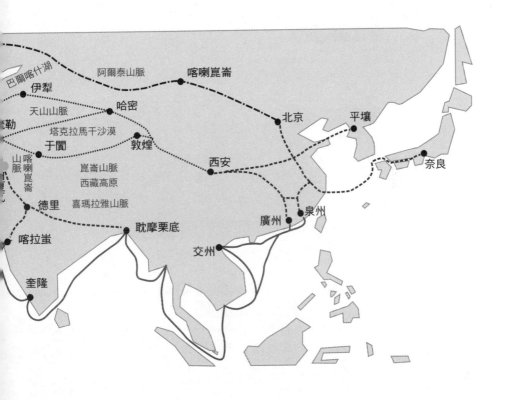

PART 3
秦漢、羅馬帝國與民族大遷移

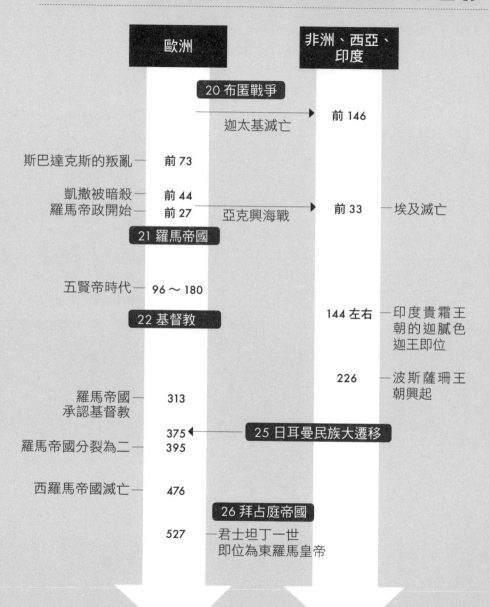

| 歐洲 | 非洲、西亞、印度 |

20 布匿戰爭

迦太基滅亡　　　　　　前 146

斯巴達克斯的叛亂 ── 前 73

凱撒被暗殺 ── 前 44
羅馬帝政開始 ── 前 27　　亞克興海戰　前 33 ── 埃及滅亡

21 羅馬帝國

五賢帝時代 ── 96 ～ 180

22 基督教

144 左右 ── 印度貴霜王朝的迦膩色迦王即位

226 ── 波斯薩珊王朝興起

羅馬帝國 ── 313
承認基督教

375 ◄── **25 日耳曼民族大遷移**
羅馬帝國分裂為二 ── 395

西羅馬帝國滅亡 ── 476

26 拜占庭帝國

527 ── 君士坦丁一世即位為東羅馬皇帝

公元前 3 世紀～前 6 世紀的世界

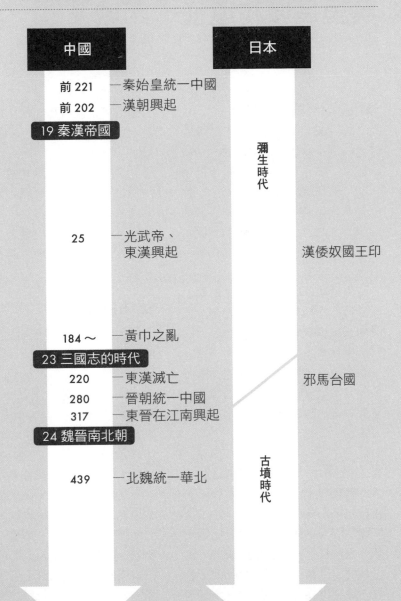

中國	日本
前 221 —秦始皇統一中國	
前 202 —漢朝興起	
19 秦漢帝國	彌生時代
25 —光武帝、東漢興起	漢倭奴國王印
184 ～ —黃巾之亂	
23 三國志的時代	
220 —東漢滅亡	邪馬台國
280 —晉朝統一中國	
317 —東晉在江南興起	
24 魏晉南北朝	
439 —北魏統一華北	古墳時代

萬里長城和遠征「西域」

秦始皇短暫統一後，劉邦打下了漢朝四百年的基礎。

秦始皇修築萬里長城

公元前二二一年，結束戰國時代的秦王政建立了中國第一個統一國家，並且廢除自周朝以來所用「王」的稱號，自稱「皇帝」，他就是秦始皇。「始皇帝」是「最初的皇帝」之意，是他死後的諡號。而英語的China也是從「秦」的發音而來。

秦始皇任用法家（參見P114）的李斯為宰相，藉由嚴刑峻罰，經營中央集權式的統一國家，並首度統一度量衡、文字、貨幣。不過，主張「為政以德」的儒家嚴厲批評他，秦始皇和李斯憤而活埋儒生、焚燒詩書（焚書坑儒），嚴格箝制言論。

秦皇陵顯示「皇帝」的權威

戰國時代，北邊諸侯為了防止匈奴（參見P120）入侵，大規模興建了許多堡壘，秦始皇登基後開始大規模修築，這就是後來的「萬里長城」。萬里長城全長達四千公里，是全世界最長的建築。不過，目前的磚造長城是明代所建，秦始皇建造的長城是位於更北方的土壘。

秦始皇為了顯示權威，除興建阿房宮，並在即位後開始興建自己的陵墓。秦皇陵中有數千尊兵馬俑出土，目前仍持續挖掘中，想完全揭開陵墓的神祕面紗，還必須等待一段時間。

項羽和劉邦滅秦

由於秦朝施行不容許朝野批評的強權政治，最後終於導致民眾的反抗。

秦始皇駕崩之後，馬上引起全國動亂。陳勝等人興起農民叛亂，史稱「陳勝、吳廣之亂」。陳勝曾誇下海口：「王侯將相寧有種乎！」，在其軍勢愈來愈強大，天下一片混亂之際，後來爭奪天下的項羽、劉邦也紛紛起義。秦朝雖然勉強鎮壓了陳勝、吳廣，但是對項羽、劉邦的叛亂卻束手無策，結果秦朝僅僅維持三代十五年就滅亡了。

秦始皇巡遊天下時，項羽說過一句：「彼可取而代之也！」，而劉邦則說：「大丈夫當如是也！」。項羽乃名門之後，祖父是被秦滅亡的楚國名將。而劉邦是小地主的兒子，頭銜雖然是管理驛站的亭長，實際上是個遊手好閒之徒。

劉邦逼得項羽「四面楚歌」

項羽和劉邦在秦滅亡後，雖然曾在「鴻門之會」談和，但終究還是成為爭奪天下的對手，「兩雄不並立」這句成語因此產生。公元前二〇二年，劉邦在「垓下之戰」打敗項羽，開創了漢朝。

垓下之戰時，項羽聽到劉邦包圍垓下的陣營裡傳來故鄉的歌曲（四面楚歌），絕望地說：「天亡我也，非戰之罪。」隨後自殺身亡。相傳隔年春天，隨項羽殉死的愛妃虞姬，其鮮血滴過之處皆開出

●秦漢帝國的版圖

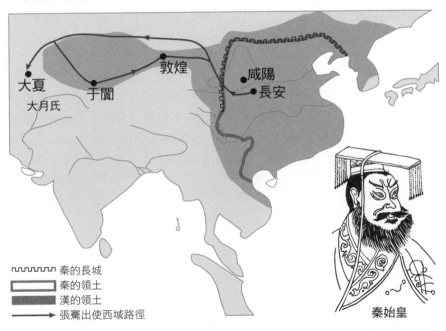

⌇⌇⌇⌇⌇	秦的長城
▭	秦的領土
▬	漢的領土
⟶	張騫出使西域路徑

秦始皇

了紅色的麗春花（虞美人草），讓人憐惜。

漢武帝積極經營絲路

衍生出「漢字」及「漢族」等名詞的漢王朝，比起短暫的秦朝，國祚長達四百年。不過因為曾經中斷，所以分為「西漢」和「東漢」，西漢在漢武帝時代進入全盛時期。

漢武帝將儒家思想定為國學，並提高皇帝的權威，確立中央集權體制。他為驅逐匈奴進行大規模遠征，並派遣商人張騫出使西域，奠定了絲路開通的基礎。

被做為正史典範，司馬遷著作的《史記》，也是在武帝治世期間完成的。

「倭人」出現於東漢史書

漢武帝之後，外戚（皇后或妃子的親戚）和宦官（後宮打雜的太監）權勢高漲，甚至遠勝過皇帝，政局一片混亂。公元八年，外戚王莽發動政變奪取帝位，將國號改為「新」。王莽想恢復周朝的政治體制，但不幸失敗了。漢王室的劉秀、亦即光武帝，再度復興漢室建立東漢，於公元二五年定都洛陽。

東漢初期很重視內政的安定，但是到了公元一世紀後葉，便開始向西域擴張勢力。授命為西域都護的班超，誓言「不入虎穴，焉得虎子」驅逐匈奴，恢復漢武帝時代的勢力版圖。

在東漢歷史家班固撰寫的《漢書·地理志》中，記載著「樂浪海中有倭人，分為百餘國」，這是日本人第一次出現於中國史料。而當時光武帝賜給倭奴國的金印（漢倭奴國王印），現在是日本的國寶。

●秦、漢帝國的形成

春秋、戰國時代

秦王政（秦始皇）建立統一國家

徐福和長生不老之藥
徐福受秦始皇之命，為求長生不老之藥，乘船往東而去。不過徐福最終沒有返回中國，傳說他們到達了現在日本的和歌山縣。

陳勝、吳廣之亂────── 項羽和劉邦出現

劉邦建立漢朝（西漢）

王莽政變────────── 改國號為「新」

劉秀（光武帝）再度建立漢王朝（東漢）

通商國家迦太基的末路

希臘主義時代末期，羅馬與迦太基為統治地中海而交戰。

母狼養大羅馬帝國的建國英雄？

當漢帝國繁榮於中國期間，羅馬也統治地中海建立了龐大的帝國，不過最初的羅馬也只是一個小都市國家。

關於都市國家羅馬建立的時間有很多種說法，所以真相還不明確。公元前一一〇〇年之後，拉丁人聚集的部落可能是其基礎，但是公元前六世紀左右，羅馬建立的貴族共和體制，則是其發展的第一階段。

被譽為「永恆之都」的羅馬，長期以來都有一個異於史實但為人深信不疑的傳說。

特洛伊英雄（參見P78）之一的後裔阿穆利烏斯殺死哥哥奪取王位，並派人把戰神馬斯和姪女瑞亞西爾維婭所生的雙胞胎男嬰丟棄河中，雙胞胎被森林裡的狼群叼走，母狼以自己的乳汁哺育他們。

當村人發現時，他們倆正吸著母狼的乳頭，於是以當時拉丁語的「乳頭」發音，為他們取名羅慕勒斯以及雷摩斯，後來羅慕勒斯建立了羅馬。

這終究只是傳說，不過羅馬的卡皮托利諾博物館中，還收藏著這對雙胞胎兄弟吸吮母狼乳頭的銅像，它是羅馬的象徵，廣為市民所熟悉。

羅馬藉由分割統治而壯大

相異於希臘，採取貴族共和體制的羅馬市民幾乎都是農民。不久，羅馬為了擴大統治範圍而發動戰爭，因此中小地主等平民也成為重裝步兵活躍起來，開始參與以前不能參與的政治。公元前三世紀前葉時，他們在法律上已經和貴族平起平坐。

羅馬在軍事上非常優秀，它將包括了其他都市國家的整個義大利半島，都納入版圖之中。羅馬強大的祕密在於實行「分裂統治」政策，並且獨尊羅馬的市民權，將被征服的都市當做殖民市，予以不公平待遇，藉此，讓殖民市市民覺得與其反抗，不如為追求更好的待遇

而努力。

　　此外，還賦與居住羅馬的外國人可在市民大會投票的「拉丁市民權」，實行連希臘城邦都無法想像的強權統治。

漢尼拔的戰象軍團

　　隨著殖民市接連增加，羅馬的實力逐漸增強，以成為海洋大國為目標，勢力延伸到地中海貿易。當時最大的競爭對手是非洲北岸（現在的突尼西亞）、腓尼基人的殖民地都市迦太基。

　　迦太基自古以來就是往來地中海的貿易大國，所以兩國因為利害關係發生衝突，引發多達三次的布匿戰爭（公元前二六四年～前一四六年），也是羅馬首次的海外戰爭。「布匿」是羅馬口音，指的就是腓尼基。

　　第二次布匿戰爭，迦太基名將漢尼拔帶領戰象軍團，越過阿爾卑斯山突擊羅馬本土。

●羅馬強大的祕密

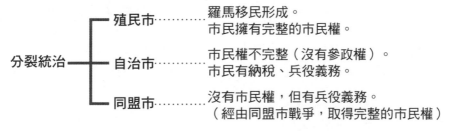

　　　　　　┌─ 殖民市…………　羅馬移民形成。
　　　　　　│　　　　　　　　　　市民擁有完整的市民權。
分裂統治 ─┼─ 自治市…………　市民權不完整（沒有參政權）。
　　　　　　│　　　　　　　　　　市民有納稅、兵役義務。
　　　　　　└─ 同盟市…………　沒有市民權，但有兵役義務。
　　　　　　　　　　　　　　　　　（經由同盟市戰爭，取得完整的市民權）

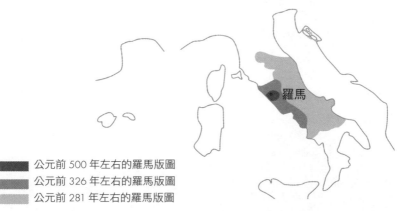

羅馬

■ 公元前 500 年左右的羅馬版圖
■ 公元前 326 年左右的羅馬版圖
■ 公元前 281 年左右的羅馬版圖

阿基米德的創新武器

傳說中，敘拉古（西西里島）的數學家阿基米德曾在海岸邊排列鏡子，以聚集反射光燒毀了羅馬的船隻。阿基米德在浴缸發現浮力原理時，大叫「heurka」（意即「我發現了」），高興得裸奔而出。他還運用槓桿和滑輪創造出投石機等武器，並且發出豪語：「給我一個立足點，我就可以移動這個地球！」（槓桿原理）。相傳阿基米德埋首研究圖形問題時，遭羅馬士兵殺害身亡。

通商國家迦太基徹底滅亡

漢尼拔奮戰未果，伊斯班尼亞（現在的西班牙）被羅馬奪取，迦太基於札馬戰役大敗。

當時指揮羅馬軍團的是大西庇阿，他研究漢尼拔的戰略，在激烈的攻防之後打敗漢尼拔。漢尼拔戰敗後流亡，不久自殺身亡。

受到第三次攻擊的迦太基，在公元前一四六年終於滅亡。當時兩軍死傷慘重，據說迦太基市內原本住有約十萬市民，投降時只剩下一半。

羅馬軍破壞了迦太基所有的神殿和房舍，把死者埋在溝中填平並灑上鹽巴，希望這片土地變成寸草不生的「不毛之地」。存活的五萬人全部被賣為奴隸，迦太基就此從世界上消失。

羅馬的「帝國主義」就這樣消滅了貿易立國的迦太基，地中海成為了「羅馬的內海」。之後，羅馬又陸續消滅了希臘主義三國（馬其頓、敘利亞、埃及）。

●布匿戰爭所引起的領土變遷

> **第一次布匿戰爭**

新迦太基

羅馬

迦太基

■ 開戰時的羅馬領土
■ 開戰時的迦太基領土
■ 羅馬所獲得的領土

> **第二次布匿戰爭**

迦太基的遠征
（公元前 218 年）

坎尼戰役（公元前 216 年）
羅馬大敗

新迦太基

羅馬

迦太基

■ 開戰時的羅馬領土
■ 開戰時的迦太基領土
▨ 羅馬所獲得的領土

札馬戰役（公元前 202 年）
羅馬獲得決定性的勝利

> **第三次布匿戰爭** 迦太基徹底滅亡！

凱撒為何被暗殺？

經歷凱撒被暗殺、征服埃及後，羅馬轉為帝政。

布匿戰爭後出現長期內亂

羅馬的領土擴大後，奴隸和便宜的穀物不斷進口，再加上大量農民從軍，無暇耕作因而變賣農地，中小農民逐漸凋敝。政治家為了取得支持，競相拉攏這些聚集到羅馬的農民。

支持元老院的元老院派，以及為擴大平民權利的平民派相互抗爭，民眾被雙方利用，貧富差距愈來愈大。此外，奴隸鬥士斯巴達克斯起義等，奴隸的叛亂頻頻傳。

就這樣，羅馬征服迦太基後，權力抗爭日益激烈，內亂不斷，加上同盟市叛亂，使得羅馬持續混亂了將近一百年。

凱撒觸犯國法，掌握權力

當時的掌權者凱撒是一名軍事天才，他在內亂之中建立了「三頭政治」。後來將軍龐培見凱撒平定高盧（現在的法國），實力更加壯大，便慫恿元老院取消凱撒的軍事指揮權、停止遠征。但凱撒斬釘截鐵地回答：「骰子已經擲出去了。」便率領軍團越過盧比孔河回到羅馬，並且很快地平定了羅馬市。

盧比孔河是高盧和義大利之間的小河，軍事指揮權已被取消的凱撒，如果越過這條河就是違反國法。究竟要解散軍隊以一個平民的身分回去羅馬？還是無視國法繼續率軍前進？這對當時的凱撒而言著實是一個賭注。

凱撒是何等人物？

近年來，一般已逐漸將凱撒的名字寫成Gaius Julius Caesar。

凱撒於公元前一〇〇年左右出生於貧民街，三十歲嶄露頭角，擔任過大祭司長（譯註：宗教上的最高地位，總管所有與神祇有關的官吏）、司法官（譯註：擔任司法相關政務的高級官吏，次於執政官），於公元前五九年就任羅馬共和政制時代最高地位的執政官。英語的七月（July）就是取自凱撒的族名Julius，而德語的皇帝「Kaiser」及俄語的皇帝「tsar'」都是源自於凱撒「Caesar」之名。

布魯特斯暗殺凱撒

凱撒越過盧比孔河平定羅馬市，後來追迫政敵龐培到埃及，在當地受到才色兼具的女王克麗歐佩脫拉的拉攏，兩人育有一子。

凱撒在遠征小亞細亞的凱旋報告中留下名言：「我來，我見，我戰勝！」。凱撒以軍事上出色的成就為後盾，設置了權限比執政官大的職位——獨裁官，並且親自就任，進而發揮優秀的統御能力，實現各種政治改革。

公元前四十四年，凱撒得到統帥稱號Imperator，這也是英語「皇

●內亂的一世紀

公元前146年	▶滅亡迦太基（小西庇阿）
公元前73年	▶斯巴達克斯叛亂（～前71年）
公元前63年	▶平定猶太
公元前60年	第一次三頭政治（龐培、凱撒、克拉蘇）
公元前50年	▶凱撒平定高盧
公元前48年	▶凱撒打敗龐培成為獨裁官
公元前44年	▶凱撒被暗殺
公元前43年	第二次三頭政治（安東尼、屋大維、雷比達）
公元前31年	▶亞克興海戰（屋大維打敗安東尼）
公元前27年	▶屋大維得到奧古斯都（尊嚴者）的稱號

凱撒

135

帝（Emperor）」的語源，不久後卻遭到反對派暗殺。

曾經有個占卜師忠告凱撒：「當心三月十五日！」可是當天風平浪靜，凱撒還認為占卜師騙人。但是凱撒在元老院議場被暗殺的時間，正是三月十五日。

相傳當時凱撒大喊：「布魯特斯！你？」，其實這是莎士比亞的悲劇《凱撒大帝》中的台詞，並非史實。傳說凱撒的心腹布魯特斯，就是他的親生兒子，因此也有版本說凱撒大喊的是：「我兒啊！你？」，不過此說沒有根據。

懷疑凱撒覬覦王位因而殺死他的布魯特斯，後來被政敵彈劾。第二次三頭政治的密約簽訂之後，布魯特斯立刻逃往希臘。不過，後來在企圖東山再起的馬其頓戰役中被打敗，最後走上自殺之路。

克麗歐佩脫拉之死

當時的埃及正值亞歷山大大帝的部下所建立的托勒密王朝，而當時的統治者克麗歐佩脫拉並非埃及人，而是希臘血統。她之所以能平息內爭登上王位，成為這個王朝最後的女王，完全是靠凱撒的幫忙。

凱撒被暗殺後，克麗歐佩脫拉和安東尼結婚。公元前三一年兩個人參與亞克興海戰，但是被屋大維（凱撒的義子）打敗。相傳隔年她讓毒蛇纏身自殺而亡。

埃及的結束，等於宣告了希臘主義三國全部滅亡。

實現「和平羅馬」的五賢帝時代

公元前二七年，羅馬元老院賜給凱旋歸來的屋大維「奧古斯都」（尊嚴者）的稱號，他成了國家政治中的最高權力者，不過礙於羅馬排斥獨裁者的傳統，所以改稱他為「第一公民」，當時也被稱為「元首政體」。自此，共和政體結束，在實質上的首代皇帝統治下，羅馬帝國誕生。

之後，羅馬帝國繁榮長達兩世紀，史稱「和平羅馬」。

十九世紀的大英帝國稱為「和平大不列顛」、一九五〇年代的美國稱為「和平美利堅」，都是取自於此。

特別是公元九六年～一八〇年被稱為「五賢帝時代」，當時的羅馬並非世襲制度，而是以前皇帝義子的名義，指名某位賢人接任皇帝，所以政權非常穩定，領土也達到最大規模。當時不僅從印度傳入亞洲的香辛料和絲綢，羅馬的使者甚至到達遙遠的中國（東漢），可見其繁榮的盛況。

公元二世紀後葉，到了五賢帝最後的馬可‧奧勒利烏斯皇帝統

●從三頭政治走向獨裁

第一次三頭政治（公元前 60 年）

元老院派的龐培、平民派的凱撒、騎士階級的克拉蘇三個人的三頭政治，企圖獨占國家政治。

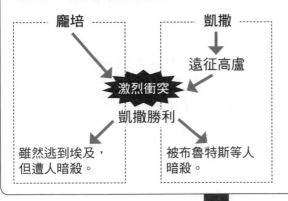

第二次三頭政治（公元前 43 年）

由凱撒的義子屋大維、部下安東尼、大財主雷比達三人統治。

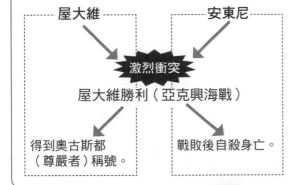

元首政體開始（公元前 27 年）

得到奧古斯都（尊嚴者）稱號的屋大維，雖然和元老院進行共同統治，但實質上是獨裁政治。

治末期，日耳曼人入侵和瘟疫流行使得人民愈來愈不安，也影響了帝國的繁榮。到了三世紀，歷經大約五十年的軍人皇帝時代，期間各地軍隊擅立的皇帝多達二十六人，導致中央的權力逐漸勢微。

　　戴克里先大帝結束了「三世紀的危機」，他加強皇帝的權威，開始君主專制政治。君士坦丁大帝甚至在公元三三〇年將首都遷往拜占庭，以自己的名字將首都拜占庭改名為君士坦丁堡，並強化了官僚體制。羅馬經過帝國的巨大變化，戲劇性的逐漸變質。

　　關於羅馬帝國衰退的原因，以十八世紀英國的歷史學家吉朋所著的《羅馬帝國衰亡史》為首，之後一直有很多相關的議論；今後它仍然會是一個大話題，而且不只限於歷史學或文明理論的領域。

●從和平羅馬走向衰亡的過程

■羅馬帝國的最大版圖

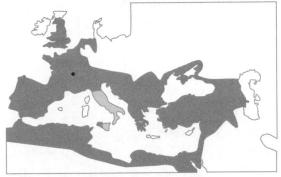

公元前 264 年，
布匿戰爭開始時的版圖

羅馬帝國最大的領土範圍

■羅馬帝國的變遷

和平羅馬

- **奧古斯都開始實質上的帝政（公元前 27 年）。**

- **五賢帝時代（公元 96 年～ 180 年）**
  羅馬帝國的版圖到達最大，是帝國史上最和平穩定的時期。

羅馬帝國衰退期

- **軍人皇帝時代（公元 235 年～ 284 年）**
  五十年之間被各地的軍人廢掉另立的皇帝多達二十六人，因此中央的權力
  逐漸衰弱。

- **戴克里先帝建立君主專制政體（公元 293 年）。**

羅馬帝國滅亡期

- **將首都遷到拜占庭，並改稱為君士坦丁堡（公元 330 年）**
  帝國的東西二邊開始逐漸分裂。

- **日耳曼民族大遷徙（公元 375 年）**
- **羅馬帝國分列為東西兩國（公元 395 年）**
- **西羅馬帝國滅亡（公元 476 年）**
  最後的皇帝，被日耳曼人的傭兵隊長奧多亞克廢除帝位。

耶穌與猶太及羅馬的關係？

經歷猶太教和羅馬皇帝的迫害後，基督教終於成為羅馬國教。

耶穌否定猶太教

成為羅馬帝國屬國的巴勒斯坦（參見P72），一神教的猶太教雖然吸收了很多信徒，但是神殿的祭司或是法利賽派的學者們，卻陷入了戒律萬能主義。就在這個時候，耶穌出現了。

猶太教的祭司認為「精通戒律才被神所愛」，但是耶穌宣揚「福音」，告訴民眾：相信神的人心中有一個超越階級和貧富的「神的國度」，且愈貧弱的人愈會被神所愛，會在「最後的審判」之後得救。

民眾相信耶穌是神派來的救世主（Messiah），翻成希臘語就是基督（Christo）。

耶穌一抵達耶路撒冷，猶太教的祭司和法利賽派就視他為異議份子，說他是危險人物，煽動民眾敵視他。加上猶太民眾因為耶穌無力改變被羅馬統治的現實狀況，最後對他失望了。

祭司們向羅馬總督彼拉多告發，將他的活動視為對帝國的反叛，結果耶穌被釘在各各他山丘上的十字架上。

就在那之後，弟子們開始相信耶穌「復活」了。沒多久，經由耶穌的再度降臨和最後的審判，等待神之國度降臨的原始基督教就這樣誕生。

基督教使徒開始傳教

原始基督教誕生後，以十二使徒之中的彼得（後來成為第一代羅馬教皇）為中心，開始向猶太教徒傳教。過去迫害基督教、法利賽派的保羅也改宗加入，教徒以「耶穌是神的獨子，藉由受難救贖全人類的罪」宣揚耶穌的福音。

剛開始基督教徒幾乎都是猶太人，他們認為神廢掉和猶太人簽訂的舊契約（舊約），派遣耶穌和全人類簽訂新契約（新約）。就這樣，猶太教的聖經《舊約聖經》，與使徒們整理歸納的《新約聖經》，同時成為基督教的經典。

不久希臘各城市、甚至羅馬，都成立了教會。不過因為信仰基督

●與耶穌有關的人

施洗約翰

預言了救世主的出現，是比耶穌還要早出現的預言者。

相傳被希律王的兒子希律安提帕逮捕，最後被殺害。（後來成為戲劇「撒羅米」的原型。）

為耶穌洗禮

希律

取代哈斯摩尼王朝
成為猶太王國的國王
（在位期間為公元前 37 年～前 4 年）

得知將有成為救世主的嬰兒誕生，便命令殺死伯利恆及其近郊的嬰兒。

最初承認耶穌無罪，但是後來屈於民眾的壓力，將耶穌處刑釘在十字架上。

彼拉多

於公元 26 年～ 36 年統治猶太的羅馬總督。

耶穌
（公元前4年左右～
公元30年左右）

批判法利賽派的形式律法主義，強調內心與神的聯繫。

猶太教的祭司們舉發耶穌，說他是羅馬皇帝的反叛者。

法利賽人

猶太教內有力的一派，忠實地遵守《舊約聖經》中的成文律法或口傳律法。

教的猶太人仍遵守著猶太教的規定，使得希臘人和羅馬人因為分不清猶太教和基督教的差異而感到困惑。此外，一神教的基督教徒不願接受在希臘、羅馬被視為理所當然的多神教或崇拜偶像，基督教因而被認為是「可疑的宗教」，基督徒開始受到迫害。

保羅由於暴君尼祿的迫害而殉教

對基督教徒最早的大規模迫害，是在公元六四年尼祿大帝時代。當時羅馬街道因為大火被燒掉了一大半，尼祿大帝為否定「皇帝下令放火」的流言，把罪推給基督徒，許多教徒因此被捕處刑。他們被釘在十字架上、強迫披上野獸的皮讓猛犬攻擊，非常悲慘。

尼祿大帝迫害基督徒之際，使徒保羅逃到了羅馬郊外，他在大霧之中看見耶穌顯靈。保羅問：「主啊，您要去哪裡？」耶穌答道：「我要去羅馬被釘在十字架上。」保羅一聽，為自己的行為感到可恥，於是回到羅馬接受十字架之刑殉教而亡。

諾貝爾文學獎得主之一的波蘭作家顯克維支於一八九六年完成的小說《你往何處去》，正是以這個傳說做為題材。

基督教最後成為羅馬國教

在尼祿大帝鎮壓之後，仍流傳著基督教徒使用妖術、吃人肉等流言，所以迫害愈演愈烈，多數的殉教者為此流血，後來他們被稱為聖人。有人說公元二六九年二月十四日，華倫提努司教被斬首，是聖華倫提日（譯註：即西洋情人節〔St Valentine's Day〕）的由來，其實這只是沒有歷史根據的傳說。

儘管相繼受到迫害，基督教會還是不斷地增加。雖然公元三〇三年戴克里先大帝下令「大迫害」，但是基督教早已滲透全帝國。公元三一三年，君士坦丁大帝發布「米蘭詔令」，基督教終於得到公認。君士坦丁大帝之所以會頒發「米蘭詔令」，是因為要收拾帝國的混亂必須統一宗教之故。

公元三九二年，狄奧多西大帝立基督教為國教，嚴禁其他宗教，基督教便逐漸在歐洲紮根。

● 《新約聖經》的構成和約翰的默示錄

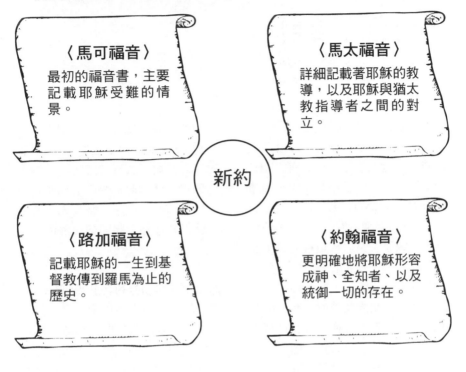

〈馬可福音〉
最初的福音書，主要記載耶穌受難的情景。

〈馬太福音〉
詳細記載著耶穌的教導，以及耶穌與猶太教指導者之間的對立。

新約

〈路加福音〉
記載耶穌的一生到基督教傳到羅馬為止的歷史。

〈約翰福音〉
更明確地將耶穌形容成神、全知者、以及統御一切的存在。

■何謂約翰默示錄？
描述著天災地變、人類滅亡的危機，以及由於耶穌再度降臨所帶來的世界，與撰寫福音的約翰為不同人物。（譯註：約翰默示錄即《新約聖經》最後一章的〈啟示錄〉）

三國志的時代

三分天下之計

東漢滅亡後，曹操、劉備、孫權三分天下。

從東漢滅亡到三國鼎立的時代

東漢末期是一個社會高度不安的時代。因為皇帝年幼，宦官和外戚濫權，加上天災頻頻發生，所以農民在各地發動叛亂。特別是公元一八四年開始的黃巾之亂，很快擴大到中國全土。主導叛亂的是太平道首領張角，他被認為以道教起源的巫術蠱惑民心。

各地的豪族以鎮壓為藉口紛紛舉兵，「中原」這塊大穀倉被群雄割據，最後由建立魏國基礎的曹操平定華北，掌握主導權。其子曹丕在公元二二○年逼迫東漢的獻帝禪讓帝位，定都洛陽，建立魏國。到此，自劉邦以來持續了四百年的漢王朝終於滅亡。

魏國以皇帝的禪讓為名，自稱是正統王朝。不久劉備建立蜀國（四川），孫權也在長江以南（江南）建立吳國，進入各自稱帝的三國分立時代（公元二二○年～二八○年）。

曾出仕於蜀國及晉國（參見P148）的陳壽，完成了關於三國時代的歷史書《魏志》、《蜀志》、《吳志》共計六十五卷。這些正史後來被統稱為《三國志》，其中《魏志·倭人傳》的中，記載著到邪馬台國的路程、以及公元二三九年女王卑彌呼向魏國朝貢等內容，在日本也很有名。

粉碎曹操野心的「三分天下之計」

陳壽的《三國志》是一本正統的歷史書，不過在公元十四世紀的明朝，羅貫中以這本書為腳本寫成的長篇小說《三國演義》，在庶民之間廣受歡迎。關羽、張飛等豪傑，和天才軍師諸葛孔明等真實人物的故事，經由吉川英治（譯註：日本小說家，以《鳴門秘帖》、《宮本武藏》等作品成為大眾文學的代表作家，著有多部鉅作，在日本有「國民作家」之稱）改編成小說，在日本逐漸為人所知，現在仍深深吸引著三國迷。

《三國演義》雖說是小說，但有七成的內容是根據史實撰寫，在此簡單介紹幾則故事。

●三國分裂和《三國志》的英雄

曹操→曹丕
軍師是司馬懿（仲達）

魏
（公元 220 年～265 年）

●洛陽

●建業

赤壁之戰
公元 208 年

●成都

蜀
（公元 221 年～263 年）

吳
（公元 222 年～280 年）

孫堅→孫權
以周瑜為軍師。

劉備（字玄德）
以諸葛孔明為軍師，與關
羽和張飛為結拜兄弟。

孔明

由於孔明的「三分天下之計」，
赤壁之戰使得曹操統一天下的野心受挫。

劉備（字玄德），後來成為蜀漢第一位皇帝——昭烈帝，他自稱是漢王室的子孫，在失意之際與俠義之士及有勢之人交往，後來率領關羽、張飛與曹操對立，逆境之中得知有一智將諸葛亮（字孔明），歷經「三顧茅廬」終於邀得孔明擔任軍師。孔明想出了「三分天下之計」，建議聯合吳國的孫權討伐魏國，也成功說服了孫權。公元二〇八年，在廣為人知的「赤壁之戰」中，孔明用智謀殲滅魏軍，並促成孫權建立吳國。

劉備和孔明的「魚水之交」

三國分立形成，劉備和孔明維持了十六年的「魚水之交」。劉備相當敬重孔明，引起關羽和張飛吃醋時，劉備說：「我與孔明的關係，就像魚得到水一樣」，這句話因此演變為成語。

昭烈帝劉備在公元二二三年死後，孔明扶植其子劉禪積極外征。但由於蜀國的國力居於三國之末，所以恢復漢室最後並沒有成功。後來蜀國與魏國的司馬懿交戰於街亭，孔明的愛將馬謖因失誤導致慘敗，孔明只得忍痛處死馬謖，這就是有名的「揮淚斬馬謖」的故事。

公元二三四年，孔明在第六次的北伐中，病歿於五丈原的戰場，留下了「死諸葛能走生仲達（譯註：即司馬懿）」的軼事。

關羽被奉為「生意之神」

《三國演義》出現的許多豪傑中，以劉備的結拜兄弟關羽最受歡迎，後來在中國的民間信仰道教中，成為最受尊敬的武神。

信仰關羽始於唐朝，到了宋朝開始興建只供奉關羽的「關羽廟」。而且因為關羽的講義氣和重信用對生意人而言是最重要的，所以即使遠離中國的華僑在世界各地，包括日本，都興建了許多「關帝廟」，把關羽奉為生意與學問之神。

● 《三國志》的著名成語

「子治世之能臣，亂世之奸雄」

此乃文人許子將，對曹操的評語。

「苦肉計」

赤壁之戰前，周瑜和黃蓋為了取信曹操所採用的計謀。

「三顧茅廬」

劉備為了邀請諸葛亮擔任軍師而三度造訪不遇。

「三分天下之計」

孔明的長期策略，希望將中國分割為三，以利之後統一天下。

「魚水之交」

象徵劉備和孔明的密切關係。

其他還有「揮淚斬馬謖」、「死諸葛能走生仲達」等，《三國志》可謂是成語故事的寶庫。

在少林寺面壁九年的達摩

由晉統一的中國沒持續多久，六世紀末的隋朝之後再度分裂。

三國盡歸司馬懿

孔明死後的蜀國軟弱不堪，最後被魏國滅亡，不過後來魏國也起了變化。文帝曹丕死後，成功阻擋孔明的北伐而勢力抬頭的司馬懿掌握實權。公元二六五年，其孫司馬炎逼迫魏帝禪讓，建立了晉國。後來司馬炎又滅亡吳國，三國時代終告結束，晉國於公元二八○年完成統一。

劉備、曹操、孫權搏命的三國時代，最後的勝利者竟是曹操的軍師司馬懿的孫子司馬炎，這個歷史的諷刺產生了「三國盡歸司馬懿」這句話。

進入五胡十六國的混亂時代

不過晉國的統一並沒有維持多久，定居於現在山西省附近的匈奴，勢力擴大後開始入侵中國，晉國的首都洛陽和長安被奪，於公元三一六年滅亡。匈奴入侵時僥倖脫逃的司馬一族逃到了以前吳國的首都建業，將當地改為建康就地復興晉國，相對於「西晉」，這個晉

國，史稱「東晉」。

之後，漢族和匈奴等異族建立的國家反覆興亡，混亂不斷持續，史稱「五胡十六國」。五胡指的是匈奴、羯、鮮卑、氐、羌。公元四三九年，五胡中的鮮卑建立的北魏統一華北，中國分裂為南北，這之後歷史稱為「南北朝時代」。

東晉之後，南朝有宋、齊、梁、陳等短命的王朝興亡，從吳到陳被統稱為「六朝」。從東漢滅亡到隋再度統一中國，這段期間也稱為「魏晉南北朝時代」。

清談與道教流行

漢朝開始成為國教的儒教已不再吸引民眾，老莊思想取而代之，知識分子對於世俗的牽連皆以白眼視之，轉而重視高玄的議論（清談）。「白眼視之」這句話是從「竹林七賢」的隱者第一人——阮籍而來，即對世俗之物皆以白眼冷淡處之。

老莊思想與民間信仰在這個時代結合成為道教（參見P114），一

●魏晉南北朝時代的文化

南朝		北朝
貴族的優雅文化發達。	特色	剛健樸實的實用文化發達。
佛教 ● 法顯到印度請回佛經。 ● 慧遠結成白蓮社,是淨土宗教主。 **道教** 流行清談,以無為自然的老莊思想為基礎批評世態。	宗教	**佛教** ● 佛圖澄到華北傳教。 ● 鳩摩羅什將佛經翻成漢文。 ● 達摩(禪宗祖師)來到中國。 **道教** 寇謙之開始新天師道,確立道教。
書法 王羲之完成漢字的楷書、行書、草書三種字體。	文字	

■主要的石窟寺院

石窟寺院	特 色
敦煌(甘肅省)	長達一六〇〇公尺的莫高窟中有超過六百個石窟,此外還有許多佛像、壁畫。
雲岡(山西省大同西郊)	受到印度犍陀羅樣式和笈多樣式的影響,也有許多十公尺以上的大佛。
龍門(河南省洛陽南方)	造形比雲岡石窟細瘦,也影響了日本東大寺的大佛。

般認為道教的源流是太平道（參考P144）及五斗米道，不過同時期的佛教對其影響也很大。

佛教的流行與法顯的取經之旅

佛教大約在公元一世紀左右從印度傳到中國，到了公元四世紀已經非常普及。北朝各政權都保護佛教，從西域或印度請來有名的高僧，禪宗的鼻祖達摩也是在這個時代從南印度經海路來到中國，創立了少林寺。

在這個時代，佛教一般受到信奉道教的皇帝壓制。不過在北魏卻被奉為國教而蓬勃繁榮，佛像、寺院紛紛矗立。敦煌、雲岡、龍門等巨大石窟寺院受到犍陀羅、笈多樣式，和中亞樣式影響，從佛教便可以看出中國與印度的文化交流。

中國長期以來都是由尊重傳統

●南北朝時代的中國

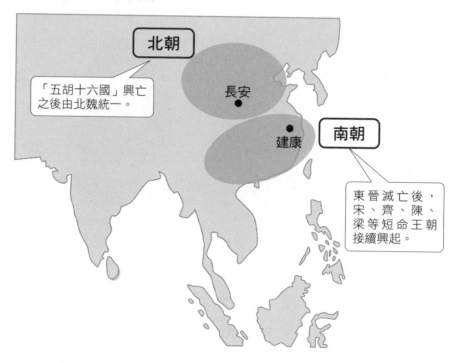

北朝

「五胡十六國」興亡之後由北魏統一。

長安

建康

南朝

東晉滅亡後，宋、齊、陳、梁等短命王朝接續興起。

思想的王朝統治，這個時代能夠接受異國文化是一件稀奇的事。在各種民族紛立的五胡十六國之後，拋棄傳統束縛的趨勢可能是其背後的原因。

另一方面，也有像東晉的法顯一樣到印度留學帶回佛經的僧侶。法顯於公元三九九年從長安出發，越過西藏高原西部的帕米爾高原進入印度，一邊追尋佛跡一邊收集文獻，最後到達僧伽羅國，也就是現在的斯里蘭卡。

法顯由海路回到中國已是十五年之後的事了，據說這段期間法顯走過了三十多個國家，回國後把所見所聞寫成《法顯傳》（佛國記）。

●法顯取經的路徑

和闐（漢代稱于闐）　敦煌
犍陀羅　　西藏　　長安
那爛陀僧院
印度
僧伽羅

法顯於公元 399 年，年過六十之後從長安出發，沿著陸路花六年抵達印度。接著又行腳到達僧伽羅（斯里蘭卡），並在印度、僧伽羅停留約五年，之後沿著海路於公元 413 年回到中國。

羅馬帝國滅亡的開始

公元四世紀末，前所未有的民族大遷移讓羅馬帝國分裂為二。

古代的結束及中世紀的開始

當中國陷入五胡十六國（參見P148）的混亂時期，遙遠的西羅馬帝國也發生日耳曼民族大遷移，導致帝國崩潰、日耳曼人國家紛立。

這是促使以地中海為中心、希臘羅馬文化為代表的古代歐洲向中世紀邁進的最大事件。

印歐語系的日耳曼民族原本住在波羅的海沿岸，他們一邊壓迫較早的居民、也就是印歐語系的克爾特人，一邊南進，到了公元前後已與羅馬的國界相鄰。

公元三世紀，羅馬帝政後期，農業開始發達，日耳曼民族的領域擴展到多瑙河下游，為了求得耕地，也有人成為傭兵或農奴（隸農的一種）向羅馬領土內移民。

到了公元四世紀後葉，亞洲血統的匈奴從黑海北方開始向西遷徙，公元三七五年，原本住在多瑙河左岸的西哥德族南下，隔年大舉入侵羅馬境內。

東哥德族、西哥德族、勃艮第族、倫巴底族等的東日耳曼各族，以及法蘭克族、撒克遜族、盎格魯族、朱特族等的西日耳曼各族開始遷移，進入衰退期的羅馬帝國終於在公元三九五年分裂為東西兩國。大遷徙開始的一世紀之後，西羅馬帝國於公元四七六年滅亡。

連西羅馬也遭受波及的大遷徙，一夕之間改變了傳統羅馬社會，歐洲變成日耳曼各族主導的「中世西歐世界」。

聖誕節是日耳曼人的祭典？

日耳曼民族的大遷徙對基督教的壯大也產生影響。

在羅馬帝國，君士坦丁大帝承認亞大納西派提倡的「三位一體說」（譯註：聖父、聖子和聖靈在上帝中，形成的一個神的統一體）為正統，將主張「耶穌是人類」的阿里烏派視為異端驅逐出境。之後，阿里烏派的教義在北方的日耳曼人之間擴展開來。

經過日耳曼民族的大遷移，已信仰被視為「異端」的阿里烏派民眾在舊西羅馬境內建立王國，「正

●日耳曼民族遷徙路徑與五世紀末的歐洲

■日耳曼民族大遷徙

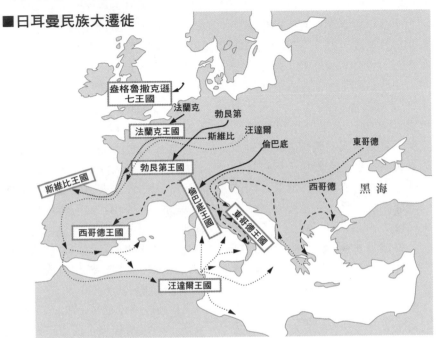

■公元五世紀末歐洲的日耳曼諸國

因為受到亞洲游牧民族匈奴的壓迫，日耳曼民族展開大遷徙。匈奴降服定居在黑海北岸的東哥德族，西哥德族為逃離匈奴的壓迫入侵羅馬。之後，長達兩世紀的大遷徙就此展開。

統」的亞大納西派要掌握這些多數為阿里烏派的民眾並非易事。

另外，慶祝耶穌誕生的聖誕節也和日耳曼人有關。耶穌的生日眾說紛紜，也有人說耶穌不是在十二月二十五日誕生，而是在春天或夏天。將聖誕節訂為十二月二十五日是因為這一天是密斯拉教的冬至節、羅馬帝國的農神薩圖爾努斯的農神節、也是克爾特人和日耳曼人的冬至節，這三個祭典從以前就已經訂在這一天，在當時的曆法上十二月二十五日正是冬至。

將傳遞歐洲漫長寒冷冬天結束、春天即將來臨的冬至訂為耶穌誕生日，使得基督教勢力也隨之更加擴大。附帶一提，裝飾聖誕樹的習慣是公元十一世紀左右從德國開始，普及到西歐全土則是公元十七世紀以後的事。

Hun族就是匈奴？其歷史真相仍然成謎

壓迫日耳曼民族的匈奴族，是以中亞為活動據點的游牧民族。

歐洲人形容他們有著「矮胖的身體、黝黑的皮膚、斜吊的眼睛、扁鼻子」因為像野獸一樣野蠻，所以令人害怕。歐洲人稱之後從亞洲入侵的阿瓦爾人（公元八世紀）、馬扎爾人（公元十世紀）等別的民族為Hun族，馬扎爾人建立的國家匈牙利（Hungary）是Hungaria（譯註：Hun的土地之意）音變而來的。

Hun族的領導者是阿提拉大帝，他打敗日耳曼人和斯拉夫人，建立了大帝國之後，與日耳曼各民族的聯軍對抗，公元四四五年勢如破竹攻進義大利。雖然與教皇會見後撤退，但對歐洲人而言他是個殘忍且令人畏懼的人物，被渲染成的可怕形象也已經定型。

阿提拉大帝死後，Hun族的帝國衰退，同時西羅馬帝國也被日耳曼的傭兵隊長消滅。

Hun族的出現和匈奴的消滅幾乎是同一時期，以前就有人從他們同為游牧民族的特性，認為兩者是同一民族。但是也有人針對這種說法提出疑問，現階段還沒有明確的說法。

●留存至今的日耳曼人對自然的崇拜

●聖誕樹的起源來自日耳曼的精靈崇拜，以及羅馬的朝拜樹木祈求豐收。現在這樣華麗的裝飾，則是開始於公元十九世紀左右的美國。

●六月二十四日的聖約翰之日是日耳曼的夏至祭典（火之祭）。

●日耳曼崇拜的自然界諸神成了星期的名稱，像主神「Woden」（沃登）成了「Wednesday」（星期三）；他的妻子「Frigg」（傅莉格）成了「Friday」（星期五）等。

●萬聖節是受到日耳曼人壓迫的克爾特人的祭典，相當於日本的「彼岸」（譯註：春分和秋分時舉行的法會）。

基督教世界的東西分裂

西羅馬帝國滅亡後,東羅馬帝國(拜占庭)維持了一千年。

從希臘殖民都市到拜占庭帝國

羅馬帝國分裂為二,西羅馬帝國滅亡了,較沒有受到日耳曼民族遷移影響的東羅馬以希臘、希臘主義三國(參見P132)、斯拉夫為基礎,繼續發展拜占庭文化,所以也稱為拜占庭帝國。帝國的首都是公元三三〇年君士坦丁大帝遷都的君士坦丁堡,也就是現在土耳其的伊斯坦堡。

君士坦丁堡面臨連接黑海與愛琴海的博斯普魯斯海峽,屬於良港,保有公元前七世紀希臘人殖民以來的傳統,極為繁榮。拜占庭是君士坦丁堡的舊稱。

拜占庭的全盛時期,是六世紀中葉查士丁尼大帝一世時代,他滅亡了遠征西地中海的日耳曼國家,收復大半的舊羅馬帝國領土,並在首都重建聖蘇菲亞大教堂。相異於西歐,到了中世紀貨幣經濟依然未見衰微,人口發展到一百萬人的君士坦丁堡是繁榮的世界商業中心,比起國祚約一百年就滅亡的西羅馬帝國,拜占庭帝國維持了大約一千年。

拜占庭文化繼承希臘古典

拜占庭文化融合了希臘羅馬文化和東方文化,其中以基督教美術最具代表。以聖蘇菲亞大教堂為代表的教會建築,或是裝飾在內部壁面的七寶及彩色玻璃的馬賽克畫,都充分表現了拜占庭文化的特徵。此外,聖像畫也是價值非凡的美術品。

東方基督教後來成為希臘正教,在皇帝之下設有大主教。十一世紀中葉完全脫離羅馬教皇屬下的西方教會(參見P172),勢力擴展到斯拉夫各族及俄羅斯民眾之間。

拜占庭文化以繼承及保存希臘古典文化目標,因此在希臘古典文化的研究上有很大的發展,希臘語也變成為共通語言。比起已被日耳曼滲透的西歐,拜占庭一直維持著古代文化遺產,加上與伊斯蘭世界交界,所以形成了獨特的文化,並且對後來義大利的文藝復興產生很大的影響。

查士丁尼大帝鎮壓叛亂

投入莫大經費奪回舊羅馬帝國領土的查士丁尼大帝，為了確保國家財源，課徵了許多新稅。公元五三二年，對於接二連三的增稅感到憤怒的市民，聚集在君士坦丁堡的賽馬場起義，燒毀聖蘇菲亞大教堂。由於元老院議員也支持叛亂，所以查士丁尼大帝準備搭船逃亡。

此時，舞孃出身的皇后狄奧多拉以「皇位就是最好的壽衣，現在不是逃亡的時候」說服皇帝，查士丁尼大帝才回心轉意，決定留下來鎮壓叛亂。

靠狄奧多拉的幫忙保住了帝位的查士丁尼大帝，開始重建大教堂、編纂《羅馬法大全》、振興養蠶業、並逐漸加強專制政治。

讓伊斯蘭軍困擾的「希臘之火」

雖然從查士丁尼大帝開始，帝國的領土逐漸縮小，但希臘、東方風格倒是愈來愈明顯。公元七世

● **拜占庭帝國的最大版圖**

公元555年消滅東哥德王國稱霸地中海。

羅馬

君士坦丁堡

紀左右，雖然受到從阿拉伯半島入侵的伊斯蘭勢力攻擊，但因防守得當，帝國的繁榮得以繼續維持。

當時拜占庭帝國得以擊退伊斯蘭軍，便是利用被稱為「希臘之火」的祕密武器。所謂的「希臘之火」是一種火焰發射器，據說是敘利亞出身的卡林尼卡斯發明的，大致是將硝石、松脂、油、硫磺混合成的液體從唧筒發射引火。伊斯蘭軍的船上被射滿這種液體起火燃燒，所以不得不撤退。附帶一提，火藥是在公元十四世紀初期發明。

成為對抗伊斯蘭勢力的「防波堤」

拜占庭帝國的存在對西方基督教世界而言，有如用來抵擋伊斯蘭世界勢力的「防波堤」。公元九世紀後葉到公元十世紀，馬其頓王朝一邊防止異族入侵，一邊以軍事力量為後盾擴充領土。但是到了公元十一世紀末，西歐基督教國家斷然進行十字軍東征（參見P198），之後塞爾維亞、保加利亞獨立，拜占庭帝國的國力逐漸衰退，最後甚至衰退到領土只剩下巴爾幹半島的一角。

公元一四五三年，首都被鄂圖曼土耳其軍隊攻陷（參見P224），拜占庭帝國終於滅亡，象徵永恆之都的聖蘇菲亞大教堂也難逃一劫，被改成伊斯蘭教的禮拜堂，現在則是土耳其共和國的觀光勝地。

●拜占庭文化的特徵與形成過程

■拜占庭文化的特徵

以希臘主義為基礎，融合了希臘、羅馬古典文化和東方文化，在基督教美術方面特別出色。

■拜占庭文化形成的過程

初期拜占庭美術	受到東方影響，神祕色彩很濃厚。 **建築** ●大圓蓋（圓頂式）巴西里卡式建築的聖蘇菲亞教堂。 **馬賽克畫** ●拉韋納的聖維托教堂。
中期拜占庭美術	透過希臘正教的傳教和交易活動傳到周邊地區。 **建築** ●以希臘十字（正十字）構圖為主流。 **馬賽克畫** ●以基督教的史傳為基礎，完成從十二祭禮組成的裝飾體系。

拜占庭文化的歷史意義

● 繼承、保存希臘的古典文化，也影響了文藝復興。

● 有別於西歐，建立了東歐獨自的文化特色。

聖蘇菲亞大教堂

四個尖塔是後來的鄂圖曼土耳其帝國加上去的。

PART 4
伊斯蘭帝國與隋唐帝國

歐洲	非洲、西亞、印度

27 伊斯蘭教

622 ——聖遷
661 ——倭馬亞王朝成立

28 伊斯蘭教帝國

732 ◄
圖爾和普瓦捷
之間的戰役

750～ ——阿拔斯王朝

查理大帝加冕—— 800

29 西歐的形成

奧托大帝加冕—— 962

30 維京人

諾曼人的征服—— 1066

公元 7 世紀～ 11 世紀的世界

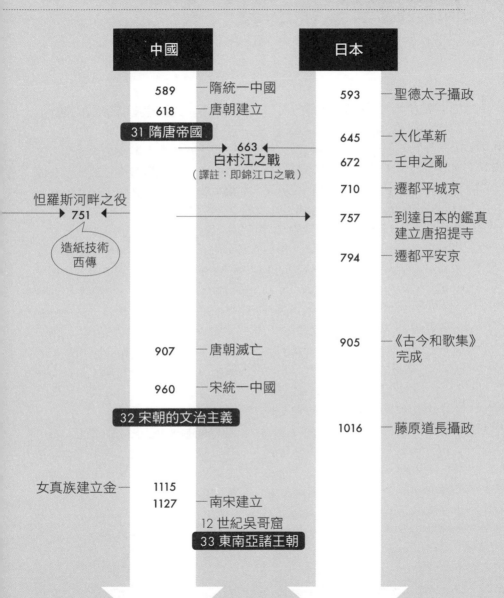

中國	日本
589 —— 隋統一中國	593 —— 聖德太子攝政
618 —— 唐朝建立	
31 隋唐帝國	645 —— 大化革新
663 白村江之戰 （譯註：即錦江口之戰）	672 —— 壬申之亂
	710 —— 遷都平城京
怛羅斯河畔之役 751	757 —— 到達日本的鑑真 建立唐招提寺
造紙技術 西傳	794 —— 遷都平安京
907 —— 唐朝滅亡	905 ——《古今和歌集》 完成
960 —— 宋統一中國	
32 宋朝的文治主義	1016 —— 藤原道長攝政
女真族建立金 —— 1115	
1127 —— 南宋建立	
12 世紀吳哥窟	
33 東南亞諸王朝	

何謂穆罕默德的教義？

七世紀前葉，伊斯蘭教教祖穆罕默德統一阿拉伯半島。

穆罕默德原來是阿拉伯商人

世界最大的半島——阿拉伯半島，自古以來阿拉伯人就以沙漠綠洲為中心，經營游牧業和農業。七世紀初，麥加出身的阿拉伯人穆罕默德在這裡開創了伊斯蘭教，並且很快發展成世界性宗教。

雖然出生於麥加名門，卻在幼年時就喪失雙親的穆罕默德加入商隊，一有空就席地冥想。有一天，他受到唯一真神阿拉的啟示，創立了嚴格的一神教——伊斯蘭教。「伊斯蘭」是阿拉伯語「對神的絕對皈依」與「和平」之意。

當時的阿拉伯以崇拜偶像的多神教為中心，公元六二二年，穆罕默德被麥加信奉多神教的保守階層驅逐到耶斯里卜（現在的麥地那），史稱「聖遷」，這一年也成為伊斯蘭曆（太陰曆）的元年。擴大了教團的穆罕默德，數年後以不流血的方式征服麥加，沒多久便統一阿拉伯半島。

拜占庭帝國與波斯帝國的薩珊王朝對立

伊斯蘭勢力逐漸擴大期間，當時的阿拉伯半島被夾在波斯帝國薩珊王朝和拜占庭帝國（參見P156）之間。

薩珊王朝建立於公元三世紀，以復興公元前四世紀被亞歷山大大帝滅亡的阿契美尼斯王朝為目標。這個王朝與拜占庭帝國為了東西貿易的權益陷入長期抗爭，造成絲路和綠洲之路等東西交易要道中斷。結果，位於兩國邊境迂迴道路上的麥加商人獨占中繼貿易，因此而興旺繁榮起來。

波斯帝國薩珊王朝的滅亡

穆罕默德死後，伊斯蘭教的信徒選出哈里發（繼承者之意）做為教團的領導人，並一一征服叛離共同體的部族，稱為「聖戰」。接著世界性宗教伊斯蘭教的聖戰，逐漸擴大到周圍的異民族。

走出阿拉伯半島的伊斯蘭勢力，首先於公元六五一年滅亡薩珊

王朝，當時已成為薩珊王朝國教的祆教信徒，幾乎都逃往印度，之後伊朗就被伊斯蘭化了。

「右手拿可蘭經，左手拿劍」的負面形象

起初，穆罕默德的繼承人是藉由選舉選出，當時被稱為「正統哈里發時代」。但是第四代哈里發阿里遭到暗殺，敘利亞總督穆阿威葉以大馬士革為首都，於公元六六一年建立倭馬亞王朝，從此哈里發變成世襲制度。

滅亡薩珊王朝的倭馬亞王朝，接著將矛頭轉向基督教圈（希臘正教）的拜占庭帝國，奪取了埃及、敘利亞。相傳構成倭馬亞王朝統治階層的阿拉伯人，以「右手拿

●穆罕默德誕生時的中東局勢（薩珊王朝vs.拜占庭）

■ 五世紀後葉的版圖：拜占庭和波斯帝國薩珊王朝的領土

君士坦丁堡

拜占庭帝國

大夏地區

波斯帝國薩珊王朝

泰西封

阿拉伯半島

將東西文化與傳統伊斯蘭文化融合，創造出獨特的文化。
● 波斯的玻璃製品。
● 編織成鳥獸、植物圖樣的絹織品。

可蘭經，左手拿劍」的形象讓人聞風喪膽，其實這個形象是基督教徒捏造出來的。事實上，他們並不以武力強迫人們改變信仰，只要人們投降納貢（稅金）就能活命。他們甚至稱基督教和猶太教徒為「啟典之民」，允許其信仰自由。因為伊斯蘭的教義認為，穆罕默德是繼摩西和耶穌之後的最後預言者，新約和舊約聖經是先於可蘭經之前的神旨。

不過，基督教和伊斯蘭教日後的敵對狀態愈演愈烈，最好的例子就是開始於公元十一世紀末的十字軍東征。（參見P198）

伊斯蘭帝國成為最先進帝國

即使穆罕默德死後，伊斯蘭教勢力仍因地處於東西文明的十字路口，接受各種民族及文明的洗禮而興盛發展。

伊斯蘭世界也繼承了希臘羅馬的古文明，一直到歐洲的文藝復興為止，伊斯蘭帝國始終保持著世界文明頂尖的地位。中國的火藥、指南針和造紙技術、以及比羅馬數字更方便計算的印度數字、十進位法、零的概念，也是經由伊斯蘭世界傳播出去的。

● 唯一真神阿拉的教義與猶太教、基督教的關係

■ 何謂阿拉的教義？

對阿拉的態度	● 伊斯蘭教徒對唯一真神阿拉必須絕對地服從。 ● 在阿拉之前，無關階級、貧富，全民平等。
教徒之間的關係	● 所有的伊斯蘭教徒都是同胞。 ● 形成一個共同體。
教徒應該相信的事	六信　唯一真神阿拉、天使、經典《可蘭經》、預言者、來世、天命。
教徒應該做的事	五功　信仰告白、禮拜、喜捨、斷食、朝聖。
禁忌	飲酒和吃豬肉（印度教不吃牛肉）

■ 對於伊斯蘭征服地的統治

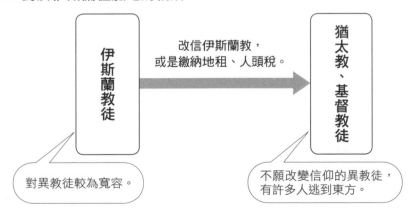

伊斯蘭教徒　→　改信伊斯蘭教，或是繳納地租、人頭稅。　→　猶太教、基督教徒

對異教徒較為寬容。

不願改變信仰的異教徒，有許多人逃到東方。

世界最大都市巴格達的繁榮

伊斯蘭教廣及伊朗人和土耳其人，形成多樣化的文明。

入侵歐洲的倭馬亞王朝

公元八世紀，進行聖戰的倭馬亞王朝，領土拓展到最大範圍。

在東方，它征服了絲路上的綠洲都市撒馬爾罕（現今的烏茲別克東部），確保了交易路徑。在西方，它經由北非進攻現在的葡萄牙、西班牙，滅亡當時的日耳曼國家西哥德王國。接著，伊斯蘭的軍隊甚至入侵規模最大的日耳曼國家——法蘭克王國。

公元七三二年，伊斯蘭軍於現在法國南部的圖爾到普瓦捷之間，被法蘭克王國的軍隊打敗，終於撤退。不過，從北非一帶到現在的西班牙，仍被列為伊斯蘭的版圖。西班牙南部有名的觀光勝地格拉那達的阿罕布拉宮，就是中世紀末的伊斯蘭教國家——格拉那達王國遺留下來的。

附帶一提，當時的西歐長期處於西羅馬帝國滅亡以後的混亂時期，法國、德國、英國都還沒形成。

撒馬爾罕是當時最大的綠洲

被倭馬亞王朝占領、中亞最古老的都市撒馬爾罕是個典型的綠洲都市，位於連結中國與印度、以及歐洲與西亞之間的絲路要衝。

伊朗後裔的粟特人是往來於沙漠的貿易商隊，他們擅長經商，在公元五世紀到九世紀期間，頻繁地進行東西方交易。

綠洲以天山山脈和帕米爾高原的雪水做為水源，另外還挖掘地下水道用於農耕。綠洲剛開始只是提供商隊飲水的村落，後來逐漸聚集成大城鎮，其中有些甚至圍起城牆建立統治組織，發展成都市國家。

當時綠洲都市中規模最大的是撒馬爾罕。

阿拔斯王朝在中亞打敗唐軍

猶太教的教義中始終強調著「神選的子民」——猶太人與神之間的契約，但同為一神教的伊斯蘭教，則主張不分血緣或部族，對信徒一視同仁。但是後來建立大帝國倭馬亞王朝的阿拉伯人統治者們，

●伊斯蘭帝國的最大版圖

■公元八世紀初的伊斯蘭帝國領土

公元732年
圖爾到普瓦捷之間的戰役

公元751年
怛羅斯河畔的戰役

●哥多華

●撒馬爾罕

大馬士革

耶路撒冷

●巴格達

●麥地那

●麥加

■倭馬亞王朝與阿拔斯王朝的比較

	倭馬亞王朝（公元 661～750 年）	阿拔斯王朝（公元 750～1258 年）
建國者	● 穆阿威葉	● 阿布阿拔斯
首都	● 大馬士革	● 巴格達
王朝的特色	● 阿拉伯人至上主義。 ● 只有向異教徒或異民族課人頭稅、地租。	● 所有的伊斯蘭教徒都是平等的。 ● 向包括阿拉伯人的所有伊斯蘭教徒課人頭稅、地租。

＊倭馬亞王朝時代的阿拉伯人至上主義與《可蘭經》的教義相矛盾。阿拔斯王朝時代推行所有伊斯蘭教徒的平等化，因此倭馬亞王朝之前被稱為「阿拉伯帝國」、阿拔斯王朝之後被稱為「伊斯蘭帝國」。

卻向被征服的民族強徵地租和人頭稅，就算他們改信伊斯蘭教也不能免除。

被征服後改宗的伊朗民族對此感到不滿，穆罕默德叔父的子孫阿拔斯家族，便巧妙地利用了這些民眾的不滿。

他們主張：「出身於穆罕默德家族的人應該成為領導者。」與批判倭馬亞王朝的阿拉伯人聯手發動革命奪取政權，成立阿拔斯王朝。

被驅逐的倭馬亞王朝哈里發的親族，逃亡到伊比利半島，於公元七五六年以現今西班牙南部的哥多華為首都，建立後倭馬亞王朝。於是，伊斯蘭帝國分裂成國土包含北非的阿拔斯王朝，以及位於現今西班牙、葡萄牙的後倭馬亞王朝。

阿拔斯王朝於公元七五一年，在中亞的怛羅斯河畔打敗唐軍。

當時中國皇帝唐玄宗與楊貴妃正過著極盡奢華的生活（參見P184）。據說，當時被俘虜的唐兵濾紙工被帶到撒馬爾罕，因此公元十世紀以後，造紙技術終於傳到地中海世界。（在中國，造紙技術被認為發明於東漢時代。）

新首都巴格達成為世界最大都市

阿拔斯王朝在美索不達米亞建立新首都，取代倭馬亞王朝的首都大馬士革。第二代哈里發曼蘇爾自己調查首都候選地，指定建在底格里斯河畔的小村莊。就這樣，意為「平安之都」的新首都巴格達誕生。

阿拉伯和伊朗商人的交易擴展到印度、東南亞、中國，為巴格達帶進了金子、香辛料、陶瓷器、絹織品。巴格達成為東西貿易中心，地位凌駕唐朝的首都長安，成為世界最大的國際都市，其繁榮的盛況後來也被描寫在《天方夜譚》（一千零一夜）當中。

到了公元八世紀後半，阿拔斯王朝在第五代哈里發訶倫・阿爾・拉希德的時代邁入黃金時期。

分裂為三的伊斯蘭帝國

不過，大帝國的權威後來也逐漸衰微。公元十世紀，阿拔斯王朝勢力轉弱後，埃及便有人自稱哈里發，建立獨立王朝法蒂瑪王朝。這個王朝興建新首都開羅，取代亞歷山卓港，一直到現在開羅仍是埃及的首都。

另外，存在於伊比利半島的後倭馬亞王朝統治者，也自封為哈里發，所以這時的伊斯蘭帝國分裂為三，分別稱為西哈里發王國（後倭馬亞王朝）、中哈里發王國（法蒂瑪王朝）、以及東哈里發王國（阿拔斯王朝）。

伊朗、土耳其人的伊斯蘭王朝

同樣在公元十世紀，伊朗人的軍事政權（布韋希王朝）進入巴格達城，阿拔斯王朝的哈里發授與他們執掌伊斯蘭法的大權（公元九四六年），但是後來他們取得實權，反過來占領阿拔斯王朝的領土，使得阿拔斯王朝哈里發的統治範圍最後僅剩下伊拉克的一個州而已。

阿拔斯王朝的哈里發，後來以保證布韋希王朝的正統性為交換條件受到保護，就像日本江戶時代的德川將軍家族和天皇家族的關係一樣。

公元十一世紀中葉的公元一〇

●伊斯蘭帝國的分裂

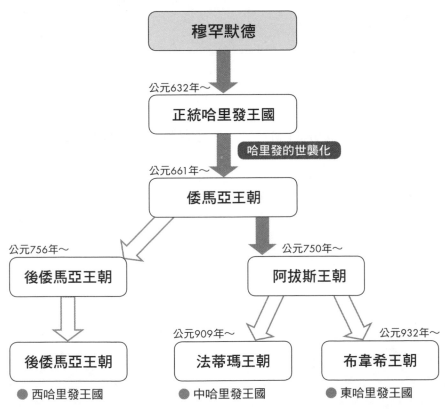

穆罕默德

公元632年～
正統哈里發王國

哈里發的世襲化

公元661年～
倭馬亞王朝

公元756年～
後倭馬亞王朝

公元750年～
阿拔斯王朝

後倭馬亞王朝
● 西哈里發王國

公元909年～
法蒂瑪王朝
● 中哈里發王國

公元932年～
布韋希王朝
● 東哈里發王國

五五年，塞爾柱土耳其帝國取代伊朗人統治巴格達。後來迎戰基督教徒十字軍東征的塞爾柱王朝，被哈里發授與蘇丹（意為統治者）的稱號，此時阿拔斯王朝在名稱上、實質上都只是象徵而已。不過，即使正統阿拉伯人的權力衰微，在伊朗人和土耳其人統治的王朝下，伊斯蘭教徒仍然不斷地增加。

伊斯蘭教發展成世界宗教

後來的蒙古帝國的西亞的領土也伊斯蘭化，之後在亞洲出現的帖木兒帝國、鄂圖曼土耳其帝國、莫臥兒帝國，都是伊斯蘭教國家。

現在的伊斯蘭圈子不只中東各國，還包括東從埃及西到摩洛哥的北非各國，以及巴基斯坦、孟加拉等伊斯蘭化的印度文化圈，甚至擴展到擁有全球最多信徒的印尼，伊斯蘭教信徒據說多達十億人。

● 《天方夜譚》的世界

《天方夜譚》（一千零一夜）

受到印度傳說故事影響的《一千個故事》，在公元八世紀以後被翻譯成阿拉伯語，並且融合了各地的故事，到公元十二世紀時被稱為《一千零一夜》，公元十六世紀後就成了現在的故事集。

《天方夜譚》中奇妙的故事

烏木馬的故事

出現在故事中的飛天馬與希臘神話中的馬不同，書中描述只要旋轉「上升鈕」，它就會飛上天空，旋轉「下降鈕」就會降落。

航海家辛巴達的故事

描寫住在巴格達的商人辛巴達，為了到國外做生意一再出海的故事。辛巴達誤將大魚當成島嶼爬上去，而被甩到海中，故事情節奇妙有趣。

阿拉丁與神燈

中國的貧窮少年擊退遠西之國（摩洛哥）的魔法師，利用神燈和戒指取得財富和與公主結婚的故事。

空中飛毯的故事

訶倫・阿爾・拉希德（公元 763 年～ 809 年）

《天方夜譚》中經常登場的阿拔斯王朝第五代哈里發。故事中的訶倫被描寫成過著快樂的生活，但實際上他過著相當寂寞且樸素的生活。

歐洲各國於何時成立？

現在的法國、義大利、德國起源於最大的日耳曼國家——法蘭克王國。

羅馬＋基督教＋日耳曼＝歐洲

日耳曼民族大遷徙之後，在歐洲各地建立的日耳曼國家當中，就屬義大利的東哥德王國和法蘭克王國最為強大。後來公元五五五年，東哥德王國被拜占庭帝國征服，而法蘭克王國則不斷地發展、分裂，逐漸成為現在歐洲各國的前身。

日耳曼各國雖然接受基督教，但卻幾乎都是被視為異端的阿里烏派（參見P154）。統一法蘭克王國的克洛維為了改善和舊西羅馬帝國及羅馬教會的關係，改信亞大納西派，這對法蘭克王國的發展有很大的助益。

但是克洛維死後，法蘭克王國不斷地分分合合，直到公元七世紀末時，才由重臣加洛林家族的丕平（二世）再度統一。其子查理馬特爾（鐵鎚查理）在圖爾到普瓦捷之間的戰役中，打敗入侵而來的伊斯蘭帝國（倭馬亞王朝），因而提高了名望。

鐵鎚查理的孫子是有名的查理大帝（查理一世、即查理曼大帝），他統治法蘭克王國並且併吞多瑙河流域諸國，又滅亡義大利的倫巴底王國，勢如破竹地對外征戰，逐漸統一西歐的主要部分。

公元八○○年，身為舊西羅馬帝國領土內所有基督教會的代表，君臨天下的羅馬教皇賜給查理一世羅馬皇帝的皇冠，意味著羅馬教會認同查理一世是「西羅馬帝國的皇帝」。接著，經由這次「查理的加冕」，希臘羅馬的古典文明與日耳曼文明、基督教文明融合，成為歐洲文明的起點。

藉著查理一世的加冕，羅馬教皇得到了世俗權力為後盾。公元十一世紀，由於羅馬教皇和拜占庭帝國的大主教（參見P156）互相將對方逐出教會，導致基督教會分裂為東西兩派。

因為分割繼承而形成的法、義、德國界

查理一世死後，法蘭克王國依照慣例被分割繼承。但是繼承問題引起混亂，法蘭克王國在公元九世

●西歐的形成

經院哲學比哲學還要偉大？

在中世紀研究基督教教義的神學地位，比曾是古希臘時代做為主流的哲學還要高一等。導入亞里斯多德哲學發展而成的神學稱為經院哲學，其拉丁文「schola」是「學校」之意。多瑪斯阿奎那的《神學大全》曾經盛極一時，不過後來也衰微了。

本篤會修道院

公元六世紀前半，聖本篤在義大利的卡西諾山創立的修道院是其鼻祖。本篤會在西歐成為主流，電影《玫瑰之名》即是描述其嚴格戒律，後來引起異端審問的風波。以牛奶糖聞名的北海道函館的特拉普會修道院也是本篤會修道會西多派。

亞瑟王與圓桌武士

公元六世紀從岩石中拔出神劍成為英雄的亞瑟王傳說，到了中世紀被修改成騎士的故事廣為流行。描寫圓桌騎士們的英勇事蹟當然是主要內容，其中也穿插了亞瑟王的王妃與蘭斯洛的戀情。

紀時分裂成西法蘭克、中法蘭克、東法蘭克，後來中法蘭克被東西法蘭克併吞。這幾個國家就是現在的法國、義大利、德國的前身，不過它們並不是一開始就是一個統合的國家。

例如，東法蘭克的德意志君主變成由諸侯選舉決定，一直到公元十九世紀普魯士統一為止，期間的抗爭不斷。不過，公元九六二年，奧托一世遠征義大利，得到教皇授與的皇冠，不久之後中世紀的德意志開始被稱為「神聖羅馬帝國」。附帶一提，納粹德意志的別名為「第三帝國」，而第一帝國是指神聖羅馬帝國，第二帝國是指普魯士統一的德意志。

另外，西法蘭克王國在公元十世紀以後的卡佩王朝時，統一成為「法蘭西」王國，王權逐漸抬頭。之後經過法國革命，逐漸轉變成拿破崙的第一帝政及拿破崙三世的第二帝政。

另一方面，東歐的拜占庭帝國在公元十五世紀君士坦丁堡淪陷後，莫斯科大公國的伊凡三世統一俄羅斯，開始使用「沙皇」的稱號，逐漸發展成大國。

就這樣，西歐和東歐都在中世紀形成了封建制度社會。

●法蘭克王國的分割

■查理大帝的最大領土

■默爾遜條約（870年）後的分割

維京人征服英國

諾曼人（維京人）和盎格魯撒克遜人、斯拉夫人之間的關係。

比哥倫布早五世紀到達美國

諾曼人原本住在丹麥、瑞典、挪威（北歐三國），屬於日耳曼民族。在公元九世紀到公元十一世紀的第二次大遷徙時，他們和東方的馬札爾（匈牙利）人同時進入歐洲各地，並逐漸定居下來。

航海技術非常優秀的諾曼人，雖然也逆流而上進入陸地定居，並進行廣泛的商業活動，但是他們仍然不停地掠奪與征服，使西歐陷入恐慌，他們就是海盜的代名詞——維京人。諾曼人是「北方之人」的意思，「維京人」是他們的自稱，傳說是「峽灣之民」或「離鄉之民」的意思，不過尚未定論。

海洋之王維京人的活動範圍非比尋常，他們早在一四九二年哥倫布發現新大陸的五個世紀前，也就是公元一〇〇〇年左右就已經到達北美洲了。

成為英格蘭王的維京人

維京人的威脅遍及各地，就連大不列顛的英格蘭島（現在的英國）也無法倖免。

公元五世紀中葉，日耳曼的盎格魯撒克遜族就已經定居在英格蘭島，並建立了七個小王國（七王國）。附帶一提，英格蘭（England）一語來自「盎格魯的土地（Angle-land）」。

維京人中的一支——丹麥人入侵英格蘭島，七王國為了防衛，向心力大增，首度完成統一。但是丹麥人以定居為目的，侵略愈來愈激烈，沒多久七王國就投降了。公元十世紀末，傳說中的英雄阿佛列大帝出現，開始反擊，並和丹麥人簽署協定，保住了英格蘭的獨立。

不過維京人的征服活動並沒有停頓。公元一〇六六年，諾曼第公爵威廉從北法攻入，成為英格蘭王威廉一世，開始了諾曼第王朝，這是諾曼人的第二次統治，史稱「諾曼的征服」。北法的諾曼第因為同盟軍的登陸，決定了第二次世界大戰戰局，所以非常有名。不過諾曼第這個地名，是諾曼人在公元十世紀建立的國家而來的。

就這樣，中世紀英格蘭歷史從諾曼的征服王朝開始。不過，這個王國的領土也包括了法國的諾曼第，所以對後來的英法關係產生了複雜的影響，並且成為英法百年戰爭的遠因（參見P210）。

斯拉夫民族的起源

定居於東歐北部的諾曼人，與當地的斯拉夫人混血，成為俄羅斯人的祖先。

斯拉夫人是印歐語系的一支，這支民族居住於東歐至俄羅斯，以斯拉夫語系為母語，分別為東斯拉

●維京人的文化

北歐神話

諸神之父奧丁與妻子傅莉格、雷神索爾、愛神弗蕾亞等北歐神話中傳述的眾神英勇故事，以維京人的北歐文字（Rune）記載下來，後來集結成《薩迦》。

北歐文字 （Rune）

Υ (f)　$\bigwedge$ (u)　Υ (a)

$\upharpoonleft$ (l)　$\curlywedge$ (r)

造船技術

當時以最好的造船技術製作的「海盜船」，除了四十個槳手的位子，另外還可搭載四十個人。雖然船身全長超過二十公尺，但因為吃水只有一公尺之淺，所以可以逆流而上，深入內陸。

夫的俄羅斯人、烏克蘭人；西斯拉夫的波蘭人、捷克人、斯洛伐克人；以及南斯拉夫的塞爾維亞人、克羅埃西亞人、斯洛維尼亞人、保加利亞人等三大集團。

受到民族大遷徙的影響，斯拉夫人在日耳曼人離開後，領土逐漸擴大，並於公元七世紀前葉，在西斯拉夫建立了最早的斯拉夫人國家。公元九世紀前葉，捷克人建立了大摩拉維亞帝國。

之後的西斯拉夫，受到神聖羅馬帝國統治的王國林立，相繼誕生了波西米亞王國、波蘭立陶宛王國等。

在東斯拉夫，公元九世紀時基輔公國成立，弗拉基米爾一世時將希臘正教定為國教。但是後來基輔公國在各公國紛紛獨立、以及農民逐漸農奴化之中走向分裂，公元十三世紀中葉臣服於蒙古，一直到莫斯科大公國伊凡三世的時代，東斯拉夫才被統一。

南下到巴爾幹半島的南斯拉夫人，臣服於拜占庭帝國，並接受希臘正教，於十二世紀後葉完成獨立，但是進攻鄂圖曼帝國時不幸敗北，淪為鄂圖曼帝國統治。

雖然上述都是斯拉夫民族，但實際情況卻非常複雜。他們接受基督教，因而成為歐洲文明的重要推手。不過，他們有的是住在同一地區的多種民族，有的是相同民族卻因國界而分開，所以一直到現在，斯拉夫民族之間的紛爭仍是個大問題。

●諾曼人的入侵與斯拉夫民族的分布

■ 斯拉夫各民族的民族集團

名稱	居住地	民族	宗教
東斯拉夫人	大俄羅斯、烏克蘭	俄羅斯人	希臘正教
南斯拉夫人	巴爾幹半島	塞爾維亞、保加利亞人	
		克羅埃西亞人、斯洛維尼亞人	天主教
西斯拉夫人	德意志東方	波蘭人、捷克人、斯洛伐克人	

唐玄宗和楊貴妃

繼巴格達之後的國際都市——唐朝長安城。

媲美萬里長城的隋朝大運河

進入公元六世紀的中國依然是南北朝分裂的時代。

北朝分裂為北周、北齊。北周的外戚楊堅篡奪帝位稱為文帝，建立了漢族國家——隋。公元五八九年滅亡南朝的陳，統一中國。

隋文帝建構中央集權體制，為排除門閥貴族，開始實施經由考試任用官僚的「選舉」制度。選舉後來被稱為科舉，一直到清朝滅亡之前，持續了大約一千三百年。

文帝的兒子煬帝，興建從江南杭州連接長江、黃河到現在的北京，全長達一八○○公里的大運河。但是這個浩大的土木工程奴役了一百萬民眾，加上三度強行遠征高麗，所以煬帝被視為暴君，叛亂頻頻發生，煬帝最後被暗殺，隋朝僅只兩代就滅亡了。

公元六○七年，日本聖德太子派遣隋使小野妹子向中國獻上國書，上面寫著：「日出處天子致日落處天子」，使得煬帝大為不悅。

玄奘於初唐前往印度取經

公元六一八年隋末，唐公李淵與兒子李世民，因不滿煬帝而發動叛亂，一起舉兵出擊，最後取得帝位，建立了唐。

繼承高祖李淵的李世民，成為唐朝第二代皇帝——太宗，經由史稱貞觀之治的各種制度的建立，奠定了唐朝三百年的基礎。

唐朝因為外國文化從絲路或海路傳入，所以富有濃郁的國際色彩。特別是在思想、宗教方面，佛教進入全盛時期，因為成為《西遊記》的雛形而廣為人知的玄奘法師、以及義淨法師從印度帶回經典，將之前混亂的佛教教義有系統地重新整理。

玄奘為了取得佛教的原始經典，向太宗申請前往印度。因為當時禁止百姓出國旅行，所以玄奘三次申請都被駁回，最後只得非法私闖國界。

當時的印度，笈多王朝滅亡後，正由伐彈那王朝統一各王國。玄奘在印度的最高學府那爛陀寺學

●唐的最大版圖與隋唐的變遷

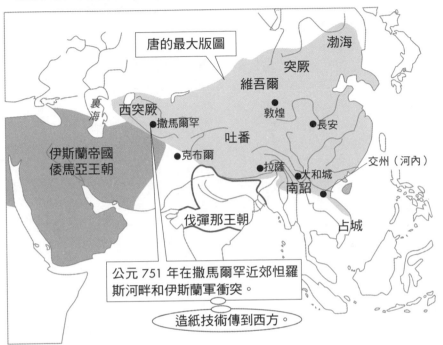

581 年	文帝（公元 581 年～ 604 年在位） ●581 年　楊堅取得北朝的帝位，建立隋。 ●589 年　滅亡南朝的陳，統一中國。
隋 618 年	煬帝（公元 604 年～ 618 年在位） ●興建大運河（從杭州、經長安到現在的北京）。
618 年 唐 907 年	高祖（公元 618 年～ 626 年在位） ●618 年　李淵建立唐朝定都長安。 太宗（李世民 公元 626 年～ 649 年在位） ●貞觀之治。 高宗（公元 649 年～ 683 年在位） ●唐的版圖到達最大。 武則天（公元 690 年～ 705 年在位） ●國號改為周。 玄宗（公元 712 年～ 756 年在位） ●開元之治。 ●安史之亂（安祿山、史思明 755 年～ 763 年） ●黃巢之亂（875 年～ 884 年） ●被朱全忠（後梁太祖）滅亡。

習了五年，得到大學者的資格，並且受到戒日王的保護，收集了大量的經典，於公元六四五年回國（時年日本實施大化革新）。

結果，太宗對於犯了國禁歸國的玄奘，不僅沒有懲罰還加以犒賞。玄奘回國後完成大量的佛經漢譯，經過數千年，直到現在仍廣為傳頌。

中國唯一的女皇帝──武則天

從第二代皇帝太宗到第三代皇帝高宗，唐朝持續著驚人的發展。

唐朝不但討伐中亞游牧民族所建立的大帝國──突厥，還滅亡朝鮮半島的百濟、高麗，南邊則將越南北部納入版圖。附帶一提，公元六七六年，高麗滅亡後新羅統一朝鮮半島。

接著七世紀末，唐高宗的皇后──武后即位，唐朝進入了短暫的混亂時期。

武后改國號為周，實行恐怖政治，鎮壓反對勢力，以中國史上唯一的女皇帝（聖神皇帝）聞名。她雖然有殘酷暴君的負面形象，但是也有人指出，她斷然實行政治改革，排除操弄權威的門閥貴族，並且藉由科舉制度，從新興地主中擢用人才，毋寧是奠定了安定政權的基礎。

武后死後唐朝雖然復興了，但是由於其他的皇后也對政治抱有野心，所以政變不斷，政局依然混亂。

實施善政的唐玄宗

最後唐玄宗結束了這場混亂。

在玄宗時代，唐朝進入史稱「開元之治」的繁榮時期，首都長安成為世界上數一數二的國際都市，人口多達一百萬人，規模是日本在公元七一〇年遷都平城京（譯註：現在的奈良市西郊）的四倍。

但是到了玄宗治世的後期，農民的沒落和邊境民族的反抗等，社會問題層出不窮。被派駐邊境，擁有軍政兩權的節度使軍閥化，加上公元七五一年，在怛羅斯河畔與阿拉伯阿拔斯王朝的戰役慘敗，唐朝的繁榮開始蒙上了陰影。

唐玄宗溺愛傾國美女楊貴妃，不問朝政，引起了軍閥的野心。節度使安祿山起兵，以及後繼史思明的叛亂（史稱「安史之亂」），破壞了唐朝的繁榮，導致唐朝急速衰退。詩聖杜甫的〈春望〉中的名句「國破山河在」，就是描寫當時混亂的情形。

與杜甫並名、人稱詩仙的李白，與日本遣唐使阿倍仲麻呂私交甚篤。以〈長恨歌〉描寫唐玄宗與楊貴妃悲慘命運的中唐詩人白居易（白樂天），不僅影響中國文學，

● 唐代的佛教和傳道路線

■ 玄奘的取經路徑

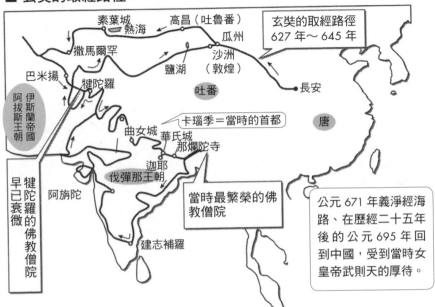

素葉城
熱海
高昌（吐魯番）
瓜州

撒馬爾罕
沙洲
（敦煌）
鹽湖

巴米揚
犍陀羅
吐番
長安

阿拔斯王朝
伊斯蘭帝國

卡瑙季＝當時的首都

唐

曲女城
華氏城
那爛陀寺

迦耶

伐彈那王朝

阿旃陀

犍陀羅的佛教僧院早已衰微

建志補羅

玄奘的取經路徑
627 年～ 645 年

當時最繁榮的佛教僧院

公元 671 年義淨經海路、在歷經二十五年後的公元 695 年回到中國，受到當時女皇帝武則天的厚待。

■ 遣唐使的航路

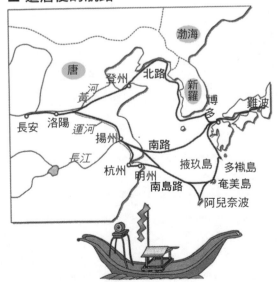

渤海

唐

登州
北路

黃河

新羅
博多
難波

長安
洛陽
運河
揚州
南路

長江

杭州
明州
南島路
被玖島
多褹島
奄美島
阿兒奈波

遣唐使船的航路最初是沿著朝鮮半島航行（北路），後來與新羅的關係惡化後便改行南島路、南路。但是南島路、南路必須經過東海，所以常常遇難。派遣活動通常是 400 人～ 500 人分搭四艘船出發。空海與最澄於公元 803 年～ 804 年一起搭乘第十四次的遣唐使船到達中國。

183

也深遠地影響了日本文學。

鑑真到日本建立唐招提寺

唐代的佛教與日本有很深的淵源。

皈依佛教的日本聖武天皇派遣遣唐使到中國，尋找可以主持中國式授戒的大師，而當時應邀赴日的正是鑑真。

在唐朝禁止出國的情況下，決心前往日本的鑑真和弟子嘗試偷渡，不過因為船隻遇難以及被密告，連續五次都告失敗，鑑真也在接踵而來的苦難中失明。最後他終於搭上日本遣唐使歸國的船，漂洋過海踏上日本的土地，已是十一年後的事了。

鑑真傳授日本天皇家族菩薩戒，隔年設置了東大寺戒壇院，接著在天平寶字三年（公元七五九年）又興建了唐招提寺，就這樣憑著鑑真的努力，唐朝的佛教在日本流傳開來。

日本的空海和尚，在長安接觸過異端基督教？

公元九世紀，日本的最澄、空海和尚，遠渡中國把唐朝的密教帶回日本。

傳說到國際都市長安留學的空海拜訪的並不是密教寺院，而是史稱唐代三夷教的祆教、景教、摩尼教的寺院。祆教是希臘的瑣羅亞斯德教（拜火教），景教指的是被視為異端的聶斯托留派基督教，而伊斯蘭教則由往來絲路的商人傳入。

唐代的後期，重實踐的禪宗和淨土宗成為佛教的主流。時常成為水墨畫題材的兩個奇人——寒山和拾得，他們的廣為傳說就是禪流行的象徵。不過另一方面，寺院和僧侶的增加及嚴重的逃稅情形，也引起武宗的大力鎮壓。

● 中國史上唯一的女皇帝──武則天

■ 唐朝的系譜

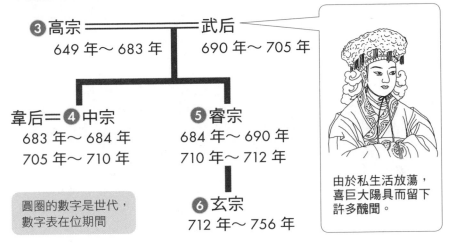

❸ 高宗 ══════════ 武后
649 年～683 年　　690 年～705 年

韋后═❹ 中宗　　　　❺ 睿宗
683 年～684 年　　684 年～690 年
705 年～710 年　　710 年～712 年

❻ 玄宗
712 年～756 年

圓圈的數字是世代，
數字表在位期間

由於私生活放蕩，
喜巨大陽具而留下
許多醜聞。

則天文字
武后為了讓後世知道她的
執政，特地命人創出了十
多個文字

新字　意思

而 ＝ 天
○ ＝ 星
θ ＝ 日

𡔈 ＝ 人
曌 ＝ 照
圀 ＝ 國

逃到江南的漢族王朝

唐朝滅亡後七十年，雖然宋朝再度統一中國，但北方還是被異族征服。

唐的滅亡

安史之亂雖然得到維吾爾族等的幫忙得以鎮壓，但唐為了防衛，不只邊境，甚至在國內各地也設置節度使，後來這些武人擴大自己的勢力，中央的權威也就逐漸消失。加上朝廷內宦官掌權，使得唐的內政非常混亂。公元九世紀末，民眾發起大規模的叛亂——黃巢之亂，天下陷入了混亂狀態。公元九〇七年，唐最後被節度使朱全忠（後梁太祖）滅亡。

之後，中國進入了史稱五代十國的混亂時期。

在這個時代，節度使等武人和新興地主階級抬頭，取代了勢力衰微的貴族，在群雄割據之中實行「武力政治」。日本從平安時代歷經源平爭亂，然後到武士政權統治的鎌倉時代，也經歷了唐代這種從律令制瓦解到莊園發達，再到武力政治的過程。

科舉官僚維持文治主義

公元九六〇年，曾經是節度使的趙匡胤受到部下的擁戴，逼迫後周禪讓帝位，建立了宋朝，成為宋太祖。中國的統一大業由第二代皇帝、太祖的弟弟太宗接手，於公元九七九年終於完成。

宋從武力政治的反省中採行文治主義，逐漸廢除節度使，積極起用有學識的文人擔任官僚，重視藉以選拔官僚的科舉制度，還設立了由皇帝親自主考的最終考試——殿試。

結果，通過考試被選為官僚的新興地主階級子弟和皇帝密切結合，逐漸形成君主獨裁體制。如此一來，國內的政治雖然逐漸安定，但軍事力量卻逐漸變得薄弱。

被保守派摧毀的王安石變法

公元十一世紀初，北方異族遼（契丹）南下，軍事力量薄弱的宋以每年贈送銀和絲綢為條件求和。軍事、外交費用一下子高漲，加上實行文治主義所需要的官僚人事費用，使宋朝的財政捉襟見肘。

十一世紀後葉，被擢用為宰相

●挑戰科舉的歷程

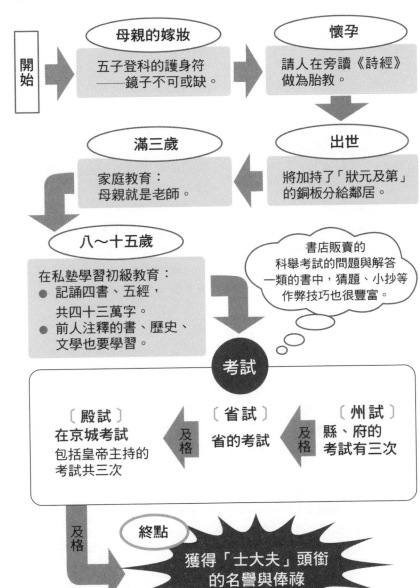

開始

母親的嫁妝
五子登科的護身符
——鏡子不可或缺。

懷孕
請人在旁讀《詩經》
做為胎教。

出世
將加持了「狀元及第」
的銅板分給鄰居。

滿三歲
家庭教育：
母親就是老師。

八～十五歲
在私塾學習初級教育：
● 記誦四書、五經，
共四十三萬字。
● 前人注釋的書、歷史、
文學也要學習。

書店販賣的
科舉考試的問題與解答
一類的書中，猜題、小抄等
作弊技巧也很豐富。

考試

〔殿試〕
在京城考試
包括皇帝主持的
考試共三次

及格

〔省試〕
省的考試

及格

〔州試〕
縣、府的
考試有三次

及格

終點

獲得「士大夫」頭銜
的名譽與俸祿

●依據宮崎市定的《科舉》等書繪製。

的王安石實施了包括官方融資等各種改革。「王安石變法」企圖增加農民及中小工商業的生產，進而安定物價，創造就業機會，是為增加稅收的富國強兵之策。

在結構上，王安石變法見到了某種程度的成果，但是在王安石引退、以及支持新法改革的皇帝死後，因既有特權受到侵犯的官僚和大地主開始反擊，新法一條一條被廢除，在改革派和保守派的抗爭中，宋的國力逐漸衰退。

被金、宋滅亡的遼

就在此時，女真族急速壯大。

女真族屬於通古斯裔游牧民族，居住在中國東北方松花江一帶，過著半農半牧的生活。他們長年被遼統治，對於專制政治苦不堪言。公元十二世紀初，完顏部的首長阿骨打（金太祖）出現，進行統一，打敗遼軍後，獨立並建立了金。

金和宋聯手滅亡了遼，但是沒多久彼此之間對立加深，金占領宋的首都開封，宋一度滅亡。後來逃到江南地區的皇帝之弟——高宗建立南宋，而在那之前的宋朝稱為北宋。南宋定都臨安（現在的杭州），帶動了江南的經濟發展。

繁榮的宋代庶民文化

五代到南、北宋的文化特徵是，蓬勃的庶民文化取代發展到唐朝為止的貴族文化，普及於唐朝的飲茶習慣擴展到異民族，到了宋代甚至還發展成茶葉國營化。

在文學、藝術方面，以〈赤壁賦〉聞名的蘇軾等文人，被稱為唐宋八大家，相當活躍。在史稱南宗畫（南畫）的文人畫方面還有牧谿等大家出現。

禪宗和淨土宗也逐漸發達，名為宋學的新學問興起，而南宋時則有朱子學形成。

宋代文化的特徵還包括技術方面的發展，不僅發明火藥和指南針，景德鎮生產的精緻青瓷、白瓷等窯業也很發達。

朱子學及禪宗、淨土宗

以儒學為精神基礎的宋學發達，由於南宋的朱熹（朱子）集宋學於大成，所以宋學也被稱為朱子學。

朱子學主張「萬物的根源是理和氣」，重視學問和知識，教導尊重四書（《大學》、《中庸》、《論語》、《孟子》）更甚於五經（《易經》、《書經》、《詩經》、《禮經》、《春秋》）。

朱子學於鎌倉時代傳到日本，它重視君臣、父子關係的大義名分

●宋（北宋）和遼、南宋和金

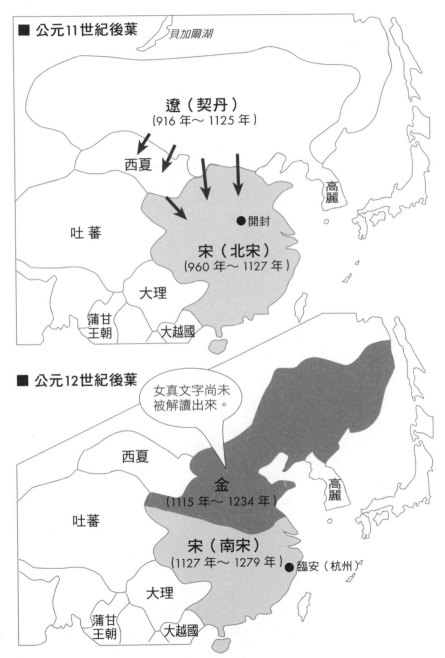

■ 公元11世紀後葉

貝加爾湖

遼（契丹）
(916 年～ 1125 年)

西夏

吐蕃

高麗

●開封

宋（北宋）
(960 年～ 1127 年)

大理

蒲甘
王朝

大越國

■ 公元12世紀後葉

女真文字尚未
被解讀出來。

西夏

吐蕃

金
(1115 年～ 1234 年)

高麗

宋（南宋）
(1127 年～ 1279 年)

●臨安（杭州）

大理

蒲甘
王朝

大越國

論廣為武士接受，江戶時代成為幕府正式的學問，由林羅山為首的林氏家族繼承。（譯註：林羅山為江戶初期的儒學家，是日本朱子學的開創者，歷仕德川家康、秀忠、家光、家綱四代將軍，為他們講學，之後其地位由其子孫繼承。）

傳到日本的宋代文化中，禪宗和淨土宗也對日本產生了很大的影響。日本鎌倉時代遠渡中國宋朝的道元禪師帶回曹洞宗，榮西禪師帶回臨濟宗，各自普及到武家社會。而淨土宗則轉變為親鸞禪師的淨土真宗，及一遍禪師的時宗，廣泛受到日本貴族與庶民信仰。

尚未解讀的女真文字

統治華北的金，由於是通古斯裔民族，所以擁有和中國不同的文化，因此在華北地區，女真族為了避免被中國同化，以漢字和契丹文字為基礎，創造了獨特的女真文字。

金太祖時代構思出來的女真文字，由大寫文字與簡化的小寫文字構成。看起來像是漢字，但是到現在為止仍然無法解讀。

●文字的傳播與唐宋八大家

■東亞的文字的傳播

■唐宋八大家

韓 愈	唐代學者、文學家。批判六朝重視形式的四六駢文，提倡復興漢代以前文意順暢的古文。
柳宗元	唐代文學家。與韓愈一起推動古文的復興運動。
歐陽修	北宋文學家。著有彰顯大義名分的史書《新五代史》。
蘇 洵	北宋文人、學者。精通六經、諸子百家。
曾 鞏	北宋文人、政治家。進士出身的官僚，在地方上施行善政。
王安石	北宋文人、政治家。公元 1070 年實施富國強兵的新法，但是受到舊法黨派的反對，於 1076 年辭去宰相。
蘇 軾	北宋的文人、政治家。與王安石的新法對立。可說是北宋最有名的詩人，其〈赤壁賦〉相當有名。
蘇 轍	北宋文人、政治家。反對王安石的新法對立。與父親蘇洵、兄長蘇軾並列為三蘇。

吳哥窟的祕密

印度教、佛教、伊斯蘭教多元同在,各民族的王朝接續興亡。

被改變成佛教寺院的吳哥窟

東南亞自古便受到印度的影響,所以佛教很興盛,但是後來印度教和伊斯蘭教也傳入,逐漸在各地發展成特殊的文明。

公元一世紀左右,印度尼西亞半島興起了幾個王朝,因為湄公河流域的開發,以及做為海路的東西交易中繼站而繁榮。公元六世紀,高棉(柬埔寨)人以吳哥為首都建立了強大的王國,公元十二世紀建造了被譽為高棉美術巔峰之作的巨大石造寺院,也就是著名的吳哥窟。

高棉人所建築的吳哥窟當時是印度教的寺院,泰國人統治這裡時將它改成佛教寺院。由於吳哥窟實在太壯觀了,江戶時代的日本人誤以為它就是印度的祇園精舍,前來朝聖時忍不住刻下自己的名字。

還有,泰國(暹羅)是東南亞唯一沒有變成殖民地的王國。吳哥窟建造時,泰國正處於柬埔寨的統治下,但是公元十五世紀之後,柬埔寨反而被納入泰國阿瑜陀耶王朝的統治下。

在緬甸,公元十一世紀,緬甸族的王國——蒲甘王朝興起,極力發展佛教,但十三世紀後葉被中國的元滅亡。

越南興盛的是大乘佛教,這在小乘佛教(上座部)繁榮的東南亞當中算是特例。這是因為從秦漢時代開始,越南北部的安南屬於中國殖民地,佛教經由中國傳入此地的緣故。越南在公元十世紀以後獨立,國號為大越。

印尼的佛教王國

公元七世紀時,印尼的蘇門答臘島室利佛逝王國興起。它面臨海上交通的險要之地——麻六甲海峽,接受經由印度傳入的大乘佛教,逐漸繁榮起來。公元七世紀後葉,唐僧義淨(參見P183)造訪印尼,將其繁榮的情形記載於《南海寄歸內法傳》。室利佛逝王國的繁榮,一直持續到公元十四世紀。

在印尼的爪哇島,夏連特拉王朝在公元八世紀後葉到九世紀前

●佛教的傳播路徑

→ 上座部佛教 重視修行，追求個人的解脫。傳播到東南亞各地區。
小乘佛教（劣等搭乘物）的名稱，是相對於大乘（大的搭乘物）來的蔑稱。

- - → 大乘佛教 以救渡所有的眾生為目標，開始於公元初期，公元150年～250年左右由龍樹集大成，之後經過北方傳到中國、朝鮮、日本。

犍陀羅美術 犍陀羅是巴基斯坦北部白夏瓦的舊名。當時佛教徒並沒有製作佛像的習慣，後來受到希臘主義的影響開始製作，並於公元二世紀貴霜王朝的迦膩色迦王統治時期擴展開來。

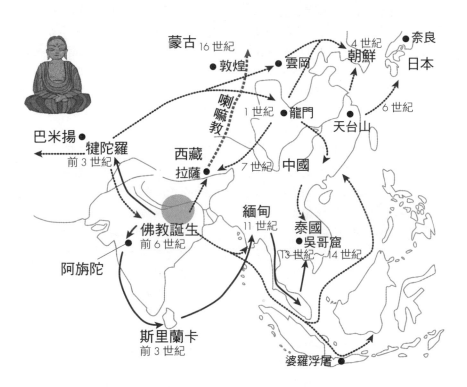

葉之間繁榮過，留下了一些佛教遺
跡，特別是婆羅浮屠巨大佛塔遺
跡，絲毫不比吳哥窟遜色。

伊斯蘭王國成為通商國家繁榮起來

公元十三世紀以後，印度教國
家滿者伯夷王國繁榮於東部爪哇，
由於這個國家的興隆，佛教國家室
利佛逝王國於公元十四世紀衰退。

公元十五世紀初，麻六甲興起
了東南亞最早的伊斯蘭教國家——
麻六甲王國，活躍於海上貿易。該
王國於公元十六世紀被葡萄牙艦隊
滅亡，公元一八二四年成為英國領
土，新加坡就是其中發展起來的都
市國家。

傳播到東南亞各島嶼的伊斯
蘭教，與早已滲透到日常生活中的
印度教結合，形成獨特的發展。現
在，東南亞的總人口中有大約四成
是伊斯蘭教徒，其中印尼是世界上
伊斯蘭教徒最多的國家。

泰國的日本人村莊與山田長政毒殺之謎

相傳公元十七世紀，日本人山
田長政在泰國的阿瑜陀耶王朝活躍
過。

長政在慶長十七（公元
一六一二）年左右，搭乘朱印船到
達暹羅（泰國），身為日本義勇
軍的首領，深受國王信任而獲得官
位，不過國王死後，長政在內亂中
負傷，傷口被塗上毒藥中毒而亡。

當時阿瑜陀耶王朝與日本有
密切的貿易往來，從日本坐船渡海
而來的商人，為了大量採購鹿皮等
泰國產品，逐漸在當地形成日本村
莊。長政得以嶄露頭角，是因為他
是阿瑜陀耶城（譯註：阿瑜陀耶是阿瑜
陀耶王朝的首都，又稱為大城）郊外日本
村莊的首領之故。

事實上，長政被毒殺可以說是
當時國際局勢所造成的不幸。有人
認為這是當時的海上霸權國家荷蘭
（參見P263）的商人，為了阻止日
本人獨占貿易，並企圖將他們趕出
泰國而和阿瑜陀耶王朝聯手設計的
謀殺案。長政死後，日本村莊也被
燒毀，加上江戶幕府頒布鎖國令，
日本和泰國的貿易也就逐漸衰退
了。

● 東南亞諸王朝

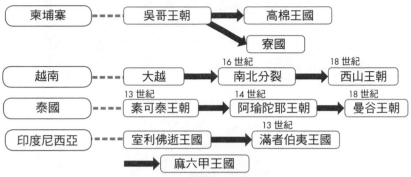

柬埔寨 ---- 吳哥王朝 → 高棉王國
→ 寮國

越南 ---- 大越 → 16世紀 南北分裂 → 18世紀 西山王朝

泰國 ---- 13世紀 素可泰王朝 → 14世紀 阿瑜陀耶王朝 → 18世紀 曼谷王朝

印度尼西亞 ---- 室利佛逝王國 → 13世紀 滿者伯夷王國
→ 麻六甲王國

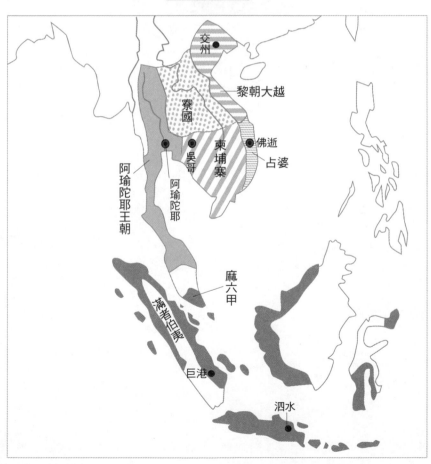

交州

黎朝大越

寮國

吳哥　柬埔寨　佛逝　占婆

阿瑜陀耶王朝　阿瑜陀耶

麻六甲

滿者伯夷

巨港

泗水

PART 5
十字軍與蒙古帝國

歐洲	非洲、西亞、印度

卡諾莎的屈辱 — 1077

1096 — 十字軍東征開始

→ 1099
耶路撒冷王國建立

34 十字軍

35 中世紀都市

1187 ◄
薩拉丁奪回
耶路撒冷

36 封建制度瓦解

1241 ◄
利格尼茲之戰

羅馬教皇的
巴比倫之囚 — 1309～

39 東西文化的交流

英法百年戰爭 — 1339～

1369 — 帖木兒帝國成

37 百年戰爭

1402 — 安哥拉之戰

40 土耳其大帝國

百年戰爭結束 — 1453

1453
拜占庭帝國滅亡

公元 11 世紀～ 15 世紀的世界

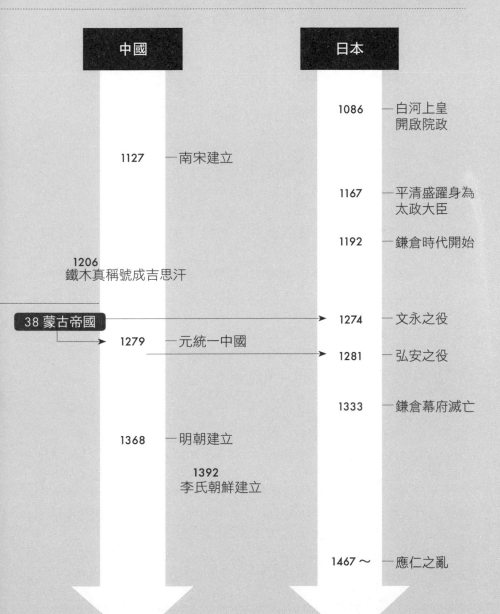

中國	日本
	1086 — 白河上皇開啟院政
1127 — 南宋建立	
	1167 — 平清盛躍身為太政大臣
	1192 — 鎌倉時代開始
1206 鐵木真稱號成吉思汗	
38 蒙古帝國	1274 — 文永之役
1279 — 元統一中國	1281 — 弘安之役
	1333 — 鎌倉幕府滅亡
1368 — 明朝建立	
1392 李氏朝鮮建立	
	1467 ～ — 應仁之亂

教皇的號令與西歐商業主義

耶路撒冷收復之後,第四次十字軍東征攻擊了拜占庭帝國。

朝聖引發國土收復運動興起

中世紀的西歐隨著封建社會逐漸安定,農業生產力提高,人口也增加,人們的生活開始寬裕。此時基督教信仰熱潮高漲,羅馬、耶路撒冷、聖地牙哥並稱「基督教的三大聖地」廣受歡迎,朝聖活動蓬勃發展。

位於西班牙北岸西側的聖地牙哥,因為人們相信十二使徒(參見P140)之一的聖雅各(西班牙語是聖地牙哥)的墓地在此,十世紀左右開始便有大量的信徒湧到此地朝聖。於是,號召打敗伊斯蘭、建造基督教國家的「國土收復運動」(Reconquista,西班牙語為再征服之意)便擴展開來。十五世紀,有天主教兩大君王之稱的伊莎貝爾女王與費南多國王完成了這項計畫。

另一方面,到羅馬的朝聖活動雖然沒有問題,但是前往曾經受埃及法蒂瑪王朝統治的耶路撒冷朝聖活動,卻發展成「從異教徒手中奪回聖地」的運動。

加入十字軍就可免罪?

十一世紀後葉,土耳其帝國塞爾柱王朝進軍西亞(參見P170),拜占庭帝國受到壓迫瀕臨危險。這時拜占庭皇帝透過羅馬教皇向西歐各國的君主和諸侯求援。

雖然基督教會才分裂成東西兩派沒多久(參見P172),但此事攸關拜占庭帝國的存亡,況且對羅馬教會而言,這也是吸收東方教會、使自己的地位高於皇帝的大好機會。

於是教皇烏爾班二世,在一〇九五年宣布東征奪回聖地,並從各地召募諸侯和騎士。

由於標榜「加入者可免罪」的特權,所以被逐出教會的德、法、英國王和法、義大利的騎士軍團紛紛加入,加上朝聖者大約共有十萬人,共同往耶路撒冷邁進。由於他們的胸前都繡有十字,因此被稱為十字軍。

●十字軍東征

十字軍東征的號召之地。

第四次東征建立拉丁帝國。

威尼斯

克萊蒙

拜占庭帝國

君士坦丁堡

埃德薩

塞爾柱土耳其

突尼斯

耶路撒冷

三個宗教的聖地—耶路撒冷

猶太教：希律王神殿的一部分（哭牆）
基督教：耶穌的墓（「聖墳墓教堂」）
伊斯蘭教：穆罕默德升天的地方（「聖石圓頂寺」）

開羅

第一次東征建立耶路撒冷王國。

次數、時間	起因、目的	結果
第一次　1096 年～ 1099 年	塞爾柱土耳其占領聖地。	收復聖地，建立耶路撒冷王國。
第二次　1147 年～ 1149 年	恢復伊斯蘭勢力。占領埃德薩。	由於內部分裂等原因，所以沒有結果。
第三次　1189 年～ 1192 年	阿尤布王朝的薩拉丁國王占領耶路撒冷。	經由講和確保了朝聖者的安全。
第四次　1202 年～ 1204 年	以進攻埃及為目標，不過後來因為威尼斯商人的要求轉而追求經濟利益。	占領君士坦丁堡，建立拉丁帝國
第七次　1270 年	進攻突尼斯。	因為法國國王路易九世病逝而挫敗。

建立耶路撒冷王國

十字軍在第一次東征時占領耶路撒冷，屠殺猶太教徒和伊斯蘭教徒，建立「耶路撒冷王國」。

但是公元一一八七年，身為埃及蘇丹（譯註：阿拉伯語，君主之意）的英雄薩拉丁滅亡了耶路撒冷王國。雖然羅馬教會接著派遣了第三次十字軍，但是西歐君主們的陣腳已亂，加上薩拉丁迎戰，最後東征終告失敗。

解放耶路撒冷的薩拉丁（正確的名字是薩拉候丁），誕生於伊拉克巴格達近郊的城鎮，侍奉遜尼派的君主，是個擅長馬球的青年，在第三次遠征埃及時進入開羅城。由於成為法蒂瑪王朝宰相的敘利亞司令官猝死，所以年輕的薩拉丁被任命為新宰相，掌握實權後建立了阿尤布王朝。

之後，薩拉丁利用與十字軍作戰，一步步朝統一伊斯蘭世界的計畫前進。他奪回耶路撒冷後，撐過與英國理查一世（獅心王）的戰役，將戰局帶到簽訂休戰協定。

撒拉丁之所以得以和十字軍長期對抗，是因為埃及有雄厚的財力之故。

為擴大貿易攻擊拜占庭帝國

公元一二〇二年，權威到達最高峰的羅馬教皇英諾森三世，發動第四次的十字軍東征。但是軍隊並沒有前往聖地，而是順應提供運輸船隻的威尼斯商人的要求，朝商敵（譯註：生意上的競爭對手）的據點君士坦丁堡出發，並且占領君士坦丁堡，建立了拉丁帝國，為此拜占庭帝國還曾一度遷都尼西亞。

就這樣，十字軍偏離了當初的目的，開始被提供支援的威尼斯商人利用於擴大商圈及占領土地，使得後來進攻埃及比占領耶路撒冷還要來得重要。

公元一二七〇年，第七次十字軍東征失敗，成為最後一次的東征，基督教徒收復耶路撒冷的野心終於失敗。

●十字軍興建的諸國

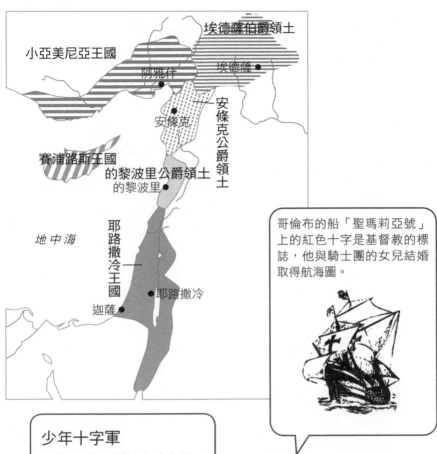

小亞美尼亞王國

埃德薩伯爵領土

阿雅什

埃德薩

安條克公爵領土

安條克

賽浦路斯王國

的黎波里公爵領土

的黎波里

地中海

耶路撒冷王國

耶路撒冷

迦薩

哥倫布的船「聖瑪莉亞號」上的紅色十字是基督教的標誌，他與騎士團的女兒結婚取得航海圖。

少年十字軍

公元1212年派遣少年十字軍。只是因為自私地認為比起骯髒的大人，讓純真的小孩子出征的成功率較高，便派出了數千名法國、德國的少男少女前往耶路撒冷。但是途中有許多人倒下，或者被送到非洲當奴隸，以悲慘的結果收場。

中世紀騎兵團

在十字軍東征期間，被稱為宗教騎士的祕密組織相當活躍。聖約翰騎士團轉戰各地後獲贈馬爾他島，改稱為馬爾他騎士團（現在仍繼續活動中）。聖殿騎士團雖然因為創造了莫大的財富而被鎮壓，不過後來復甦成為基督教騎士團。

中世紀都市

擊退皇帝的倫巴底同盟軍

十字軍遠征創造出「文藝復興」與「自由都市」。

讓都市自由

在十字軍東征中，最受惠的是威尼斯和熱那亞等義大利的海港城市。之後因為與亞洲之間的貿易活動擴大，進而帶動了內陸通商的繁榮，中世紀都市在各地成長，並引起了「商業復興」現象。

十一至十二世紀之後，以食品和羊毛等生活必需品為中心的商業發達，領主對城市所課的稅賦增加，對此加以抵抗的城市居民得到自治權，「自治都市」從此產生。貴族、聖職者、農民等身分之外又增加了「市民」。Bourgeoisie（市民）原本是法語的「都市的居民」之意。

在皇帝直屬的「帝國都市」、或者已經擁有完全自治權的「自由都市」的德意志地區，都標榜著「讓都市自由」。實際上，當時逃到都市的農奴只要在都市住上一年又一天就可以恢復自由身。但是沒有資產的小市民階級並非市政的對象，所以沒有平等的權利。

「漢梅林的吹笛人」暗示著都市的人口問題

十九世紀格林兄弟的《格林童話集》，收錄了著名的「漢梅林吹笛人」的故事，內容大致如下：

一二八四年的某一天，城市裡出現了一個奇異的男人，他用笛子將到處為患的老鼠引到河邊淹死，但是城裡的人卻捨不得付給吹笛人酬勞，於是將他趕出城外。六月二十六日，吹笛人再度出現並吹起笛子，鎮上的孩子們紛紛跟著吹笛人走出城門，再也沒有回來。

在漢梅林市的教會裡，確實保存著一二八四年六月二十六日，一百三十個兒童失蹤的紀錄。為此，研究者之間有了各式各樣的推測，有人說這是祭典的集體意外；另外有說法認為，這不過是人口過度增加所引起的集體移民，被穿鑿附會而成的故事。

德國技術的祕密在於公會

中世紀都市最初由名為「商人公會」的商人同業組織，掌管鎮上商品交易到婚喪喜慶等大小瑣事。在《格林童話集》中，有一則動物參加公會「不來梅邦樂隊」，打退小偷立下功勞的故事。

後來大商人貴族化，開始獨占「商人公會」的實權。於是，原本被組織在其中的工匠們紛紛獨立，依職業類別組織「同業公會」，以市政問題為中心開始和大商人進行抗爭，稱為「同業公會抗爭」（「Zunft」是德語「同業公會」之意）。

同業公會嚴格地維持著老闆、工匠、學徒的身分地位，藉由統一生產避免粗製濫造，嚴守技術不外傳以方便獨占市場。一向被認為具有優秀技術能力的德國工匠精神，就是在這樣的背景下打造出來的。

● **遺留著中世紀都市特徵的佛羅倫斯街道**

聖羅倫佐教堂

洗禮堂

舊市場（舊廣場）

大教堂

聖斯特法諾修道院

奧爾桑米開萊教堂

新市場

維琪奧宮（市政廳）

亞諾河

■ 羅馬時代的市域
▨ 十二世紀中期擴充的市域
── 外側是 13 世紀末以後擴充的地區

漢撒聯盟也擁有軍事力量

歐洲各地商業圈產生後，為了確保共同利益，都市聯盟開始得到認同。再者，與封建君主或地主對抗時，軍事上的聯盟也被認為是必要的。

最有名的都市同盟，應該就屬德意志北部各城市都加入的「漢撒聯盟」。「漢撒」是「旅行商人團體」的意思，全盛時期有一百多個都市加入，商業活動以呂貝克和漢堡為中心橫跨全歐洲，同時也擁有共同的軍事力量。

現在德國航空公司Lufthansa的「Luft」，就是「空中」之意，所以全文是「空中商業聯盟」的意思。

義大利北部的「倫巴底聯盟」也廣為人知，該聯盟擁有同盟軍，並曾擊退企圖南下的德國的神聖羅馬皇帝。

另外，即使沒有加入都市聯盟，已具備如國家般自立能力的「都市國家」也誕生了。

例如第四次十字軍東征以後，被稱為「前往東方的窗口」的威尼斯，掌握了地中海的制海權而繁榮。這個馬可波羅的故鄉，最大的競爭都市就是哥倫布的出生地熱那亞。還有，素有花都之稱的義大利內陸都市翡冷翠（佛羅倫斯），也發展成歐洲最大的都市共和國，文藝復興就是從這裡展開。

另一方面，法國的巴黎從法蘭克王國（參見P174）時代，就是政治與經濟中心。到了中世紀，香檳地區頻繁地舉行買賣紅酒的定期市集，都市也隨之增加，兌換各國貨幣的銀行業務，也於這個時期展開。

●中世紀的都市聯盟與大學的設立

■都市同盟

●表主要都市

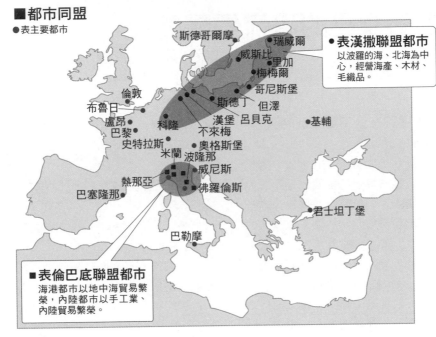

表漢撒聯盟都市
以波羅的海、北海為中心，經營海產、木材、毛織品。

斯德哥爾摩
瑞威爾
威斯比
里加
梅梅爾
哥尼斯堡
倫敦
斯德丁
但澤
布魯日
盧昂
科隆
漢堡　呂貝克
基輔
巴黎
不來梅
史特拉斯
奧格斯堡
米蘭　波隆那
熱那亞
威尼斯
巴塞隆那
佛羅倫斯
君士坦丁堡
巴勒摩

■表倫巴底聯盟都市
海港都市以地中海貿易繁榮，內陸都市以手工業、內陸貿易繁榮。

■大學

●13 世紀前設立
●13 世紀設立

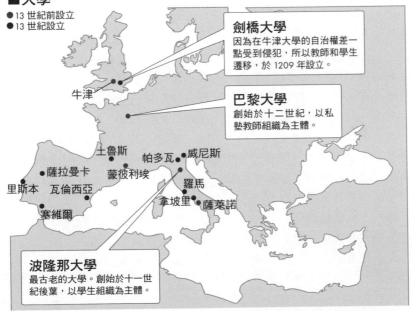

劍橋大學
因為在牛津大學的自治權差一點受到侵犯，所以教師和學生遷移，於 1209 年設立。

巴黎大學
創始於十二世紀，以私塾教師組織為主體。

牛津
土魯斯
帕多瓦　威尼斯
薩拉曼卡
蒙彼利埃
里斯本　瓦倫西亞
羅馬
拿坡里　薩萊諾
塞維爾

波隆那大學
最古老的大學。創始於十一世紀後葉，以學生組織為主體。

獵殺女巫的恐慌侵襲農民

十四世紀以後，天主教教會權威及封建制度瓦解，農民叛亂
接連發生。

教會權威在十字軍東征時到達頂點

談到十字軍東征的背景，羅馬天主教教會高漲的權威也是不可忽略的原因。由於基督教普及，歐洲各國出現勢力相當於國王或諸侯的聖職者，於是天主教規畫出以羅馬教皇為最高階層的「聖職者階層制度」，藉以維持政治權威。

不過實際上修建教會、擔任教士或修士的都是地方上的領主，所以各地的教會也等同在德國皇帝和英、法國王的統治下。

由於世俗的勢力企圖藉由教會維持政治目的，造成公元十至十一世紀的教會非常腐敗，內部的批判聲浪日漸高漲。於是，法國的克呂尼修道院開始提倡「嚴格遵守戒律」的改革運動，不久擴大到歐洲全土。

教皇利奧九世集合了改革派的幹部，任命他們為樞機主教，進而引起之後的「貴格利改革」。利奧九世在樞機主教會議的選舉中決定教皇，拒絕世俗勢力的介入。就這樣，教會與皇帝、國王之間經常引起抗爭。

卡諾莎之辱與教皇的巴比倫之囚

公元一○七七年的卡諾莎之辱展現了教會的權威。

德國國王亨利四世無視教會的方針，逕自任命主教，教皇貴格利七世雖然極力譴責，但是亨利四世反而決議要罷免教皇。對此，教皇因而廢除亨利四世的王位，開除他的教籍。

被開除教籍不僅會失去國王的地位，過世的時候也將無人送終，就在諸侯紛紛背叛之下，最後不得已，亨利四世只好前往義大利卡諾莎城向教皇請罪。當時亨利四世連續三天裸足站在大雪紛飛的城門外，請求教皇恕罪，被開除教籍的命令才得以撤回，這就是「卡諾莎之辱」。

不過達到頂點的教會權威，在各地王權進入安定期後逐漸受到壓制。民眾批判羅馬教會的腐敗，轉

●教皇權和王權

教皇權　　　　　王權

<table>
<tr><td rowspan="3">教皇、皇帝的並立</td><td>利奧三世</td><td>──────────▶</td><td>法蘭克王查理大帝</td></tr>
</table>

利奧三世 ──────────────▶ 法蘭克王查理大帝
公元 800 年授與羅馬皇帝皇冠。

約翰十二世 ────────────▶ 法蘭克王國奧托一世
公元 962 年授與羅馬皇帝皇冠，
開始神聖羅馬帝國。

公元 1054 年東西教會分裂。

貴格利七世 ──────────────▶ 德國國王亨利四世
聖職敘任權鬥爭　公元 1077 年卡諾莎之辱。

烏爾班二世 ────────────▶ 公元 1096 年
公元 1095 年的「克萊蒙會議」 第一次十字軍東征。
決議派遣十字軍。

加里斯都二世 ──────────▶ 德國國王亨利五世
公元 1122 年沃爾姆斯宗教協定
（確立教皇權力）。

英諾森三世 ────────────▶ 德國、英國、法國
教皇權的鼎盛期　開除教籍、使其屈服。 國王

波尼法修八世 ◀────────── 法國國王腓力四世
公元 1303 年阿納尼事件，在阿
納尼拘捕教皇。

克雷芒五世 ◀──────────── 法國國王腓力四世
公元 1309 年～ 1377 年教皇的巴
比倫之囚，教皇宮遷移到法國南
部的亞維儂。

羅馬教會大分裂（1378 年～ 1417 年）
分別出現在法國亞維儂（法國支持）與羅馬
（義、德、英等國支持）的教皇。

教皇、皇帝的並立

教皇、皇帝的抗爭

教皇權的鼎盛期

教皇權的衰退

而支持韋爾多派、清潔派、阿比爾派等基督教的異端教派，羅馬教會則是大力鎮壓這些教派。

　　不久，屬於教皇的絕對優勢喪失，教皇克雷芒五世離開羅馬遷移到法國南部的亞維儂。之後長達七十年，歷經七代的教皇都受到法國國王的監視，史稱「教皇的巴比倫之囚」，這項名稱取自於《舊約聖經》中的故事。

黑死病導致英法人口減半

　　由於商業發達，歐洲的貨幣經濟也逐漸擴及農村，繳納地租後剩餘的錢可以儲蓄起來，因而逐漸帶動了經濟發展。

　　不過，公元一三四八年黑死病突然來襲，短短的四、五年之間，西歐至少失去了三分之一以上的人口，英、法兩國則被認為死亡人口高達一半以上，當時黑死病的威脅連現在的愛滋病也望塵莫及。

俠盜羅賓漢支持農村解放

　　領主們雖然改善了農民的待遇，但黑死病逐漸穩定後，生活出現危機的領主們又再次加重地租，農民對此大感不滿。十四世紀後

葉，法國的「扎克雷起義」、英國的「瓦特泰勒起義」相繼發生。由於這些叛亂，農民們的身分逐漸得到解放，這使得中世紀歐洲的封建社會受到影響而開始瓦解。

　　正值此時，英格蘭民眾之間流傳起俠盜羅賓漢的故事。有人說羅賓漢是真實存在的貴族，因為冒犯國法轉而變成俠盜。傳說中的羅賓漢是勸善懲惡的英雄，同時也是為農村帶來自由解放的代表人物。

異端審問和「獵殺女巫」恐慌

　　中世紀後期的羅馬教會被批評為腐敗與墮落。十二世紀後葉左右，韋爾多派、清潔派（阿比爾派）等重視清貧和戒律的教團受到羅馬教會的鎮壓，到了十三世紀初，異端審問成為一種制度。

　　進入十四世紀後，羅馬教會依然嚴格地取締異端教派傳教，並且設法對抗外界的批判。與農村的解放背道而馳，教會假借審問異端的名義鎮壓民眾的事件不斷發生，密告和殘忍的拷問成為理所當然，許多無罪的庶民被認定是「女巫」而遭受火刑，被稱為「女巫審判（獵殺女巫）」。

●黑死病的影響

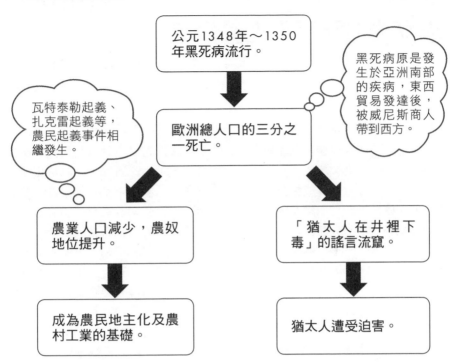

公元1348年～1350年黑死病流行。

黑死病原是發生於亞洲南部的疾病,東西貿易發達後,被威尼斯商人帶到西方。

瓦特泰勒起義、扎克雷起義等,農民起義事件相繼發生。

歐洲總人口的三分之一死亡。

農業人口減少,農奴地位提升。

「猶太人在井裡下毒」的謠言流竄。

成為農民地主化及農村工業的基礎。

猶太人遭受迫害。

聖女貞德為何被處刑？

英法百年戰爭後，騎士階級沒落，進入擁有大砲的常備軍時代。

十字軍東征後，英國議會形成

十字軍東征結束後，英國和法國成立議會，逐漸發展成中央集權的封建國家。在教會權威失落的情況下，不只是貴族、聖職者，就連騎士和市民也開始參與政治。

公元一二一五年，英國約翰國王的內陸領土被法國奪去，而被譏稱為「無地王」，他在承認貴族和市民權利的大憲章上蓋章，一時之間王權受到了限制。十三世紀末，英國召開騎士和市民代表參加的「模範議會」，之後，上議院（貴族院）和下議院（庶民院）的二院制議會逐漸形成。

在法國，諸侯的勢力向來凌駕王權。不過十三世紀初開始，腓力二世逐漸擴大領土，提高王權。接著到十四世紀初，腓力四世召開由聖職者、貴族、平民三種身分的代表組成的「三級會議」，得到國內的支持，並將羅馬教皇拘禁在亞維儂，壓迫教會勢力（參見P208）。

諾曼第原是英國領土

英國自諾曼王朝以來便擁有法國的領土（參見P176），諾曼王朝雖然在十二世紀中葉斷絕了，但是愛德華三世時期曾擁有法國北部、包含諾曼第的廣大領土。對此，接管法國斷絕的前王朝（卡佩王朝）並開拓新王朝（瓦盧瓦王朝）的腓力六世，宣布沒收英格蘭領土吉耶訥，企圖排除英國勢力。

然而，英國對因出產羊毛而繁榮的法國領土法蘭德斯地區（現在的比利時）也虎視眈眈，並主張自己也有法國王位繼承權，一舉攻進法國。這就是發生在公元一三三九至一四五三年的「英法百年戰爭」。

當時一次大規模的戰爭往往要經過好幾年才能再補充軍力，而且可以戰爭的季節也有限，所以所謂「百年戰爭」其實是短期戰爭與長期休戰的不斷重覆罷了。

●百年戰爭時的英國、法國王朝

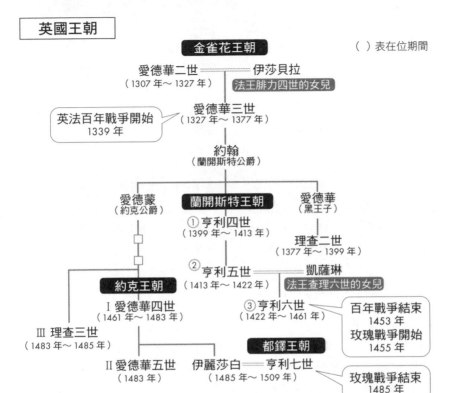

英國王朝

金雀花王朝　　　　　　　　　　　　（ ）表在位期間

愛德華二世————伊莎貝拉
（1307 年～1327 年）　法王腓力四世的女兒

英法百年戰爭開始　←　愛德華三世
1339 年　　　　　　　（1327 年～1377 年）

約翰
（蘭開斯特公爵）

愛德蒙　　　蘭開斯特王朝　　　愛德華
（約克公爵）　　　　　　　　　　（黑王子）

①亨利四世
（1399 年～1413 年）　　理查二世
　　　　　　　　　　　　（1377 年～1399 年）

②亨利五世————凱薩琳
約克王朝　　　（1413 年～1422 年）　法王查理六世的女兒

Ⅰ愛德華四世　　　③亨利六世　→　百年戰爭結束
（1461 年～1483 年）　（1422 年～1461 年）　1453 年
　　　　　　　　　　　　　　　　　　　玫瑰戰爭開始
Ⅲ 理查三世　　　　　　　　　　　　　1455 年
（1483 年～1485 年）　　　　　都鐸王朝

Ⅱ愛德華五世　　伊麗莎白＝＝亨利七世　→　玫瑰戰爭結束
（1483 年）　　　　　　（1485 年～1509 年）　1485 年

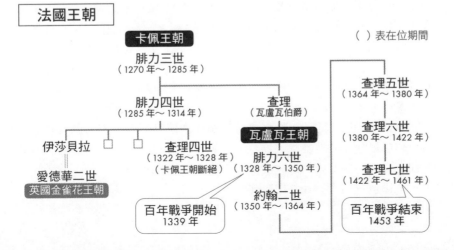

法國王朝

卡佩王朝　　　　　　　　　　　　　　（ ）表在位期間

腓力三世
（1270 年～1285 年）　　　　　　　　查理五世
　　　　　　　　　　　　　　　　　　（1364 年～1380 年）

腓力四世　　　　查理
（1285 年～1314 年）　（瓦盧瓦伯爵）　查理六世
　　　　　　　　　　　　　　　　　　（1380 年～1422 年）

伊莎貝拉　□　□　查理四世　瓦盧瓦王朝
　　　　　　　　（1322 年～1328 年）
愛德華二世　　　（卡佩王朝斷絕）腓力六世　　查理七世
英國金雀花王朝　　　　　　　（1328 年～1350 年）（1422 年～1461 年）

　　　　　　　　　　　　　約翰二世　　　百年戰爭結束
　　　　　　　百年戰爭開始　（1350 年～1364 年）　1453 年
　　　　　　　1339 年

聖女貞德的悲劇

英國雖然一開始在百年戰爭中占優勢，但是英法兩國都深受黑死病和農民叛亂之苦，彼此都逐漸疲憊。

不久，由於得到神啟的奧爾良少女貞德的出現，使得法國逆轉局勢。一四五三年，在加冕的查理七世的帶領下，最後終於敗退英軍，贏得勝利。

貞德因為法國內部的對立，不幸成為英軍的俘虜，並以異端審問的方式加以審判，一四三一年被當成女巫處刑。不過，二十四年後法國政府恢復她的名譽，法國國民開始讚揚她是愛國女英雄，貞德的處刑地盧昂，每年到了五月三十日的貞德忌日都會舉行聖女貞德祭。

騎士沒落與王權擴大

百年戰爭一結束，英國就因為王位繼承問題引起了被稱為「玫瑰戰爭」的內亂。蘭開斯特家族和約克家族最終和解，取而代之的是以紅白玫瑰的徽章做為兩家象徵的都鐸王朝興起。都鐸王朝為了削減封建貴族的勢力，下令解散家臣團，跨出了邁向絕對王政的第一步。

其實在百年戰爭時，英軍中便有自耕農擔任的長槍部隊大展身手，加上從伊斯蘭傳入的鐵砲發揮威力，使得傳統騎士的存在已經變得不重要。而且農村陸續解放，更注定了身為領主的騎士階級走向沒落。

同樣的，在法國也因為官僚制度和常備軍的規劃漸趨完整，貴族的沒落終究無法避免，西歐的封建制度最後還是走向瓦解，接著歐洲逐漸邁入權力集中於國王手中的絕對主義時代。

騎士們逐漸唐吉訶德化

歐洲的貴族制度開始於法蘭克王國的加洛林王朝，當時將領土分割成數十個州，由國王任命州長管理，後來擔任州長的當地豪族逐漸世襲化，最後便發展成貴族制度。

最初國王和貴族幾乎是同等階級，但是隨著王權的擴張，因而形成諸侯必須支持國王領地才能得到認同的「封建制」。

但是到了百年戰爭初期，封建制度也嚴重瓦解，以擁有國內所有領土的國王為頂點的中央集權制度已臻成熟。公元十四～十五世紀後，大砲和小型槍枝出現，穿著笨重的鎧甲使用槍、劍的騎士就變得無用武之地了。

文藝復興時期的西班牙文豪塞萬提斯所寫的《唐吉訶德》，就諷刺了落伍的騎士唐吉訶德和他的隨從桑丘潘薩徒具熱情。

●百年戰爭的領土和聖女貞德

■ 開戰時英國擁有的內陸領土。

/// 公元 1429 年英國領土到達最大、
攻擊法國要塞奧爾良時期的英國領土。

→ 貞德進軍的路徑

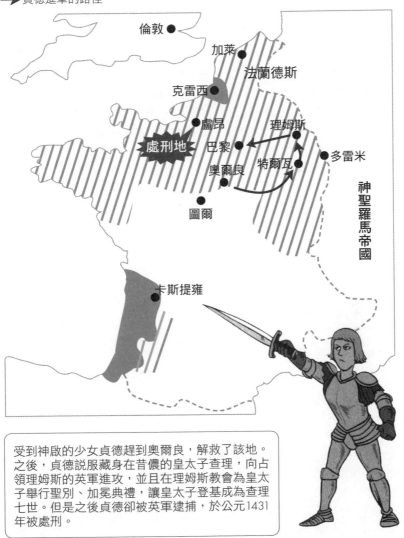

受到神啟的少女貞德趕到奧爾良，解救了該地。
之後，貞德說服藏身在昔儂的皇太子查理，向占
領理姆斯的英軍進攻，並且在理姆斯教會為皇太
子舉行聖別、加冕典禮，讓皇太子登基成為查理
七世。但是之後貞德卻被英軍逮捕，於公元1431
年被處刑。

國王和諸侯、貴族的關係

就這樣，侍奉諸侯的騎士沒落，改由步兵為主的常備軍和官僚支持著王權。之前諸侯手下的家臣也躍身成為國王的陪臣，於是賦予這些人身分的必要性因應而生，當時便規劃出公爵、侯爵、伯爵、子爵、男爵，至今仍被歐洲保留的「五爵制度」。

在貴族制度的初期，「公」是較特別的階級，一般各州則是任命「伯」管理。後來五爵制度中的伯爵（Count, 英國稱為Earl）這個稱呼，演變成代表國或州的行政單位Country。

附帶一提，日本在明治維新之後也封給公家、大名爵位。

當時的爵位仿效英國的五爵制度，而翻譯後的譯文則套用中國的爵位（王、公、侯、伯、子、男）。其中「王」是指皇族（親王等），所以沒有列入爵位中。

後來對待遇感到不滿的下級武士叛亂，明治政府就賞給這些「失業」的下級武士年俸，並賜給他們爵位。由於是在與英國同樣的背景下規劃出爵位制度，因此日本也就追隨其後採用這樣的做法。

●爵位表

爵位 / 敬稱	英語	
	男性	女性
國王、皇帝 / 陛下	King, Emperor	Queen, Empress
王（皇）太子 / 殿下 ●是指擁有王位、帝位繼承權第一順位的王（皇）子，設置的目的是為了確立王族的身分。	Royal（Imperial）Crown Prince	Royal（Imperial）Crown Princesse
王（皇）子 / 殿下 ● 設置的目的是為了確立王族的身分。	Royal（Imperial）Prince	Royal（Imperial）Princesse
大公（王族公）/ 殿下	Prince	Princess
公爵 / 閣下	Duke	Duchess
侯爵 / 閣下	Marquis	Marchioness
伯爵 / 閣下	Count（英國 Earl）	Countess
子爵 / 閣下	Viscount	Viscountess
男爵 / 閣下	Baron	Baroness

世界史正式揭開序幕

成吉思汗之後蒙古帝國分裂，忽必烈征服中國建立元朝。

蒙古族的起源不明

　　蒙古大帝國的領土從中國廣及歐洲東部，但關於蒙古的起源其實還不清楚。「蒙古族」這個稱呼原本指的是成吉思汗（譯註：即鐵木真）家族中擔任部長的一個部族，在成吉思汗統一各部族後，「蒙古族」

於是成為統治高原的帝國總稱。

　　九世紀中葉左右開始，蒙古高原上各部族割據。十世紀時這些部族臣服於遼（參見P188），遼滅亡之後，女真族建立的金勢力抬頭。這個時期，蒙古有很多的部族，例如位於蒙古高原的蒙古族、東邊的

● 四汗國和元的領土

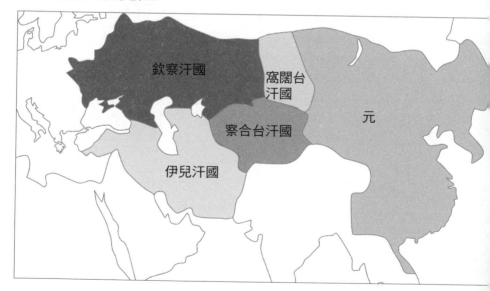

轄靼族、南邊的汪古族、西邊的乃蠻族和克烈族、北邊的蔑兒乞族，後來這些部族被成吉思汗統一。

蒙古軍進攻歐洲

公元一二〇六年，蒙古族的鐵木真統一了反覆分裂抗爭的各部族，稱號成吉思汗（譯註：「成吉思」在蒙古語中為「大海的意思」，「汗」則代表偉大崇高，所以「成吉思汗」是「大海原的君主」，也就是「全世界的君主」之意），蒙古帝國由此誕生。

成吉思汗進攻統治中國華北的金，占領中都（現在的北京）。另一方面也向西方征伐，攻占西突厥斯坦、伊朗，勢力延伸到印度的西北部。

傳說中，蒙古族的祖先是蒼狼和白鹿的結晶，所以成吉思汗被稱為蒼狼的子孫，相傳他的遺骸埋葬在故鄉的草原，但是因為蒙古沒有建造墓陵的習慣，所以他的墓到現在還沒找到。

成吉思汗死後，繼承汗（皇帝）的三男窩闊台在公元一二三四年滅亡了金，窩闊台的外甥拔都繼承成吉思汗的遺志，果斷地遠征歐洲。

■四汗國和元朝的關係

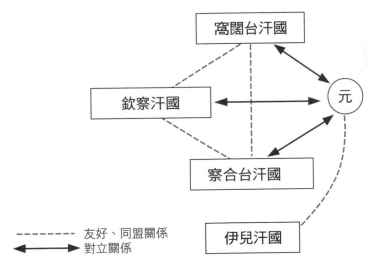

---------- 友好、同盟關係
◆——————▶ 對立關係

拔都征服了大半的俄羅斯，軍力依然未減，一二四一年在利格尼茲（譯註：又名Wahlstatt，是「屍體之地」之意）戰役中大敗波蘭、德國的諸侯聯合軍，使歐洲跌入了恐怖的谷底。後來因為窩闊台汗駕崩，拔都退到窩瓦河，建立了欽察汗國。

另外，同樣是窩闊台的外甥的旭烈兀，在一二五八年滅亡了巴格達的阿拔斯王朝（參見P170）。就這樣，騎馬民族的蒙古帝國從絲路的這一端征服到絲路的另一端。

忽必烈即位後，帝國分裂成四塊

廣大的蒙古帝國由於混合著宗教、文化完全不同的各民族，所以要由單一組織、機構統治甚為困難，於是成吉思汗就將游牧地區分封給兒子們，而豐腴的農耕地帶則由蒙古帝國直轄統治。

分封的汗國（小王國）雖然附屬於首都位於哈喇和林的「大汗」，但實際上他們處於半獨立狀態，這樣的情況導致汗國之間為了帝位繼承問題而分裂。成吉思汗的孫子忽必烈不等部族會議決定，自己即位成為第五代大汗後，帝位繼承問題引起了激烈的內亂，其他的四汗國也完全獨立。一二七一年，忽必烈將首都從哈喇和林遷到大都（現在的北京），國號也改為中國化的「元」。

元朝將蒙古人列為特權階級，並起用中亞、西亞出身的各民族做為經濟官僚，優待他們。將征服的中國人稱為漢人、南人，採取冷落他們的「蒙古人第一主義」。

一二七九年，元朝滅亡江南的南宋（參見P188）統一了中國，接著又將西藏、高麗收為屬國。元世祖忽必烈也曾兩度派兵遠征日本（元寇），另外還企圖遠征越南的陳朝和爪哇，不過跟征日一樣都失敗了。

●元寇與忽必烈的族譜

■兩次的蒙古軍來襲

忽必烈率領的元軍企圖征服日本、將其納為屬國，於是在公元1274年（日本文
永11年）和公元1281年（日本弘安4年）兩度侵襲日本。日本將文永、弘安之
役合稱為「元寇」。

	文永之役	弘安之役
兵力	元和高麗的聯合軍三萬餘人。	元、高麗聯合軍（東路軍）四萬人和元軍（江南軍）十萬人，共計十四萬人。
結果	元軍遇到颱風，許多停泊在博多灣的軍船沉沒，元軍敗退。	東路軍先抵達，接著江南軍抵達時遇上暴風雨，元軍受到相當大的打擊而撤退。

■元的族譜

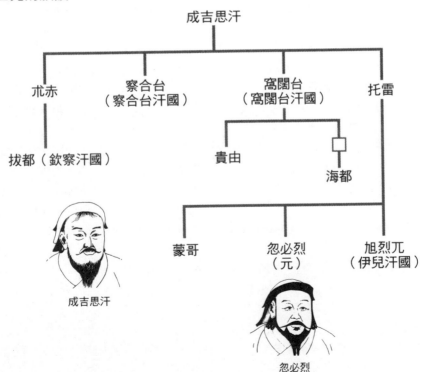

成吉思汗

朮赤

察合台
（察合台汗國）

窩闊台
（窩闊台汗國）

托雷

拔都（欽察汗國）

貴由

海都

成吉思汗

蒙哥

忽必烈
（元）

旭烈兀
（伊兒汗國）

忽必烈

「黃金之國日本」的傳說

蒙古帝國的出現帶來了前所未有的東西交流盛況。

蒙古揭開了世界史時代的序幕

蒙古帝國的版圖在忽必烈時代到達最大，這個包含歐亞大陸東西方的大帝國與西歐及伊斯蘭世界交界，人和物的交流日漸繁榮，真正的「世界史」時代從此正式揭開序幕。

促使東西文化交流發達的主要推力，是蒙古帝國的貿易政策。

確保交通、貿易路徑的安全開始受到重視，從事貿易的各民族也因此受到保護。另外也實施「驛站制」，在固定距離設置客棧、並準備有交替更換用的馬匹。就這樣，隨著領土的擴大，連接歐亞大陸東西方的陸路交通，在安全上逐漸有了保障。

結果伊斯蘭商隊的內陸貿易，和經由印度洋的海上貿易出現前所未有的繁榮，貿易路徑也從中國擴展到歐洲。

羅馬教皇也派遣使節柏郎嘉賓、羅伯魯、孟高維諾等人來到元朝晉謁。另外，馬可波羅、伊本·拔圖塔等冒險家也進行長途旅行。

受到忽必烈賞識的馬可波羅

馬可波羅誕生於義大利港灣都市威尼斯（參見P204）的富商家庭，十七歲時加入叔父的商隊，經陸路向東出發。雖說是商隊，但他們的目的並不只是做生意，他們同時也是羅馬教皇的使節，身上帶著要交給中國元朝忽必烈的國書。

四年後的一二七五年，一行人抵達蒙古高原並謁見忽必烈，後來馬可波羅就留在大都的朝廷內當官。

受到忽必烈賞識的馬可波羅被任命為國內的派遣使節。後來在異鄉生活了二十幾年的馬可波羅終於回到自己的國家。之後，他因從軍參加威尼斯和熱那亞的戰爭而被捕淪為俘虜。馬可波羅在獄中口述自己經歷過的旅行和亞洲的歷史風俗，後來出版的《東方見聞錄（馬可波羅遊記）》馬上受到好評，被翻譯成各國語言。

●東西交流

■東西交易的項目

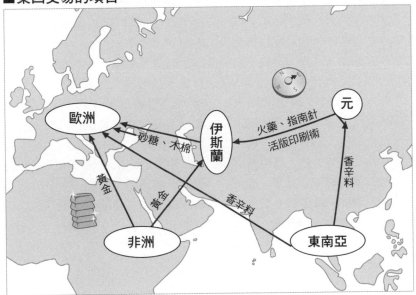

■人與物的東西來往

使節	柏郎嘉賓 （13 世紀）	羅馬教皇的使節，目的是傳教同時也探察蒙古的內情。
	威廉羅伯魯 （13 世紀）	法國國王的使節，目的是與蒙古聯盟夾攻伊斯蘭。
	孟高維諾 （13 ～ 14 世紀）	羅馬教皇的使節，中國最早的天主教傳教士。
旅行家	馬可波羅 （13 ～ 14 世紀）	威尼斯商人，在獄中口述《東方見聞錄（馬可波羅遊記）》。
	伊本，拔圖塔 （14 世紀）	摩洛哥出身的伊斯蘭教徒，把到亞洲、非洲、西班牙旅遊行的經歷寫成《遊記》。

充滿誤會的黃金之國──日本

《東方見聞錄》之中，特別讓歐洲人傾倒的是「黃金之國──日本」。書中非常誇大地記載著有關盛產黃金的日本的傳說，足以挑起人們的過度想像，《東方見聞錄》中所描述的日本的情形如下：

「日本是位於中國東海的大島，距離大陸大約二千四百公里。居民的肌膚雪白，具有文化，物產也得天獨厚。膜拜神祇，是沒有臣屬於任何宗主國的獨立國家。黃金的產量非常豐富，但是國王禁止人民輸出，加上離大陸非常遠，所以少有商人造訪這個國家，之所以會有無法想像的黃金產量，正是因為這個緣故。

接下來說明這個島嶼的統治者所居住的豪華宮殿。就像歐洲教會的屋頂都噴了鉛一樣，這裡的宮殿屋頂噴滿了黃金，到底價值多少，真是無法估計。宮殿內的道路及建築物的地板都鋪了四公分厚的純金，連窗戶都是純金打造的，宮殿豪華的程度真的超越想像……」

對黃金之國的憧憬成了歐洲開發亞洲航路的主要動機，發現新大陸的哥倫布當初的目的地其實也是日本。

●馬可波羅的航路

■馬可波羅的航路

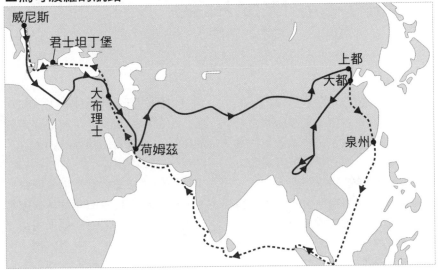

威尼斯
君士坦丁堡
大布理士
荷姆茲
上都
大都
泉州

■《東方見聞錄（馬可波羅遊記）》的插圖

《馬可波羅遊記（東方見聞錄）》的描述和插圖中，充滿了歐洲人對東方的憧憬，成為促使歐洲進入大航海時代的契機。

馬可波羅所看到的東西：

戰鬥用的大象、訪問過的都市、巨大的港口

虛構的生物：

龍、獨角獸、無頭人類、獨腳人、獨眼人

其他：

從河流中淘金的方法、
從農園收成胡椒的方法

土耳其大帝國

撒馬爾罕和伊斯坦堡

十四世紀後葉之後，帖木兒帝國、鄂圖曼土耳其帝國建立。

帖木兒自稱是成吉思汗的子孫

中亞從蒙古帝國獨立的察合台汗國，到了十四世紀後葉因為內亂而分裂衰退，利用這個機會抬頭的正是土耳其後裔的帖木兒。

帖木兒征服察合台汗國後，得到統治全中亞的霸權，於一三七〇年建立帖木兒帝國，立都撒馬爾罕（參見P166）。

勇猛果敢的征服者帖木兒繼續西進吞併伊兒汗國的領土，在進攻小亞細亞的安卡拉戰役中打敗鄂圖曼土耳其的軍隊。

這時在中國，漢人朱元璋打倒元朝建立了明朝（參見250）。因為帖木兒自稱是成吉思汗的子孫，於是在一四〇四年出發打算打倒明朝。不過，隔年帖木兒在途中病逝。帖木兒死後廣大的帖木兒帝國分裂為東西兩國，一五〇〇年被同是土耳其後裔的烏茲別克族滅亡。

附帶一提，帖木兒認為自己和成吉思汗有血緣關係，其實那只是他自己的臆想。

君士坦丁堡改名為伊斯坦堡

十三世紀末，在小亞細亞西北部誕生了土耳其人建立的國家——鄂圖曼土耳其帝國。

這個伊斯蘭教國家進入巴爾幹半島壓迫拜占庭帝國，雖然曾經被帖木兒軍打敗，但很快地就恢復了軍力。一四五三年，穆罕默德二世陸陸續續派出十萬大軍占領君士坦丁堡，經過激烈的攻防戰之後，持續了大約一千年的拜占庭帝國終於滅亡。

穆罕默德二世將首都遷到君士坦丁堡並改名為伊斯坦堡，鄂圖曼土耳其帝國就此成立。

穆罕默德二世極力整頓伊斯坦堡，後來也建設了托普卡普宮殿。

德古拉和土耳其軍打過仗

當時與鄂圖曼帝國相臨的瓦拉幾亞公國（羅馬尼亞），其君主是弗拉德四世，為了在土耳其入侵下保衛國土，實施了嚴格的政策而成為民族英雄。

●帖木兒帝國的繁榮與滅亡

■帖木兒帝國的最大版圖

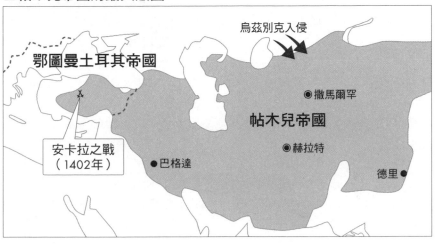

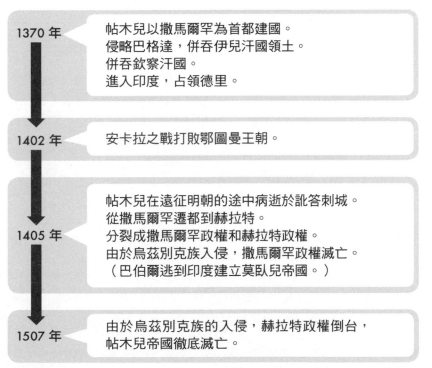

1370 年	帖木兒以撒馬爾罕為首都建國。 侵略巴格達，併吞伊兒汗國領土。 併吞欽察汗國。 進入印度，占領德里。
1402 年	安卡拉之戰打敗鄂圖曼王朝。
1405 年	帖木兒在遠征明朝的途中病逝於訛答剌城。 從撒馬爾罕遷都到赫拉特。 分裂成撒馬爾罕政權和赫拉特政權。 由於烏茲別克族入侵，撒馬爾罕政權滅亡。 （巴伯爾逃到印度建立莫臥兒帝國。）
1507 年	由於烏茲別克族的入侵，赫拉特政權倒台， 帖木兒帝國徹底滅亡。

不過因為他殘酷地鎮壓民眾，一四六二年進攻土耳其時曾將二萬名土耳其兵處以截刺刑，所以成為十九世紀流行的吸血鬼德古拉的原型。

併吞了舊拜占庭帝國領土的鄂圖曼帝國，十六世紀初時勢力也擴展到了埃及和阿拉伯半島，取得伊斯蘭教聖地麥加及麥地那的保護權。

相傳這之後實行了「蘇丹‧哈里發制」，即鄂圖曼帝國的蘇丹（譯註：阿拉伯語，君主之意）同時也是伊斯蘭宗教的權威——哈里發。不過同時代的史料中並沒有記載這件事，這是十八世紀後葉之後的衰退期，蘇丹為了增加伊斯蘭教徒的向心力而虛構的。

包圍維也納和十八世紀的土耳其風情

十六世紀，鄂圖曼帝國在蘇萊曼一世的統治下進入全盛時期，征服匈牙利之後，一五二九年又包圍神聖羅馬帝國的首都維也納（參見P284），對西歐諸國產生了相當大的威脅。

包圍維也納的鄂圖曼土耳其軍隊，士氣如虹的壓迫力讓歐洲人留下深刻的印象。特別是土耳其軍樂隊的「進行曲」，其大鼓和鐃鈸獨特的節奏有如惡魔的音樂讓人顫慄。附帶一提，現在土耳其共和國的鄂圖曼軍樂隊，依然會演奏這個進行曲。

不久之後，十八世紀的歐洲流行起「土耳其風情」，有如惡夢般的土耳其入侵者反而令人懷念，土耳其式的咖啡大行其道，貝多芬和莫札特也寫下了《土耳其進行曲》，就連女性的流行時尚也加入了異國風情。

●鄂圖曼土耳其帝國的擴大

伊斯坦堡
黑海
裏海
地中海
安卡拉之戰

安卡拉之戰（1402年）為止的征服地

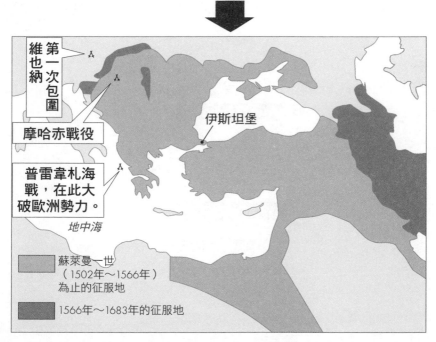

第一次包圍
維也納
摩哈赤戰役
普雷韋札海戰，在此大破歐洲勢力。
伊斯坦堡
地中海

蘇萊曼一世
（1502年～1566年）
為止的征服地

1566年～1683年的征服地

PART 6

大航海時代和亞洲的專制帝國

歐洲	非洲、西亞、印度

麥第奇家族統治佛羅倫斯 — 1434～94

1453 ← 鄂圖曼土耳其滅亡拜占庭帝國

41 文藝復興

哥倫布抵達新大陸 — 1492

43 宗教改革

42 大航海時代　1500 — 帖木兒帝國滅亡

馬丁路德的宗教改革 — 1517

阿茲特克王國滅亡 — 1520　**44 征服新大陸**　1520 — 鄂圖曼土耳其帝國蘇萊曼大帝即位

1526 — 印度莫臥兒帝國建

印加帝國滅亡 — 1533

英國國教會成立 — 1534　　**47 莫臥兒帝國**

奧格斯堡的宗教協議 — 1555

→ 1571 ←
勒班特海峽的海戰

無敵艦隊的海戰 — 1588　**48 世界的制海權**

設立英屬東印度公司 — 1600

德國三十年戰爭 — 1618～

清教徒移民美國 — 1620　**49 殖民地的自治**

公元 14 世紀～ 17 世紀的世界

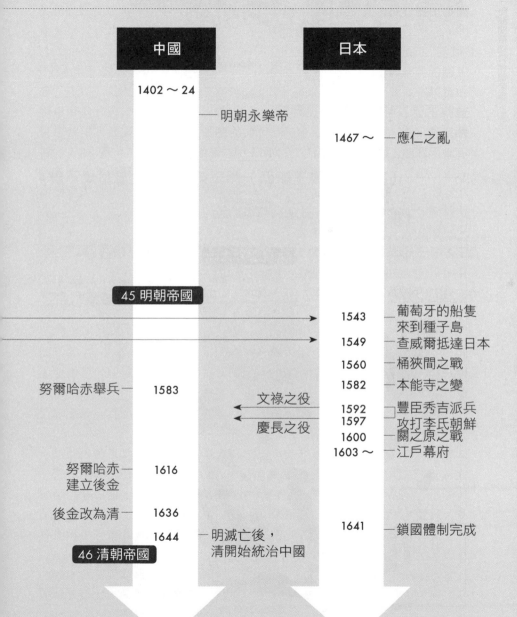

中國		日本

1402 ～ 24
── 明朝永樂帝

1467 ～ ─ 應仁之亂

45 明朝帝國

1543 ── 葡萄牙的船隻
來到種子島

1549 ─ 查威爾抵達日本

1560 ─ 桶狹間之戰

努爾哈赤舉兵─ 1583

1582 ─ 本能寺之變

文祿之役

1592 ─ 豐臣秀吉派兵
攻打李氏朝鮮

慶長之役

1597

1600 ─ 關之原之戰

1603 ～ ─ 江戶幕府

努爾哈赤─ 1616
建立後金

後金改為清─ 1636

1641 ─ 鎖國體制完成

1644 ─ 明滅亡後，
清開始統治中國

46 清朝帝國

教皇捲入對教會的挑戰

文藝復興的發端,起始於自由富裕的義大利各城市。

近代西方文明,從文藝復興開始

十四世紀的歐洲,由於黑死病流行和戰亂不斷而顯得疲蔽,但在政治方面,原本的封建國家卻開始轉變成為新的體制。不久之後,「貧窮歐洲」解脫中世紀束縛了,逐漸蛻變成席捲近代世界的「西洋文明」,並在早先的文明地區,如中東的伊斯蘭、物產豐富的亞洲,以及美洲新大陸等地進行殖民。

西歐文明能有如此長足的發展,「文藝復興」、「地理大發現」和「宗教改革」為影響深遠的重要開端。

雖然無法明確劃分出歷史進入「近代」的時間點,不過可以確定的是,文藝復興是西方文明邁入近代最早的前兆。文藝復興(Renaissance)是法文「重生」之意,具體地說,就是恢復以希臘和羅馬的古典文明為中心的思潮。文藝復興於十四世紀的中世紀末期,從義大利的都市國家發展開來。

在天主教教會統治的中世紀,「神」和「來世」一直是當時思想的中心,但是文藝復興則是將思想方向轉向「人」和「現世」。因此,文藝復興也被稱為人文主義運動,發展成主張理性以及人性價值的現代人文主義。

誕生於義大利的文藝復興三大巨匠

說到文藝復興,誕生於佛羅倫斯郊外的達文西,堪稱為主要代表人物。他不僅創作出《蒙娜麗莎》、《最後晚餐》等名畫,還將當時的各種自然科學,巧妙地運用在解剖學、物理學、都市計畫及兵器的開發等,被譽為「萬能的天才」。

據說,達文西為了將人體構造活用於藝術,曾經嘗試解剖屍體,這在當時是個禁忌,他只好在半夜挖開墳墓盜取屍體。還有,他描繪的直昇機及潛水艇的構想也相當有名。

同樣出生於佛羅倫斯的米開朗基羅,在繪畫、雕刻、建築等領域

● 義大利文藝復興之旅

■ 文藝復興時期的義大利

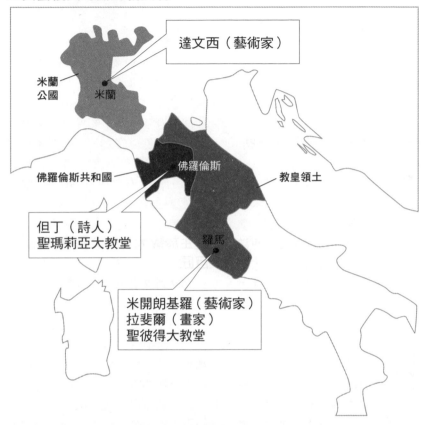

達文西（藝術家）

米蘭
公國

米蘭

佛羅倫斯共和國

佛羅倫斯

教皇領土

但丁（詩人）
聖瑪莉亞大教堂

羅馬

米開朗基羅（藝術家）
拉斐爾（畫家）
聖彼得大教堂

代表作	
達文西	畫作《蒙娜麗莎》、《最後晚餐》 另外也精通解剖學、軍事技術、自然科學
但丁	以口語創作的偉大敘事詩《神曲》
米開朗基羅	畫作《最後審判》、雕刻作品《大衛像》
拉斐爾	畫作《椅子上的聖母子》、《雅典學院》

留下了斐然的成果。

另一位偉大的藝術家拉斐爾，出生於義大利中部，活躍於佛羅倫斯和羅馬。以擅長繪畫聖母子像聞名，他三十七歲便英年早逝。

達文西、米開朗基羅、拉斐爾三人被稱為「文藝復興的三大巨匠」。

出身自麥第奇家族的教皇資助藝術家

三大巨匠之所以都活躍於義大利，是因為十字軍東征之後，義大利各城市的經濟逐漸繁榮，加上義大利半島擁有豐富的古羅馬文化遺產的緣故。此外，由於拜占庭帝國的衰亡（一四五三年滅亡），知識分子紛紛逃亡至義大利，他們帶來的古希臘文化和伊斯蘭文明，對義大利產生了很大的影響。

在堪稱文藝復興發祥地的佛羅倫斯，大富豪麥第奇家族掌握統治權。他們熱中於資助藝術家，一直到後來麥第奇家族失勢了，文藝復興的中心才由佛羅倫斯轉移到羅馬。

當時的羅馬教皇利奧十世也出身於麥第奇家族，利奧十世從前任教皇手中，接下了修築聖彼得大教堂的任務，他將文藝復興的精神與天主教結合，終於完成了這幢壯麗的建築。米開朗基羅和拉斐爾正是受教皇之命參與這項工程，因而在文藝復興藝術史上留下了不朽的傑作。

裸體畫風波

米開朗基羅在雕刻藝術上，留下了《大衛像》、《聖母慟子像》等偉大的作品。繪畫方面，梵蒂岡西斯汀禮拜堂的《最後審判》壁畫，則是他廣為人知的大規模傑作。

一五三五年，米開朗基羅受新教皇保羅三世之託，創作位於西斯汀禮拜堂祭壇前面的大壁畫。當時六十歲的米開朗基羅耗費了六年的時間完成《最後審判》，壁畫內容描繪世界末日時，救世主耶穌基督再現，萬民受耶穌基督審判的情景。

但是由於壁畫中相當多的人物都是一絲不掛，所以受到了教會的指責。個性剛烈的米開朗基羅為了反抗，便將畫裡的神職人員畫成一張張惡魔的臉。最後，教會在裸體人物的腰際畫上腰巾遮羞，事情才告一段落。

近幾年，經過羅馬教皇的許可，修復壁畫時已恢復當初沒有圍腰巾的原始面貌，遺憾的是仍有一部分尚未恢復。

●《蒙娜麗莎》、《最後審判》以及《聖母像》

達文西的《蒙娜麗莎》，運用遠近法與明暗法，連模特兒的性格都融入了畫中，對後世的西洋繪畫產生了深遠的影響。這幅畫的價值隨著看畫者的不同，而有不同的見解。

拉斐爾學習米開朗基羅和達文西的技巧，擅長畫聖母子，是構圖和用色方面的天才。

米開朗基羅受教皇保羅三世之命，創作西斯汀禮拜堂祭壇前的壁畫─《最後審判》。描繪世界末日基督審判人類的情景。圖中間是耶穌，耶穌的左邊是聖母。

文藝復興時期，歐洲各國確立官方語言

文藝復興的文學，最早也是發祥於十四世紀的佛羅倫斯。

中世紀時期，歐洲的所有知識都是使用拉丁語記載，但是佛羅倫斯的詩人但丁所寫敘事詩《神曲》，使用了義大利的俗語而非拉丁語，也因此但丁被稱為「國民文學」的鼻祖。

從佛羅倫斯發展的文藝復興文學，後來擴展到了全歐洲。由於各國的國民文學逐漸發達，當時仍是俗語的法語、英語等方言，經過整理之後逐漸成為各國的官方語，很接近現在使用的文法形式。

十六世紀，相繼出現了荷蘭的伊拉斯謨斯、英國的湯瑪斯摩爾、以及被喻為法國「知識之父」的蒙田等奇才。

到了十七世紀初，以著作《唐吉訶德》（參見P214）聞名的塞萬提斯活躍於西班牙。而在英國，則有大文豪莎士比亞寫出了重現希臘悲劇全盛期的傑作。

● 活躍於文藝復興時期的人物

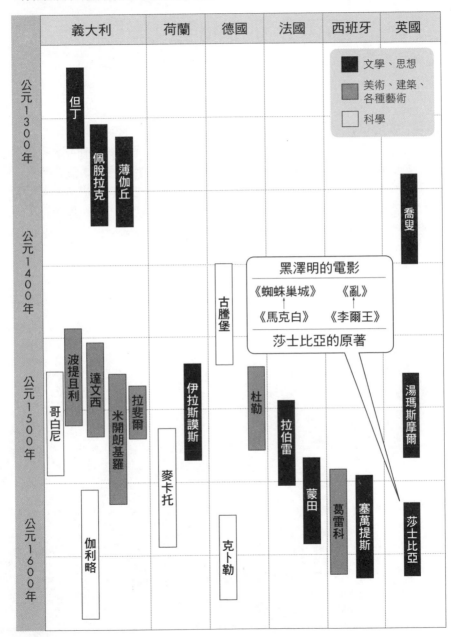

	義大利	荷蘭	德國	法國	西班牙	英國

圖例
- ■ 文學、思想
- ▨ 美術、建築、各種藝術
- □ 科學

公元1300年
- 但丁（義大利，文學）
- 佩脫拉克（義大利，文學）
- 薄伽丘（義大利，文學）
- 喬叟（英國，文學）

公元1400年
- 古騰堡（德國，科學）

黑澤明的電影
《蜘蛛巢城》　《亂》
《馬克白》　　《李爾王》
莎士比亞的原著

公元1500年
- 波提且利（義大利，美術）
- 達文西（義大利，美術）
- 米開朗基羅（義大利，美術）
- 拉斐爾（義大利，美術）
- 哥白尼（義大利，科學）
- 伊拉斯謨斯（荷蘭，文學）
- 麥卡托（荷蘭，科學）
- 杜勒（德國，美術）
- 拉伯雷（法國，文學）
- 蒙田（法國，文學）
- 葛雷科（西班牙，美術）
- 塞萬提斯（西班牙，文學）
- 湯瑪斯摩爾（英國，文學）
- 莎士比亞（英國，文學）

公元1600年
- 伽利略（義大利，科學）
- 克卜勒（德國，科學）

235

教會並不否定伽利略的理論

隨著大航海時代的來臨，歐洲人主導的世界開始統合。

學習伊斯蘭的地理學以及航海術

十字軍東征及蒙古的向西侵略，促進了歐洲與東方貿易所帶來的經濟繁榮。不久之後，西歐也積極走向海洋，為了與亞洲直接交易而活躍起來。

特別是葡萄牙和西班牙，經過與伊比利半島的伊斯蘭教徒長期抗爭後，反而學到了伊斯蘭文化優秀的天文與地理知識。指南針和造船技術從伊斯蘭世界傳入後，被稱

● **大航海時代的世界**

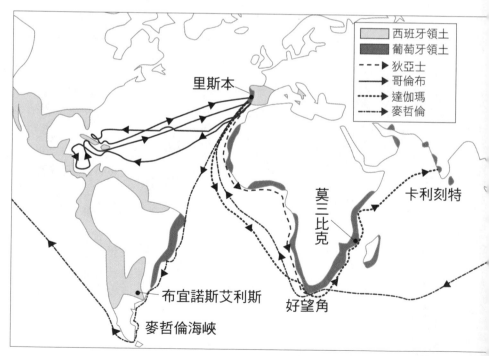

西班牙領土
葡萄牙領土
狄亞士
哥倫布
達伽瑪
麥哲倫

里斯本

卡利刻特

莫三比克

布宜諾斯艾利斯

好望角

麥哲倫海峽

為「大航海時代」的地理大發現時代，便以大西洋為舞台展開。

西方國家因為馬可波羅的《馬可波羅遊記》而大開眼界，生活必需品的香辛料貿易，則是引起他們開拓海洋新航路的最大動機。此外，傳播基督教的福音也是目的之一。

誤算地球圓周率——哥倫布發現美洲大陸

大航海時代中領先出發的是葡萄牙。以航海家著稱的亨利王子，特別創立研究機構培育遠洋航海者，並陸續派遣他們出航。這樣的努力終於有了成果，葡萄牙人在一四八七年到達非洲大陸最南端的「好望角」。十年後，達伽瑪在阿拉伯人的領航下，到達印度的古里（現在的卡利刻特）。

西班牙在一四九二年完成了國土收復運動（參見P198）。這一年，義大利熱那亞的船員哥倫布，得到企圖向海外發展的西班牙伊莎貝爾女王（譯註：由於她的夫婿是阿拉貢的斐南多國王，故也有文獻稱伊莎貝爾為

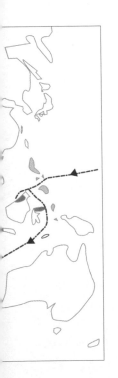

■大航海時代的背景

動機 ┈┈ 從亞洲直接取得香辛料

動機 ┈┈ 推廣基督教

技術的進步 ┈┈ 使用在桅杆裝上帆布的大型船隻

技術的進步 ┈┈ 使用標有海岸線、海港、海角的詳細海圖

「皇后」）的援助，以聖瑪莉亞號為旗艦，率領三艘船出航。哥倫布深信義大利天文學家托斯堪內里主張的地球球體說，打算開拓前往亞洲的西向航路。

他歷經七十多天的航行之後，抵達巴哈馬群島的一角，並將該地取名為聖薩爾瓦多（意思是聖救世主）。

不過，由於哥倫布所預測的地球大小比實際情況來得小，他誤以為所到達的地方是印度，因而將當地的原住民稱為印地安人（譯註：印地安人〔Indian〕，英文即為印度人）。

哥倫布發現的新大陸之所以稱為「亞美利堅（America）」，是後來地理學家，取自到南美海岸探險的威尼斯探險家亞美利歐，維斯浦奇（Amerigo Vespucci）的名字而來。哥倫布的名字後來變成南美洲國家哥倫比亞（Columbia）的國名。

未完成的遠航——麥哲倫初探菲律賓

之後，葡萄牙人麥哲倫來到了西班牙，開始實踐航海計畫，他得到西班牙王室的支援，於一五一九年出發向西航行。

他率領二百八十人的探險隊，分乘五艘船，通過南美大陸南端的「麥哲倫海峽」（譯註：位於福克蘭群島與阿根廷之間，是連接大西洋和太平洋的主要海上通道），向太平洋繼續前進，一五二二年回到西班牙，完成了世界上首次繞行地球一周的航行。不過最後歸來的只有一艘船，麥哲倫本人於返鄉的前一年，在菲律賓的宿霧島遭到當地原住民殺害，平安回到西班牙的只有十八個人，真是一次既漫長又艱辛的航海計畫。

擇善固執的天文學家——伽利略受教會迫害

天文學的知識理論啟發了大航海時代，並且宣告著文藝復興所催生的近代科學由此展開。地動說（譯註：此說認為太陽是宇宙的中心，地球一面自轉一面則繞著太陽公轉）正是在這個時代發表的，它和二世紀活躍於亞歷山卓的希臘學者托勒密的天動說（譯註：此說認為地球是宇宙的中心，地球本身不動，只有其他的星體和恆星會移動）正巧對立。

其實地動說在公元前三世紀，古希臘時代的阿利斯塔克斯就已經提起過，只是基督教的權威絕對化之後，沒有人敢否定教會所認同的天動說。

不過，波蘭的天文學家哥白尼注意到這個古代的地動說，並且完成了《天體運行論》。

但是哥白尼始終沒有足夠的觀

測結果證明自己的說法，《天體運行論》的出版也因而被擱置，一直到一五四三年哥白尼去世這本書才得以正式出版。

伽利略進一步發展哥白尼的地動說。伽利略用天體望遠鏡發現了木星的衛星，在分析它的運行方式之後認同地動說，因而開始否定天動說。

一般認為，伽利略是因為與教會對立才會受到異端審問，教會強迫他否定地動說，他也留下了「即使如此，地球依然轉動」這句名言，不過事實上並非如此。

其實，當時教會也開始認同地動說的可能性，只是哥白尼的天體論缺乏實際觀測結果，而且理論不完整，所以教會認為這個理論欠缺正確性，但是伽利略卻頑固地主張哥白尼的說法「不容置疑」，不惜與教會對立。

伽利略之所以遭受教會審判，並不是純粹因為地動說的主張被視為異端，而是因為不服從教會的緣故。而後世流傳的伽利略名言「即使如此，地球依然轉動」，當然也是後人所編造的。

之後，德國天文學家克卜勒，以火星的實際觀測結果為基礎，發表「行星的三大法則」（克卜勒法則），根據這個法則，教會終於正式否定長達十個世紀以上的天動說。

●羅馬教會接受「地動說」的歷史

地動說	天動說
●公元前3世紀，阿利斯塔克斯提倡地動說。	●公元2世紀，希臘的天文學家托勒密，確立以地球為中心的天動說。
●16世紀哥白尼將地動說體系化。 ●伽利略被教會強迫放棄自己的說法。 ●克卜勒和牛頓為地動說佐證。 ●公元1980年羅馬教會承認對伽利略的宗教審判錯誤。	羅馬教會公認天動說符合正統的教義。 害怕與教會發生摩擦，所以哥白尼在生前並沒有發表他的研究結果。

馬丁路德批判教會

爆發對天主教的批判，新教教會因而產生。

馬丁路德因為批判贖罪狀而被逐出教會

　　中世紀雖然也有人批判教會的腐敗和墮落，但是幾乎都被視為異端加以鎮壓。不過，隨著文藝復興的展開，宗教界也出現了力圖恢復基督教初始精神的人物。

　　他們主導的宗教改革，不單是糾正教會的權力和生活的墮落，更重要的是否定以天主教做為神、人之間唯一存在的權威。

　　教皇利奧十世（參見P232）為了籌措修建聖彼得大教堂的費用，而向人民發行贖罪狀。一五一七年，身為德意志地區的修道士兼神學院教授的馬丁路德對此強烈批判，並把《九十五條抗議文》貼在教會門上，主張「我們只被信仰救贖」。路德的抗議很快得到迴響，他雖然因為與教皇對立而被逐出教會，但是卻逐漸得到德意志諸侯、市民、農民等各階層的支持。（譯註：馬丁路德強調人要得救，要篤信上帝，反對繁縟的宗教儀式，進而創立了新教）。

三十年戰爭導致德意志地區的內亂與分裂

　　神聖羅馬帝國的查理五世（參見P284），雖然曾經默許馬丁路德的主張，但是後來還是禁止了，因此引起路德派的激烈抗議，從此相對於舊教「天主教」，新教教徒被稱為「新教徒（Protestant）」，即抗議者之意。

　　由於新舊教的對立，德意志各地相繼發生內亂。一五五五年奧格斯堡宗教協議，同意由諸侯決定各自領土內的宗教，路德派因此得到認同。不過，由於規定人民必須遵守領主所決定的宗教，因此引發了十七世紀的「德國三十年戰爭」，導致周圍新、舊教國家的介入，注定了德國的分裂與混亂。

獨特的古騰堡活版印刷

　　路德的主張能得以迅速擴展，主要原因是古騰堡發明的活版印刷術。由於《四十二行聖經》（又稱為古騰堡聖經）為首的印刷品普及，使得拉丁文的識字率提高，進

●宗教改革的過程

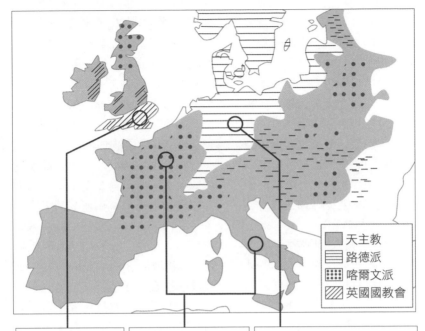

天主教
路德派
喀爾文派
英國國教會

英國

1534 年
英國制定國王至
上法（首長令），
英國國教會成立。

法國、義大利

1534 年
在巴黎設立耶穌會。

1545 年
反宗教改革的特利
騰大公會議開始。
（～ 1563 年）

1562 年
由於新舊教的對立
引起胡格諾戰爭。
（～ 1598 年）

德國

1517 年
路德公開發表《九十五條抗
議文》。

1531 年
路德派的諸侯及各城市，結為
施馬加登聯盟。

1555 年
舉行奧格斯堡宗教協議，允
許諸侯及各城市選擇路德
派。

1618 年
由於神聖羅馬帝國的宗教內
鬨，引起以德國為戰場、周
圍國家紛紛捲入的三十年戰
爭（～ 1648 年）。

而促進了宗教改革。

現在，我們稱新聞記者或報導機構為是Press，這個字正是從文藝復興時期德國古騰堡發明的印刷機（Press）而來。

在此之前東亞也有金屬活版印刷術，不過發揚光大的古騰堡印刷術可以大量印刷，所以具有劃時代的意義。古騰堡印刷術具有幾項特徵，例如：只要統一規格就能輕易更換活版、用加熱過的亞麻仁油做為印刷油墨、以及從搾葡萄機得到靈感做成的壓力機等等。

由於當初排版的錯字很多，多到被認為「不可能出現第二本相同版本的古騰堡聖經」。古騰堡活版印刷術發明後短短的五十年之間，全歐洲的印刷廠多達一千家以上。

喀爾文提倡禁欲與職業倫理

出身法國的喀爾文派，因贊同路德派並推行改革而遭到迫害，他流亡到瑞士日內瓦，獨自展開改革活動。

喀爾文以聖書為基礎，提倡禁欲的信仰生活，他認為只要藉由勤奮工作換取物質上的成就，就是榮耀上帝的最好方式，因此得到了都市新興中產階級的支持。德國社會學家馬克思韋伯在《新教倫理與資本主義精神》中提到，新教所提倡的職業倫理，與資本主義精神是密切相關的。

屠殺新教徒的凱薩琳麥第奇

喀爾文派在法國同樣得到了民眾的支持，這些在法國被稱為「胡格諾派」的知識分子和貴族，也提倡宗教改革。但是新舊教的對立衝突引起了流血事件，終於在十六世紀末發展成胡格諾戰爭。

引發這場戰爭的，是攝政的法國皇太后凱薩琳麥第奇。凱薩琳麥第奇出身自佛羅倫斯麥第奇家族（參見P232），而當時的羅馬教皇利奧十世與麥第奇家族有姻親關係，凱薩琳麥第奇因為政策性聯姻而遠嫁法蘭西（法國），是個很具爭議性的王妃。她以偏寵預言師諾斯特拉達姆士而聞名，其主謀的鎮壓新教徒事件──聖巴赫特雷米大屠殺，殘忍的程度令人咋舌。

英國國教的誕生

在英國，英王亨利八世以王后無法生育為由提出離婚，與提倡禁止離婚的天主教教皇產生對立。後來亨利八世與年輕的女侍再婚，被逐出教會，終於在一五三四年宣布成立以英國國王為最高階層的「國教會」，廢除修道院，並沒收修道院所擁有的土地。

英國國教保留了舊教的傳統，同時採用喀爾文派的教義，但是

●古騰堡的印刷術

古騰堡（1400 年左右～ 1468 年）

古騰堡發明的印刷術，首次以哥德式鉛字印刷拉丁語聖經，人稱《古騰堡聖經》。

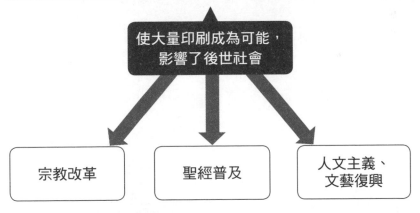

古騰堡印刷術的特徵
- ●創造了規格相同，容易更換的金屬活版
- ●使用加熱的亞麻仁油做為印刷用油墨
- ●從搾油機和搾葡萄機得到靈感，在印刷上使用壓力機

使大量印刷成為可能，
影響了後世社會

宗教改革

聖經普及

人文主義、
文藝復興

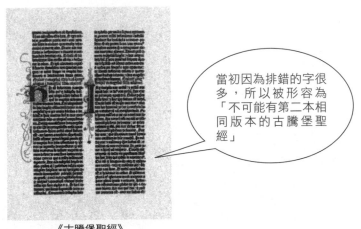

當初因為排錯的字很多，所以被形容為「不可能有第二本相同版本的古騰堡聖經」

《古騰堡聖經》

一五五三年即位的瑪麗女王卻恢復天主教，並嚴厲鎮壓新教派，因而被世人稱為「血腥瑪麗」。瑪麗女王死後，伊麗莎白一世（參見P272）重新恢復英國國教，整頓教義綱領，傳承至今。

查威爾主導「反宗教改革」

面對新教徒的攻勢，天主教內部也掀起了改革的聲浪。西班牙軍人出身的依納爵羅耀拉自告奮勇進行改革。

依納爵羅耀拉與志同道合的夥伴們創立了耶穌會，企圖挽回天主教頹勢。耶穌會是以軍隊式的嚴格紀律為宗旨的修道會，積極地向亞洲及新大陸進行傳教活動，稱為「反宗教改革」。

一五四九年到達日本的傳教士方濟各沙勿略，就是耶穌會的創立成員。在日本，雖然織田信長極為保護傳教士，但是豐臣秀吉和德川家康，卻因為排斥耶穌會的世界性策略（宗教性的侵略）而鎮壓傳教士。

●德意志的三十年戰爭與最早的國際條約

■德意志的三十年戰爭（1618年～1648年）

戰爭的原因

波西米亞的新教徒反對皇帝所進行的宗教改革而發動叛亂。

對立圖

```
                        英國
                         │
       神                ├──── 瑞典
       聖                │
西班牙 → 羅 →  對立  ←   新 ├──── 丹麥
       馬                教
       帝                徒 ├──── 荷蘭
       國                │
                         │
                        法 國
```

戰爭後的德意志

國土嚴重荒廢，發展明顯落後。人口從1800萬人銳減到700萬人。

■西發里亞和約

公元1648年在德意志的西發里亞地區舉行會議，締結了三十年戰爭的談和條約，其運作方式和條約內容，被視為近代國際會議的發端。

和約內容	● 賦予德意志新舊兩教徒相同的權利 ● 確立德意志各領邦的主權 ● 亞爾薩斯等地變成法國領土 ● 國際上承認瑞士、荷蘭的獨立

結果

↓

● 注定了德意志的分裂
● 法國占有優勢地位

245

征服新大陸

納斯卡的巨大圖形

十六世紀前葉，中南美洲的兩個帝國被西班牙消滅。

神祕的馬雅文明和阿茲特克帝國

美洲大陸的南部和北部，分布著被認為具有蒙古血統的民族。一般認為遠在一萬五千年至二萬五千年前，白令海峽和亞洲大陸還連結的時候，他們的祖先就是在當時遷徙過來。不過另一種有力的說法則認為，他們的祖先是越過太平洋而來。此外，在厄瓜多爾曾經發現和日本的繩文土器相似的土器，至今也仍是個未解之謎。

中美在公元元年前後，出現了位於陶蒂華康的大金字塔文明。從公元六世紀開始，馬雅文明便在猶加敦半島周圍繁榮發展，他們建造了帕連克和奇琴伊察等階梯式金字塔及神殿，樣式與埃及金字塔並不相同。馬雅文明已有正確的曆法以及觀測天體的設施，不過，由於馬雅文明的圖形文字尚未被解讀出來，至今仍存著許多謎題。

公元十六世紀，阿茲特克王國曾統治過墨西哥高原地區，不過後來被覬覦新大陸、懷抱野心的科德斯滅亡。

荒原巨畫與巨石文明之謎

另一方面，公元前查文文化在南美興起，公元後納斯卡文化、蒂瓦納庫文化則以祕魯南部海岸為中心展開。

納斯卡文化從一世紀持續到八世紀左右，最神祕的就是「納斯卡的荒原巨畫」。在沒有飛機的時代，這些用白色的小石子排成飛禽走獸等的巨大線圖，除非是從高空觀看，否則沒辦法看到全貌。

到了十五世紀，印加帝國建立，其領土以首都庫斯科為中心，從厄瓜多爾遠及智利，人口曾經多達六百萬以上。印加人組合巨石的技術非常傑出，就連現在的建築技術也望塵莫及。雖然印加文明沒有文字，卻懂得將繩子打結做成「結繩文字」，以此做為十進位計算法。

● 中南美洲遺跡地圖

陶蒂華康

有太陽金字塔和月亮金字塔，在金字塔頂上的神殿舉行以活供品祭祀的儀式。

奇琴伊察

公元 900 年左右被馬雅人放棄的都市，一個世紀後由托爾特克人重建，著名的建築有「戰士的神殿」。

馬丘比丘

位於安地斯山頂的印加帝國城塞都市，被 1000 公尺的懸崖峭壁和高峰包圍著。

蒂瓦納庫

神殿內有類似天體觀測設施的廣大中庭，遺跡「太陽門」相當有名。

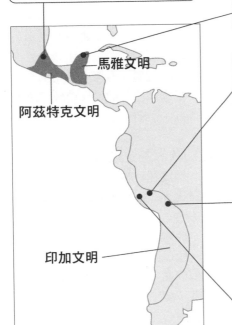

馬雅文明

阿茲特克文明

印加文明

納斯卡的荒原巨畫

在祕魯的沙漠荒地上所畫的圖形，有大鳥、昆蟲和花等等。這個地方出土的壺器上，也有和荒原巨畫相同的動物。

蜂鳥

花

猴子

刺激歐洲發展海洋探險的黃金鄉傳說

黃金鄉傳說是促使西班牙人征服中南美洲的重要原因之一。黃金鄉的西班牙語為「El Dorado」，意指「被黃金覆蓋的人」。傳說歐洲人發現新大陸時，看到原住民酋長用金粉沐浴的儀式，這個傳說傳回歐洲後，歐洲人認為新大陸一定遍地黃金。傳說愈傳愈廣，許多探險隊因此紛紛向大西洋出發，其中以西班牙人居多。

西班牙征服者皮薩羅捉到印加王阿塔花普拉時，要求一屋子的黃金做為贖金，於是阿塔花普拉王派出使者到全國各處收集黃金製品。一五三三年皮薩羅處死阿塔花普拉王，滅亡印加帝國，將金銀財寶裝上船帶回西班牙，據說船上裝載的黃金大約有三噸以上。不過這樣的數量稱不稱得上是「黃金之鄉」，令人感到疑問。

維卡邦巴和空中之城馬丘比丘之謎

阿塔花普拉死後，他的弟弟繼承帝位開始最後的抵抗，他們逃到印加帝國最後的首都維卡邦巴的城堡，在叢林中展開游擊戰，令西班牙人感到相當頭痛。雖然最後終於抓到了皇帝並將他處死，但西班牙人怎麼都找不到維卡邦巴和印加帝國的財寶。

馬丘比丘遺跡在一九一一年被發現，它荒廢在標高二千三百公尺的深山中達數百年之久，又被稱為「空中之城」。有人以為馬丘比丘遺跡，就是印加帝國最後的首都維卡邦巴，不過從附近墓地發現的遺骸幾乎都是女性這一點來看，大多數人認為這個遺跡應該是供奉太陽神的女巫們所居住的宗教據點。另外，考古學家根據近年的調查推測，維卡邦巴可能是位於較深處的艾斯布利登邦巴。

運回歐洲的金銀去向不明

被皮薩羅載回西班牙的印加文明寶物，並沒有被當成文化財產，很快地就被熔化鑄造成金幣。

西班牙國王因為國家財政困窘，所以命令將黃金熔化。不過後來他們在中南美洲發現了大規模的銀礦，讓征服者和西班牙國內狂喜不已。公元十六到十七世紀左右，以祕魯波多西銀山的規模最大，接著墨西哥各銀山大量出產，中南美洲的銀礦被征服者送回國內，豐富國家財庫。不過傳說挖掘到的銀礦，實際上被送回西班牙的只有二成，其他的都被運到殖民地去了。

後來，用墨西哥產的銀所鑄造的貨幣開始大量流通，被稱為「墨西哥銀」或是「貿易銀」，幕府時代的日本則稱之為「洋銀」，並且在貿易上大量使用。

●古中南美文明

	馬雅文明	阿茲特克文明	印加文明
首都	奇琴伊察	特諾奇提特蘭	庫斯科
民族	馬雅人、托爾特克人	阿茲特克人	克丘亞族人
特徵	● 馬雅文字 ● 階梯式金字塔神殿 ● 二十進位法、 　零的概念 ● 太陽曆、天文學	● 阿茲特克文字 ● 繼承馬雅文明 ● 信仰太陽 ● 採取神官階級的 　神裁政治	● 沒有文字 ● 巨大的神殿、金字塔 ● 皇帝就是太陽的化身
民族興衰	● 內亂導致分裂	● 被科德斯滅亡	● 被皮薩羅滅亡

大多數的倭寇是中國人

驅逐元朝的漢民族王朝——明朝，華僑開始移民東南亞。

元的滅亡與漢族王朝的復活

　　草原霸者蒙古族建立的元朝，終於也面臨了滅亡的時刻。貴族的浪費導致財政出現危機，人民開始頻繁地發生暴動，驅使元朝走向滅亡，名為白蓮教的佛教祕密組織所發動的「紅巾之亂」，正是元朝致命的一擊。

　　公元一三六八年，原本是貧農孤兒的朱元璋投身紅巾軍，後來晉升為漢族皇帝，他將定都在大都（現在的北京）的元朝政權趕回蒙古高原，即位成為明太祖洪武帝。

　　中國王朝的更替，有很多是利用民怨的宗教社團，引發成為導火線，例如黃巾之亂促使後漢滅亡。至今中國的領導人仍對宗教結社抱持危機感，就是因為歷史的前車之鑑。

「一世一元」年號制度的開始

　　明朝是唯一從江南興起統一中國的王朝，同時也是歷經異族統治二百四十年後再度復活的漢族王朝。

　　制曆、年號可說是最高權利者的象徵，所以朱元璋將年號改為洪武，加上他企圖加強皇帝的獨裁，所以立下「一世一元」的年號制度（編按：即一位皇帝一生中，只制定一個年號）。因此自從明太祖稱為洪武帝，之後中國的皇帝也開始像洪武帝一樣以年號稱呼。日本也在明治以後採用「一世一元」的年號制，就是源於十四世紀的明朝。

永樂帝定名北京和南京

　　明朝第三代的永樂帝，將首都從江南的金陵遷到曾經是自己活動據點的北平，並改稱北京。之後，金陵便開始稱為南京。

　　推崇中華思想的永樂帝為了征服夷狄，親自率軍遠征蒙古高原，進攻塔塔兒（韃靼）和衛拉特。另外，為了防禦外敵，永樂帝增建了萬里長城，留存至今的世界遺產萬里長城，就是在這時規畫的。

　　永樂帝甚至還向南方進軍，將越南納入統治，派遣宦官鄭和七次遠征南海（東南亞）。雲南出身的

●明朝的版圖

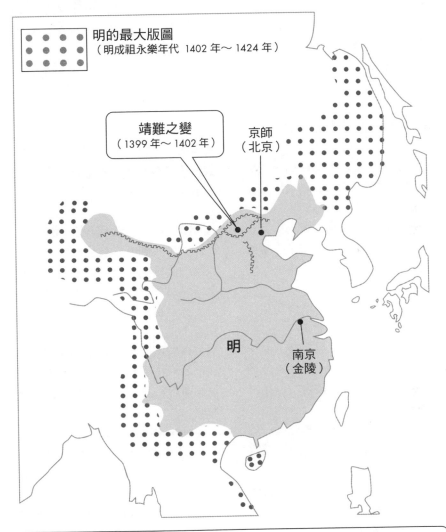

明的最大版圖
（明成祖永樂年代 1402 年～1424 年）

靖難之變
（1399 年～ 1402 年）

京師
（北京）

明

南京
（金陵）

何謂「靖難之役」

永樂帝為第二代皇帝的叔父，後來成為第三代皇帝，他援引「祖訓」，以「清君側，靖內亂」為名發書討逆，舉兵反抗，自稱「靖難之師」。他從金陵的皇室手中奪取政權，定都北京，即位為第三代皇帝。因為是以「靖內亂」的大義名分發動的戰役，所以又稱為「靖難之役」

伊斯蘭教徒鄭和率領大艦隊遠征到非洲東岸，一部分的人甚至抵達聖地麥加。南海遠征主要的目的是為了炫耀明朝的國力，他們之中有一部分的人留在東南亞定居，成為後來華僑繁榮發展的基礎。

明朝期間的倭寇有七成是中國人

明朝對於從周邊諸國而來的朝貢，以允許進行交易的朝貢貿易做為回饋。日本的室町幕府也得到明朝的勘合符，經由勘合貿易得到不少利益。由於從中國進口了大量的銅錢，所以永樂錢也在日本市場上流通。

到了十五世紀，「北虜南倭」讓明朝深感頭痛。「北虜南倭」指的是北邊入侵而來、具有蒙古血統的塔塔兒、衛拉特等民族，以及橫行於東南沿岸被稱為倭寇的海盜。永樂帝死後，朝貢貿易以外的民間交易被禁止，海盜只好私自進行貿易和搶劫，所謂的「倭寇」，其實是不滿朝廷規定的中國人和日本人聯手組成的非法集團。據說全盛時期的倭寇，有三成是日本人，七成是中國人，倭寇肆虐直到十六世紀後葉為止。

統一日本的豐臣秀吉大舉掃蕩倭寇，要使他們銷聲匿跡。但諷刺的是，掃蕩倭寇的豐臣秀吉竟然入侵朝鮮的李朝，甚至連明朝都想威脅。明朝於是派軍援助李朝，加上李朝水軍的奮戰，終於成功擊退了豐臣秀吉。不過這時明朝的內政早已面臨最險惡的狀態，再加上增稅的政權鬥爭以及對外軍事費用的增加，使得朝廷更加混亂，後來再度發生農民叛亂，一六四四年李自成率領起義軍，終於滅亡明朝。

沒落農民——李自成的叛亂

滅亡明朝的李自成相傳出身於沒落的農家，年輕時做過驛卒（驛站工人，負責運送貨物及傳遞消息）。李自成的家鄉在陝西，因為物資不足加上飢荒連連，所以常常發生農民叛亂。雖然李自成加入起義軍的理由不清楚，不過有人認為是因為驛站財政困難，害他被解僱之故。

後來李自成擔任起義軍的首領，攻入北京城，逼迫崇禎帝自縊，滅亡了維持二百七十六年的明朝。

李自成坐擁天下的時間很短暫。清軍接到明朝遺臣的請求之後，大舉攻進北京，隔年李自成便自殺身亡。

●明的文化

文學	小說	《三國演義》…羅貫中 《西遊記》…吳承恩 《水滸傳》…施耐庵 《金瓶梅》…作者不詳 }四大奇書
美術	繪畫	南宗畫〈南畫〉 北宗畫〈北畫〉
	陶瓷器	青花瓷…畫上藍色的圖樣後燒製而成。 五彩瓷…在白瓷上用五色的釉描繪圖形，再以特殊的窯燒製而成。 }以景德鎮為中心

強制辮髮與纏足禁止令

滿州民族征服了明朝，成為中國最後的專制王朝。

中國最後的王朝——清朝建國

十六世紀末，正當明朝對「北虜南倭」的情形深感頭痛時，中國東北部女真族的頭目努爾哈赤崛起，進入十七世紀之後努爾哈赤統一女真各部族，建立了後金。這個國號取自於十二世紀女真族建立的金。

努爾哈赤的姓是愛新覺羅，他就是統治中國長達三世紀的清朝開國君主清太祖，也是中國的末代皇帝宣統皇帝溥儀的先祖。

努爾哈赤死後，兒子皇太極繼續擴大勢力，鎮壓了朝鮮半島到蒙古高原一帶之後，將國號改為清。

萬里長城雖然曾經為明朝阻擋了外敵的入侵，但是在一六四四年明朝滅亡後，長城東邊號稱「天下第一關」的山海關大開，滿清大兵蜂擁而至，很快就打敗了以農民起義稱王的李自成，滿清將李自成逐出北京後，乘機入據，並將首都遷移至此。

鄭成功在日本廣受歡迎

明朝滅亡後，滿清揮兵南下，明的遺臣在各地展開抵抗，鄭成功就以台灣為據點，為維護明朝皇族奮戰。

鄭成功的父親經常到長崎平戶經商，之後與日本女子通婚，生下一子就是鄭成功。鄭成功七歲之前居住在日本平戶，名叫福松。之後參與「反清復明」運動的鄭成功被賜予明朝皇族的姓，也就是「國姓」的「朱」，被稱為國姓爺。鄭成功在父親屈服於清朝後仍舊繼續抵抗，雖然他曾向日本求援，但是當時的江戶幕府採取鎖國政策，所以沒有給予鄭成功援助。

鄭成功死後，清軍進攻台灣滅亡鄭氏一族，並在一六八三年將台灣納入版圖。反清復明運動雖然失敗了，但是鄭成功卻以民族英雄的形象得到了日本人的認同，後來，近松門左衛門寫了人形淨琉璃《國姓爺合戰》，更是博得了極高的人氣。（譯註：近松門左衛門為江戶前期淨琉璃、歌舞伎劇作家，本名杉森信盛。

●清對中國的統治

■ **清全盛時期的三個皇帝**

康熙皇帝…文武兼備，在位期間滴酒不沾，直到深夜才放下政
　　　　　務，每天一定看書。

雍正皇帝…從凌晨四點到深夜十二點不離政務，勤儉成性，利用
　　　　　回收紙當做便條紙，不浪費碗裡的一粒米。

乾隆皇帝…十次的外征全部勝利，建立了清朝的最大版圖。

《國姓爺合戰》是以鄭成功反清復明的史實為腳本的人形淨琉璃劇，充滿人情義理，是近松門左衛門的代表作之一。人形淨琉璃：傀儡戲的一種）

恩威並施的異族統治

清朝自稱是「滿州民族」，使用獨創的滿州文字，與被征服的漢族在文化上幾乎無法相容。不過清朝實施科舉制度，平等的採用漢人和滿州人為官，對中國的制度和文化表現出某種程度的尊重。

除了採取懷柔政策，清朝另一方面同時進行威壓，對漢人強制實行辮髮、以及壓制批評朝廷的書籍。

對於一個由異族統治的王朝來說，可以維持相當於日本江戶時代的長期政權，其成功之道大概就在於這種恩威並施的政策之故。

清朝在康熙皇帝、雍正皇帝、乾隆皇帝三代的一百三十餘年（一六六一年～一七九五年）進入全盛時期，與俄羅斯（參見P291、351）之間的國界也是在這個時期劃定。

四大奇書與《紅樓夢》

從明到清，庶民的生活富裕之後，小說和戲劇等娛樂也隨之流行。完成於明朝的長篇小說《三國演義》、《水滸傳》、《西遊記》、《金瓶梅》被稱為四大奇書，至今仍廣受歡迎。

另外，清朝時也出版可媲美現代長篇虛幻小說的《紅樓夢》，述說著從仙界落入凡間的貴公子，以及包圍著他的十二金釵的故事。書一問世就受到廣大歡迎，甚至還有被稱為「紅迷」的狂熱書迷因為太投入書中情節，而無法回到現實生活的情形。

清朝制定纏足禁止令

中國獨特的「纏足」廣為人知。女孩從三、四歲起，就要用布條把腳纏起來，不讓雙腳長大。據傳纏足起源於殷紂王的愛妃妲己，傳說妲己是狐狸的化身，只有雙腳沒有變成人類，為了隱藏不讓人發現，只好用布將雙腳包裹起來，後來卻使得宮中的嬪妃都跟著模仿。不過實際上，纏足是在宋朝以後才開始流行。

以前認為女性走路要蓮步輕移、搖曳生姿才是美，沒有纏足的婦女通常找不到好婆家，男人也不會欣賞，所以長久以來，漢族之間一直留存著這個習俗。不過中國的少數民族則沒有纏足的習慣，而漢族之中也並非人人如此，有些地區也沒有纏足。

異族王朝的清朝，下令禁止漢族這個奇特的習俗，但是不太有成效。直到清末民間興起了廢除運動，纏足的習俗才得以解除。

●清的文化

文學	小說	《紅樓夢》	描寫滿州貴族家庭生活的興亡。
		《儒林外史》	諷刺知識分子執著於科舉的腐敗現象。
		《聊齋誌異》	以民間故事為題材,充滿神鬼妖狐的短篇傳奇小說集。
美術	工藝	以宮廷為中心,製造漆器、玉器。	
	建築	以紫禁城、圓明園為代表。	

印度教與伊斯蘭教共存

混合了土耳其人、蒙古人、以及印度人血統的王室。

帖木兒的子孫在印度建立大帝國

十六世紀前葉，莫臥兒帝國統一印度，融合印度教和伊斯蘭教的新文化誕生。土耳其後裔的帖木兒帝國（參見P224）瓦解後，統治印度西北部的王朝發生內亂，一五二六年，帖木兒的第五代子孫巴伯爾趁機攻入德里城，開啟了莫臥兒帝國。

巴伯爾統治莫臥兒帝國時，領土只有印度的西北部，但是十六世紀後葉，第三代的阿克巴大帝陸續打敗敵對勢力，到了他統治的末期，德干地區以外、印度的大部分及阿富汗東半部都已被納入版圖內。阿克巴大帝將首都遷到阿格拉，並廢除對非伊斯蘭教徒課稅的規定。他娶印度教徒為妻，極力促進伊斯蘭教徒和印度教徒的融合。

印度伊斯蘭文化（參見P260）雖然在十七世紀前葉、第五代沙賈汗時代開花結果，但是異教徒之間的融合仍然困難重重。十七世紀後葉，伊斯蘭正統派信徒奧朗則布迫使沙賈汗讓出帝位，他將寬容的宗教政策改為嚴厲的措施，並恢復人頭稅，進而引起印度教徒的反抗。

奧朗則布皇帝執政時期征服了大部分的德干地區。莫臥兒帝國的領土拓展到最大版圖。不過他死後，帝位繼承的紛爭頻傳，導致帝國急速衰退。

莫臥兒帝國的皇帝並非蒙古人

「莫臥兒」是從阿拉伯語「蒙古」的訛音而來。

莫臥兒的開國始祖巴伯爾是帖木兒的第五代子孫，帖木兒又自稱是成吉思汗的子孫，加上巴伯爾的母親是成吉思汗次子的後代，因此，莫臥兒帝國雖然位於現在的阿富汗到北印度平原，卻被稱為「具有土耳其風格的蒙古帝國」。雖然帖木兒自稱具有蒙古血統，但事實上他是土耳其人後裔，所以後代的巴伯爾可說是混合著土耳其人和蒙古人的血統。

大概是這層因素，據說巴伯爾很輕視蒙古人，也不喜歡被稱為蒙

●莫臥兒帝國的發展

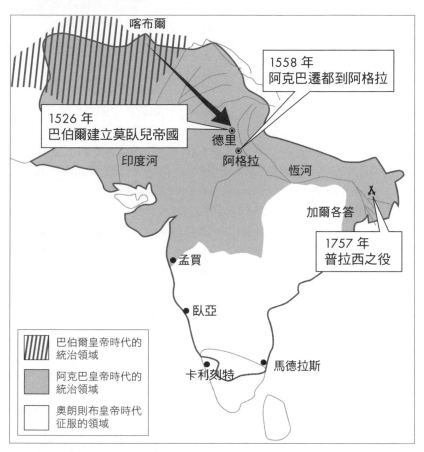

■莫臥兒王朝初期的族譜

首代　　巴伯爾	建立莫臥兒（阿拉伯語「蒙古」的訛音）帝國。
第三代 阿克巴	十三歲即位，平定北印度。
第五代 沙賈汗	印度伊斯蘭文化的黃金時代。
第六代 奧朗則布	鎮壓什葉派印度教，將首都遷回德里。

古人，更不喜歡被自己征服的北印度風土民情，他交代死後要被送回阿富汗。一五四四年逝世後，巴伯爾的遺體遵照他的遺言被運回喀布爾埋葬。

印度伊斯蘭文明的發祥

莫臥兒帝國至第五代皇帝沙賈汗為止，對宗教都採取寬容政策，因此促進了印度和伊斯蘭的融合，進而產生「印度伊斯蘭文化」。

印度教中的巴克緹信仰認為，只要絕對地皈依於神，即使不經苦行和高深知識也無妨，這種守貞奉獻的精神和伊斯蘭教的主張彼此相融，因此逐漸形成認同印度教的神和伊斯蘭的阿拉真主同樣都代表著最高神祇，而廣泛得到庶民的支持。

另外，新的一神教信仰──錫克教興起。在印度語中加入波斯語字彙的烏爾都語（現在巴基斯坦的國語），也從這時開始被使用。

著名的泰姬瑪哈陵，是沙賈汗皇帝為了紀念死去的皇后而建的陵墓，堪稱是印度伊斯蘭建築的精華。而採用了波斯（伊朗）細密畫風格的「莫臥兒繪畫」、以及描繪印度眾神的「拉傑普特繪畫」，則是印度和西亞文化融合後所產生的獨特藝術。

●莫臥兒的印度伊斯蘭文明

宗教	巴克緹信仰 　卡比爾（1425年～1492年） 　　↓　　●反對「崇拜偶像、種姓差別」 錫克教 　那納克（1469年～1538年） 　　　　●提倡一神教的信仰 錫克教徒的裝扮 長髮、包頭
文學	**烏爾都語的文學** 在北印度的口語中，加入波斯語的語彙元素
美術	細密畫 拉傑普特繪畫
建築	**泰姬瑪哈陵** 建於安格拉郊外，高58公尺的大理石陵墓，是第五代皇帝沙賈汗，為了紀念生下第十四個孩子後過世的愛妃泰塔姿（暱稱泰姬）而建立的。 

261

西班牙併吞葡萄牙

海上霸權由葡萄牙與西班牙漸漸移轉到荷蘭與英國。

葡萄牙霸權抵達日本種子島

開拓了印度航路的葡萄牙（參見P237），獨占他們「發現」的殖民地開發權，急速地強大起來。不僅以印度的臥亞為首都建設殖民地帝國，另外也在巴西設立總督府，大規模栽種葡萄，得到不少利益。十六世紀初，葡萄牙首都里斯本已躍升為世界的商業中心。

葡萄牙的勢力還擴展到了中國和日本。一五四三年，葡萄牙商船停靠日本種子島，帶來了大砲。雖然相傳那艘船只是從中國出發的舢板船，不過這個事件卻開啟了葡萄牙與日本之間的貿易往來。

葡萄牙自一五五七年便向明朝政府取得澳門的居留權，直到一九九九年歸還中國為止。以賭場聞名的澳門，當時卻是亞洲文化的傳播地，同時也是天主教傳教的據點。當年耶穌會的傳教士利瑪竇便是坐船抵達此地，他所製作的《萬國輿圖》是中國最早刊行的世界地圖，這張地圖傳到日本時，也讓日本人大為驚訝。

西班牙晉升為世界盟主

西班牙征服新大陸（參見P248），獨占墨西哥的銀礦之後，接著將勢力延伸到亞洲，占領菲律賓群島，於一五七一年建立馬尼拉市，藉由和中國的生意往來而繁榮。

這段時期，西班牙王室——奧地利哈布斯堡家族出身的卡洛斯一世，建立了絕對王權，他戰勝法蘭西王，被選為神聖羅馬帝國的皇帝——查理五世，君臨天下。菲律賓（Philippine）這個名字，就是從繼承卡洛斯一世的腓力（Felipe）二世的名字而來。

十五世紀末，葡萄牙和西班牙締結托德西利亞斯條約，以大西洋的子午線為界，將世界分割為東西，各自擁有勢力範圍，不過這個條約並沒有得到其他國家的認可。

自認為不只是歐洲、而是天主教世界盟主的腓力二世，於一五七一年在勒頒多海戰，進軍地中海的鄂圖曼帝國，又吞併王室血統已經斷絕的葡萄牙（一五八〇年

～一六四〇年），獨占世界上所有的殖民地，其領土範圍之大，被喻為看不到太陽落下的「日不落帝國」。

荷蘭的獨立和亞洲殖民地

西班牙曾經占領盛產羊毛的荷蘭，不過因為新教是荷蘭的主流宗教，而腓力二世尊崇天主教，於是他以嚴格的異端審判手法，對付宗教改革的新教徒，此舉引起了荷蘭國內強烈的反抗。一五八一年，在同是新教的英國支援下，荷蘭終於獨立成功。

獨立使得荷蘭愈來愈繁榮，首都阿姆斯特丹發展成金融及世界貿易中心。荷蘭在十六世紀之後進入亞洲，以爪哇的巴達維亞（現在印尼的雅加達）為據點，和葡萄牙展開對抗。

英國打敗了無敵艦隊，轉而壓制印度

幫助荷蘭獨立的英國和獨占殖民地的西班牙，因為美國的所有權歸屬和宗教問題，經常發生對立。一五八八年，英國打敗素有「無敵艦隊」之稱的西班牙海軍後，雙方的立場就對調了。海戰中被打敗的無敵艦隊逃走時遇上暴風雨，船隻全毀。西班牙衰退後，接著由英國和荷蘭爭奪世界霸權。

一六〇二年荷蘭設立東印度公司，這是一個國營的獨占貿易企業，將兩年前就已設置東印度公司的英國趕出東南亞。另外，荷蘭還獨占了與日本江戶幕府的交易權，雖然範圍只限於出島（譯註：長崎市的地名），但荷蘭可以說是掌握了亞洲貿易的主導權。

英國只好將經營重心轉移到印度。十七世紀後葉，英國歷經了三次對荷蘭的戰爭（參見P276）均獲勝利，世界商業的霸權也由荷蘭落入英國手中。

股份公司制度與荷蘭的繁榮

東印度公司是為了減少海上貿易風險而設立，是世界最早的股份公司。當時的貿易由募集資金的「戶頭公司」以每次航海開一個「戶頭」的方式經營。但是如果船沉了，投資的資金也會全數泡湯，所以經營貿易就如同賭博一樣具有高風險。

於是，荷蘭政府整合了十四家戶頭公司，由國王出任總裁，並賦予十四家戶頭公司外交、行政特權，以股份公司的組織經營。如此一來，即使一、兩艘船沉了，資金也不會全部泡湯。

原本在西班牙和葡萄牙兩大國壓擠下的荷蘭，在東南亞貿易被迫陷於苦戰。後來因為藉著成立股份

公司分散了投資者的風險，安定的公司組織也召集到人才，所以在東南亞的貿易地位逐漸確立。

和殖民地有關的風險還有許多。據說當時的主流商品香辛料，比等量的金貨更有價值。香辛料一旦缺貨，市場價格就暴漲，而貨品氾濫時價格也隨之暴落，一旦市場價格暴落，冒著生命危險帶回來的香辛料便會血本無歸。於是航海前先決定價格的「產品期貨行情」也因應而生。

此外在英國，為了因應海難事故，保險制度也開始形成。隨著殖民地經營的進步，通用於現代資本主義的制度逐漸形成。

●世界海上霸權的變遷

葡萄牙	達伽瑪開拓印度航路。
↓ 西班牙	獨占墨西哥的銀礦， 吞併葡萄牙（1580 年～ 1640 年）。
↓ 荷蘭	成立荷蘭東印度公司，掌控金融。
↓ 英國、荷蘭	英國擊敗西班牙的無敵艦隊後， 與荷蘭競爭勢力。
↓ 英國、法國	法國東印度公司與英國競爭。

■分世界的托德西利亞斯條約與薩拉戈薩條約

分界線的東邊瓜分給葡萄牙，西邊瓜分
給西班牙。

拓荒者精神的根源

英國在北美的殖民地，洋溢著自主獨立的氣息。

五月花號橫渡大西洋

英國赴美國開墾殖民地的人潮中，最有名的是一六二〇年搭乘五月花號橫渡大西洋的「朝聖者始祖（Pilgrim Fathers）」。

他們是英國斯圖亞特王朝統治下受到壓迫的清教徒，總共一百零一人。所謂清教徒是指對天主教感到不滿，因而留在英國國教會，依照喀爾文主義，遵從信仰與樸實的生活的人。

不過他們並非最早的英國移民。一六〇七年，倫敦某公司從王室取得專利權遠赴維吉尼亞，這才是英國在北美最早的殖民地。維吉尼亞（Virginia）的地名有兩個由來，其一，這裡對英國而言是塊處女地；其二，英國女王伊莉莎白一世又被稱為「處女女王（Virgin Queen）」。另外美國有一種香菸的品牌就叫做「維吉尼亞」，是因為美國最早的香菸產業創立於維吉尼亞州。

最初清教徒們的目的地是維吉尼亞，但是船隨著浪潮往北漂流，後來在麻薩諸塞州的鱈岬灣登陸。麻薩諸塞（Massachusetts）是美洲原住民的語言，是「大山丘」之意。

新英格蘭的十三個州成立

從英國來的移民逐漸增加，一七三二年最後一個州——喬治亞州成立，大西洋北岸的十三個殖民地建設完成。英國從荷蘭手中奪取的殖民地——新阿姆斯特丹（New Amsterdam）被改名為紐約（New York），這十三個殖民地被稱為「新英格蘭」，而「新英格蘭」現在仍是通稱緬因州、新罕布夏州、佛蒙特州、麻薩諸塞州、羅德島州、康迺迪克州等六個州的行政地名。

北美的新移民中，除了嚴守戒律的清教徒之外，還有各種宗教的教徒，包括舊教徒、以及做禮拜時會感動得全身顫動的貴格派新教徒等。

清教徒們在五月花號船上誓言遵守自主政府和法律，孕育了他們在各殖民地開墾時獨立自主的精

●三角貿易的結構

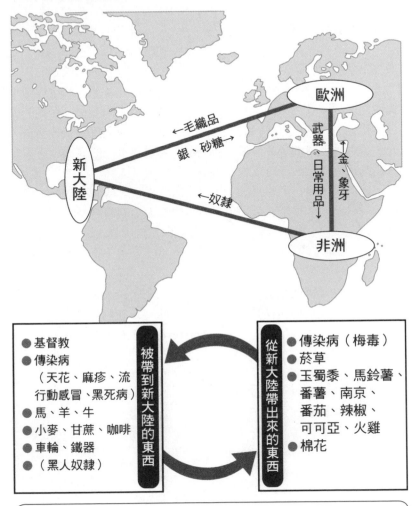

歐洲

←毛織品

銀、砂糖→

武器、日常用品↓

↑金、象牙

新大陸

←奴隷

非洲

被帶到新大陸的東西
- ● 基督教
- ● 傳染病
  （天花、麻疹、流行動感冒、黑死病）
- ● 馬、羊、牛
- ● 小麥、甘蔗、咖啡
- ● 車輪、鐵器
- ●（黑人奴隷）

從新大陸帶出來的東西
- ● 傳染病（梅毒）
- ● 菸草
- ● 玉蜀黍、馬鈴薯、番薯、南京、番茄、辣椒、可可亞、火雞
- ● 棉花

造成的社會變化
- ● 義大利北部、德國南部各城市的衰退→商業資本的發達
- ● 銀的輸入→物價高漲→價格革命
- ● 從新大陸輸入珍奇的物產→生活革命

神，後來發展成西部開拓精神。

九百六十萬慘遭「外銷」的黑奴

當時殖民地的大農場栽種菸草、蓼藍和稻米，需要大量的勞力，因此產生了奴隸貿易。剛開始在農場從事勞力生產的是原住民的印地安人，不過他們對西班牙人帶來的天花和麻疹等傳染病沒有免疫力，使得人口驟減，而白人移民人口有限，所以非洲人便被當成勞動力來販賣。

西歐各國在西非建立據點，把大量的黑人裝上船「外銷」到新大陸，到十九世紀前葉為止，被誘捕的黑人總數大約九百六十萬人。

連接歐洲、非洲、美國的「三角貿易」愈來愈繁榮，西歐列強也因此得到了莫大的利益。雖然有人從人道主義的觀點反對奴隸貿易，不過以利益為優先的商人根本不在乎。

把「人」當成商品外銷，以及與印地安人之間的戰爭，從此並列為美國開拓史上最大的污點。

●五月花號的航海

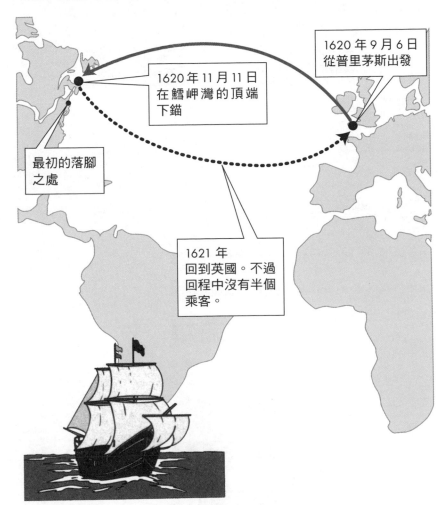

1620 年 9 月 6 日
從普里茅斯出發

1620 年 11 月 11 日
在鱈岬灣的頂端
下錨

最初的落腳
之處

1621 年
回到英國。不過
回程中沒有半個
乘客。

感恩節的由來

搭上五月花號橫渡大西洋的清教徒，落腳於與英國出海港同名的普里茅斯。為了感謝萬帕諾亞格族的馬薩索德酋長，教導他們捕捉火雞及栽種當季農作物，因此邀請他們參加連續慶祝三天的豐年祭，相傳這就是美國和加拿大感恩節（十一月第四個星期四）的由來。

PART 7
產業革命與資本主義

歐洲	非洲、西亞、印度

公元 16 世紀〜 19 世紀初的世界

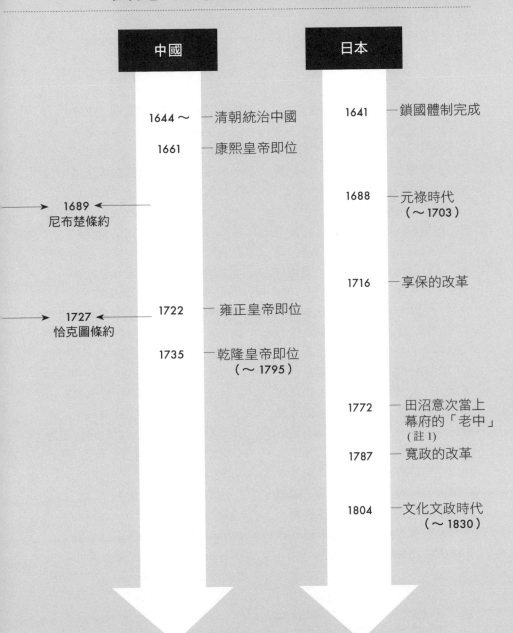

中國		日本	
1644〜	─ 清朝統治中國	1641	─ 鎖國體制完成
1661	─ 康熙皇帝即位		
1689 ◄ 尼布楚條約		1688	─ 元祿時代（〜1703）
		1716	─ 享保的改革
1727 ◄ 恰克圖條約	1722 ─ 雍正皇帝即位		
	1735 ─ 乾隆皇帝即位（〜1795）		
		1772	─ 田沼意次當上幕府的「老中」（註1）
		1787	─ 寬政的改革
		1804	─ 文化文政時代（〜1830）

註1：江戶幕府官階制度中的最高執政官，為將軍的直屬部下，統轄幕府的所有事務。

朕即國家

封建制度走向民主政治的過程中，各國的權力集中於君王之手。

絕對王政並非擁有絕對權力

由於貴族和聖職者等封建領主逐漸沒落，十六世紀後葉，國王位於權力頂點的「絕對主義」（絕對王政）逐漸形成。

國王的權力由支薪的常備軍和官僚機構維持，並且起用比貴族低一等、被稱為鄉紳的地主階級做為官僚。此外，也有人提倡「君權神授說」，主張「君主的權威是神賦予的，所以人民必須絕對服從。」

不過，此時國王也並非握有「絕對」的權力。因為當時封建領主和教會雖然已經沒落，但是他們所擁有的特權依然被承認，而正在養精蓄銳的市民階級，雖然跟隨經濟起飛逐漸發展，但勢力還不足以推翻體制，在這樣封建勢力和市民勢力都無法取得主導權的情況下，先讓國王的勢力「姑且絕對」較有利於國家的統治。後來這種模糊不清的絕對主義被市民革命推翻，在某種意義上可說是必然的結果。

伊麗莎白一世打敗腓力二世

西班牙的腓力二世藉著併吞葡萄牙坐擁廣大殖民地，建立了「日不落帝國」，可謂是絕對王政的象徵。

從新大陸運來的大量白銀維持著腓力的王政，但因為荷蘭的獨立運動耗費了不少軍事費用，加上一向賴以維生的美國銀產量減少，使得後來腓力王政逐漸走下坡。

另一方面，英國的亨利七世整頓了玫瑰戰爭後混亂的局面，為英國的絕對王政打下基礎，接著由創設國教會（參見P244）的亨利八世進而確立王政權力。伊麗莎白一世時代，英國的絕對王政進入全盛時期，英國打敗腓力二世的無敵艦隊（參見P263），從西班牙手中奪走了海上霸權。

伊麗莎白一世時代誕生了「gentleman（紳士）」這個名詞，用於統稱被稱為「gentry（鄉紳）」的地主階級和貴族階級。此時的英國進入文藝復興全盛期，大文豪莎士比亞也在此時大展長才。

●歐洲的專制君主

在位期間

1550 年

● 西班牙

腓力二世

「西班牙一動，世界便膽戰心驚」。

● 英國

伊麗莎白一世

美國的維吉尼亞州，即是獻給這位英國女王。

伊麗莎白一世

1600 年

腓力二世和英國瑪麗一世（血腥瑪麗）於 1554 年結婚。
腓力二世在瑪麗一世死後，向伊麗莎白一世求婚，但是被拒絕了。

1650 年

● 法國

路易十四

任性、傲慢、奢華，建立了「偉大的時代」。

路易十四

● 俄羅斯

彼得大帝

搾取人民的稅金，建設新首都聖彼得堡並發動戰爭。

1700 年

1750 年

● 普魯士

腓特烈大帝

喜好文藝與哲學，自稱「忘憂宮的人」。

● 奧地利

瑪莉亞泰瑞莎

生了十六個孩子，么女瑪麗安東尼與路易十六結婚。

● 俄羅斯

葉卡捷琳娜二世

雖是啟蒙專制君主，但是在農奴的黑暗時代，卻爆發了普加喬夫之亂。

1800 年

273

太陽王路易十四

　　說起絕對主義的典型人物，非法國國王路易十四莫屬。路易十四在五歲時登基，等到掌握實權的首相死後才親自執政。他藉著不斷地對外侵略擴張領土，並建造了奢華氣派的凡爾賽宮，世人尊稱他為「太陽王」，而他本身也曾誇下「朕即國家」這句豪語，大肆主張君權神授說。

　　路易十四執政時，重整已經停止運作的法國東印度公司，進軍印度開始和英國競爭。之後長達大約一百年，英法兩國不只在歐洲、甚至在印度和北美都展開了殖民地爭奪戰，有名的英國探險家庫克船長，就曾經加入英國海軍與法國對抗。

　　這場戰役可稱為第二次百年戰爭，最後由英國獲勝，法國失去了在北美以路易十四之名命名的路易斯安那州、包括了加拿大的北美殖民地，以及印度的大部分領土。

●庫克船長的航海路線

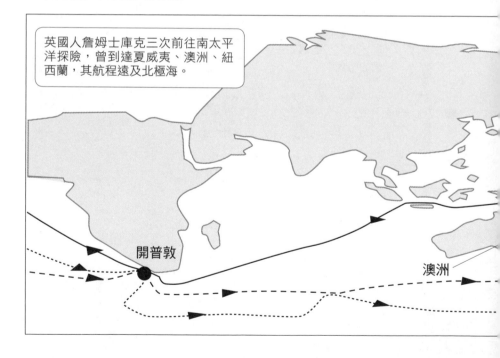

英國人詹姆士庫克三次前往南太平洋探險，曾到達夏威夷、澳洲、紐西蘭，其航程遠及北極海。

開普敦

澳洲

啟蒙專制──君主的改革

　　在發展上落後於英國和法國的普魯士、奧地利、以及俄羅斯，有鑑於國內近代化腳步遲緩，於是國王紛紛進行政治與社會改革。

　　他們以十八世紀法國伏爾泰等思想家所提倡的啟蒙思想（重視人類理性的理性主義）為基礎，提出改革，不過本質上還是集絕對權力於一身的絕對君主，所以又被稱為「啟蒙專制君主」。

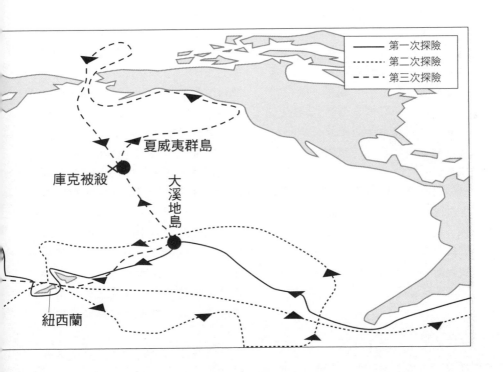

共和國的獨裁者克倫威爾

歐洲最早的市民革命使國王被送上了斷頭台。

英格蘭國王是外國人

　　一六〇三年伊麗莎白一世駕崩，由於她至死未婚，所以英格蘭（英國）的都鐸王朝（參見P212）就此斷絕，由遠親的蘇格蘭國王繼位，成為詹姆斯一世，斯圖亞特王朝就此展開。

　　蘇格蘭、威爾斯和愛爾蘭都是由克爾特人組成的國家，一七〇七年被大不列顛王國合併之前，與英格蘭是不同的國家。現在的足球或是橄欖球競賽中，經常可以看到英國有四個同時被承認的代表隊，這並不是因為足球起源於英國而有的特權，而是其特殊歷史背景的緣故。

　　詹姆斯一世對英格蘭人民而言是外國人，因而無法得到他們的支持。詹姆斯一世於是大肆宣揚君權神授說，並且壓迫當時已擴展到市民階層的清教徒運動，促使清教徒們搭乘五月花號前往新大陸開墾。

清教徒革命的核心人物——克倫威爾

　　到了詹姆斯一世的兒子查理一世時代，政治愈來愈趨向專制。一六四二年，議會分裂成保皇派和議會派，陷入了激烈的內戰狀態。議會派指任克倫威爾，統領近代化的鐵騎部隊，大展身手打敗了保皇派軍隊。一六四九年，查理一世被送上斷頭台，成為市民階級打倒專制君主的「市民革命」。由於議會派幾乎都是清教徒，所以此次革命也被稱為「清教徒革命」。

　　英國從此轉變為共和國，克倫威爾征服愛爾蘭，接著在第一次的英荷戰爭（參見P263）中打敗荷蘭，就任終身「護國王」，實行獨裁統治。

　　克倫威爾誕生於英格蘭的上流階級，是個熱誠的清教徒，就讀劍橋大學時因為父親過世休學，返鄉後一邊經營領土一邊從政，當選下議院議員後，也被選為長期議會的成員之一。

　　清教徒革命成功後，克倫威爾

驅逐了長老派和平等派，成為獨裁政權的首領。他強制實行清教徒式的教規，要求人民勤勉、禁慾，並且禁止舞台劇等等娛樂，引起了民眾的反抗。克倫威爾死後由兒子繼承「護國公」，不過因為無能，所以保皇派利用民眾的不滿，趁機迎接流亡法國的查理二世回國，稱為「王政復辟」。

征服愛爾蘭所產生的抗爭

　　克倫威爾征服愛爾蘭，其實是想以掃除保皇派為藉口摧毀天主教派的據點。

　　克爾特人國家愛爾蘭的土地因而被沒收、分割給英格蘭的地主，淪落如殖民地一般。之後，愛爾蘭受到了殘酷的搜刮掠奪，在宗教、政治、土地所有權等方面都受到輕

● 英國市民革命的過程

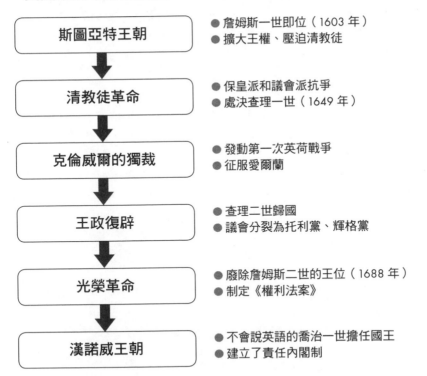

斯圖亞特王朝
● 詹姆斯一世即位（1603 年）
● 擴大王權、壓迫清教徒

清教徒革命
● 保皇派和議會派抗爭
● 處決查理一世（1649 年）

克倫威爾的獨裁
● 發動第一次英荷戰爭
● 征服愛爾蘭

王政復辟
● 查理二世歸國
● 議會分裂為托利黨、輝格黨

光榮革命
● 廢除詹姆斯二世的王位（1688 年）
● 制定《權利法案》

漢諾威王朝
● 不會說英語的喬治一世擔任國王
● 建立了責任內閣制

視，人民生活得非常痛苦。愛爾蘭的獨立運動，以及和移民自英格蘭的新教徒之間的激烈對立一直延續至今，而且愈來愈複雜。

議會驅逐國王的光榮革命

斯圖亞特王朝雖然經由王政復辟而復活，但是查理二世不但始終堅持專制政治，甚至還無視國教會的存在，想要恢復天主教。於是議會分裂為寬容國王的托利黨，和批判國王的輝格黨，這兩黨成為英國日後兩大政黨的基礎。

接著繼承王位的詹姆斯二世，因為和父親查理二世一樣實施絕對王政，企圖恢復天主教，最後使得議會超越黨派團結一致，決定廢除國王的王位。新國王由國王的女婿、新教徒的荷蘭總督威廉（威廉三世）擔任，詹姆斯二世則於一六八八年流亡海外。

清教徒革命屬於軍事革命，而廢除國王則是由議會發動的不流血革命，所以英國人很自負地稱此為「光榮革命」。在新體制下制定的「權利法案」相當於憲法，而議會擁有國家主權則是劃時代的政策。

新體制下的威廉三世同時兼任荷蘭總督，與路易十四統治的法國展開殖民地爭奪戰。

不會說英語的德裔英國國王

一七〇七年蘇格蘭被併吞，成為大不列顛王國的一部分。之後因為斯圖亞特王朝斷絕，所以迎接德意志遠親漢諾威選帝侯（譯註：「選帝侯」為神聖羅馬帝國時代，擁有推選皇帝權力的諸侯）成為新任國王喬治一世。

不過，這位年過四十才到英國的德裔君主不會說英語，所以把政治都交給內閣，因此產生了國王「君臨但不統治」的原則，並建立了由議會而非國王擔負內閣責任的「責任內閣制」。

●大不列顛王國的成立與北愛爾蘭問題

十六世紀以來，愛爾蘭一直都在英格蘭的統治下，1801 年被正式併吞而成為「大不列顛及愛爾蘭聯合王國」。1912 年鐵達尼號沉沒事件中，有許多犧牲者即是由此出發要前往美國的愛爾蘭移民。1937 年愛爾蘭再次完成獨立，但是北愛爾蘭現在仍屬於英國領土。

1603 年，蘇格蘭和英格蘭聯合王國成立，1707 年合併為「大不列顛聯合王國」。

蘇格蘭
●愛丁堡

約克

北愛爾蘭

都柏林●

愛爾蘭

威爾斯

英格蘭

倫敦●

由於 1284 年愛德華一世的遠征，威爾斯（克爾特人地區）被吞併，變成皇太子的領土國。一直到現在皇太子的稱號還是「威爾斯王子」（Prince of wales）。

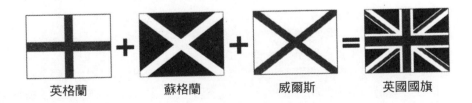

英格蘭　＋　蘇格蘭　＋　威爾斯　＝　英國國旗

在柏林登場的啟蒙君主

十八世紀時，普魯士王國在分裂的德國中急速壯大。

三十年戰爭導致德意志分裂

位於現在德國東北部的普魯士，是十三世紀時德意志神聖羅馬帝國的邊境，當時德意志騎士修道會在此推展基督教，並讓農民、市民、貴族移居此地開墾。

這個地區後來經過宗教改革成為普魯士公國，十七世紀初，與布蘭登堡邊境的伯爵領地合併，十八世紀成為普魯士王國。單方面來看，王國成立的過程似乎非常順利，事實上普魯士王國的成立過程一點也不平順，而是經歷了籠罩整個德意志地區的混亂、分裂、與戰亂得來的。

十六世紀馬丁路德推動宗教改革，導致德德意志地區呈現分裂狀態，新舊兩教的對立最後發展成三十年戰爭（一六一八年～一六四八年，參見P240）。新教國家丹麥、瑞典也加入戰爭，最後演變成神聖羅馬帝國的哈布斯堡家族和法國波旁王朝之間的戰爭。這場連西班牙也捲入其中的戰爭，雖然最後以簽訂西發里亞和約收場，

不過德意志國內的分裂卻愈來愈嚴重，也因此使得近代化發展的腳步落後。

因為西發里亞和約中公開承認新教的宗教信仰，所以三十年戰爭也成了「最後的宗教戰爭」。

啟蒙君主──腓特烈大帝的「監獄國家」

三十年戰爭，使得世代承襲神聖羅馬帝國帝位的哈布斯堡家族勢力衰退，因為這個天主教守護者的奧地利名門衰微，以柏林為首都的普魯士王國才得以急速壯大。

一七四〇年即位的腓特烈大帝（二世），在同一年把茅頭指向繼承哈布斯堡家族的女皇──瑪莉亞泰瑞莎，相繼發動奧地利皇位繼承戰爭以及七年戰爭，與神聖羅馬帝國交戰，奪走了西里西亞地區的廣大領土，威脅著哈布斯堡家族的權威（參見P284）。

腓特烈大帝非常沉醉於法國文化，連日常生活都使用法語，他在首都柏林附近的波茨坦建造了豪

●十八世紀中葉的普魯士和奧地利

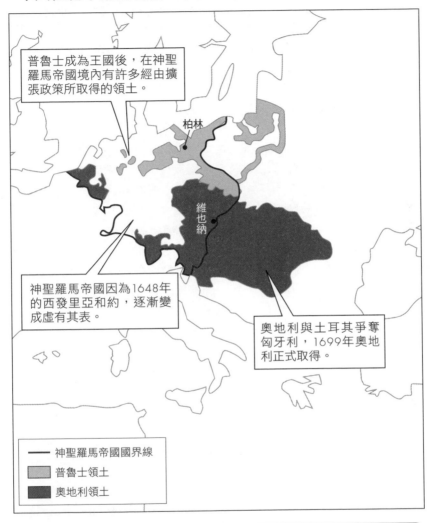

普魯士成為王國後，在神聖羅馬帝國境內有許多經由擴張政策所取得的領土。

柏林

維也納

神聖羅馬帝國因為1648年的西發里亞和約，逐漸變成虛有其表。

奧地利與土耳其爭奪匈牙利，1699年奧地利正式取得。

― 神聖羅馬帝國國界線

■ 普魯士領土

■ 奧地利領土

腓特烈二世的政治

腓特烈二世受到伏爾泰啟蒙思想影響，熱中推行中央集權和近代化。他致力於保護農民、培育產業、強化軍備。據說他沉醉於法國文化，討厭德國文化。

華的忘憂宮，並邀請法國思想家伏爾泰入宮，受其影響甚鉅。另外，腓特烈大帝也編纂法典，推行近代化，並公開說出：「君主是國家最重要的僕人。」

不過，就像英國駐普魯士大使所形容的：「這個國家就像一座監獄，擁有自由的人只有典獄長（也就是國王）。」事實上，普魯士是個軍隊和官僚掌權的專制國家，在近代化方面仍然相當落後。因為如此，腓特烈大帝也被稱為典型的啟蒙專制君主。

腓特烈大帝與巴哈

從十七世紀末到十八世紀，巴洛克成為歐洲音樂界的主流（譯註：巴洛克〔Baroque〕一字源自葡萄牙文

「大而粗糙、歪曲的珍珠〔barroco〕」，原是用來形容複雜、考究、不規則的建築樣式，有俗麗而凌亂的貶意）其中以集巴洛克音樂於大成的作曲家巴哈最有名。腓特烈大帝聘請巴哈的次男艾曼紐擔任宮廷音樂家，而他本身也參與演奏，對音樂的喜好眾所皆知。

巴哈寫了許多受難曲、彌撒曲以及《布蘭登堡協奏曲》等管弦樂，還有當時非常流行、讚歎咖啡的《咖啡清唱劇》等，是歌劇以外各種即興演奏的大師。

巴哈晚年，在次男艾曼紐成為宮廷音樂家拜訪腓特烈大帝時，以皇帝提示的簡單旋律為主題，即興演奏《音樂的奉獻》。

●巴洛克藝術的興盛

> ### 早期巴洛克畫家
> 魯本斯（1577 年～ 1640 年）、范戴克（1599 年～ 1641 年）
> 維拉斯奎茲（1599 年～ 1660 年）、林布蘭（1606 年～ 1660 年）

十八世紀巴洛克音樂的兩大作曲家

巴哈
（1685年～1750年）
代表作品：《布蘭登堡協奏曲》、
《賦格的藝術》等。

韓德爾
（1685年～1759年）
代表作品：《彌賽亞》、
《水上音樂》等。

管風琴

巴哈曾是教堂的風琴手

巴哈家族
巴哈家族是道道地地的音樂世家。從 J.S. 巴哈的前四代開始到孫子輩為止，家族中有五十個人以上成為音樂家。巴哈的三個兒子也都是活躍的音樂家，次男艾曼紐的音樂對貝多芬也有深遠的影響。

哈布斯堡家族的光榮與沒落

瑪麗安東尼遠嫁到法國，是為了與普魯士抗衡。

獨占羅馬皇帝帝位的名門

哈布斯堡家族所統治的奧地利，就是八世紀時查理大帝向東擴展法蘭克王國領土所設的奧斯馬克（東部邊境區）。奧斯馬克後來成為哈布斯堡家族所統治的公國，一四三八年以後，哈布斯堡家族獨占神聖羅馬帝國帝位，開始了實質上的世襲。十六世紀初，查理五世執政時代，因為同時兼任西班牙國王卡洛斯一世，所以成為在歐洲擁有廣大領土的大國（後來奧地利、西班牙兩國分開了）。

不過，哈布斯堡家族能擁有如此的勢力，靠的是名門的權威，事實上這個由不同民族組成的國家，內部統一並不穩定。例如，以射穿自己兒子頭上蘋果而聞名的威廉泰爾的故事，就是在奧地利統治下所發生的一則關於中世紀瑞士獨立運動的傳說。此外，德國的三十年戰爭，也促使瑞士和荷蘭獨立成功。

十九世紀的義大利作曲家羅西尼，將威廉泰爾的故事寫成歌劇而大受歡迎，他的創作便是受到在奧地利壓迫下，義大利所發起的統一運動（參見P332）的影響。

女皇瑪莉亞泰瑞莎發起外交革命

被稱為「女皇」或者「國母」的瑪莉亞泰瑞莎，為了恢復衰退的哈布斯堡家族的勢力，展開八面玲瓏的外交手腕。

一七四〇年，神聖羅馬帝國皇帝查理六世駕崩，因為查理六世沒有兒子，所以由女兒瑪莉亞泰瑞莎繼承皇位。對此，法國的波旁王朝和普魯士提出了異議，腓特烈大帝欺負瑪莉亞泰瑞莎女皇年輕，出兵入侵西里西亞。於是在英國協助牽制法國的幫助之下，奧地利與普魯士因為皇位繼承的戰爭拉鋸長達八年。

最後奧地利戰敗，被普魯士奪走西里西亞，但是瑪莉亞泰瑞莎一心想奪回西里西亞，所以經過不斷地交涉，極力尋求同盟國支持，最後竟然和十六世紀以來、一直處於敵對狀態的法國波旁家族結盟成

功。為了結盟，瑪莉亞泰瑞莎將小女兒瑪麗安東尼嫁到波旁家族，後來瑪麗安東尼在法國革命中喪命在斷頭台上（參見P302）。

對普魯士的野心不抱好感的奧地利也和俄羅斯互相結盟，之前和奧地利站在同一陣線的英國，則選擇與普魯士結盟，這樣的結盟情勢的逆轉可形容為「外交革命」。一七五六年，新的同盟陣線之間發生了「七年戰爭」，瑪莉亞泰瑞莎始終無法奪回西里西亞。經歷兩次戰爭後的結果是，普魯士穩定了王國的基礎，英國則和法國在殖民地發生戰爭，最後掌握霸權。

瑪莉亞泰瑞莎讓各國承認夫婿洛林公爵繼位為法蘭茲一世（譯註：由於瑪莉亞泰瑞莎的繼位不被承認，普魯士支持巴伐利亞選帝侯成為神聖羅馬帝國皇帝——查理七世。查理七世逝

●十八世紀的外交革命

■為了爭奪西里西亞，發生了奧地利皇位繼承戰爭

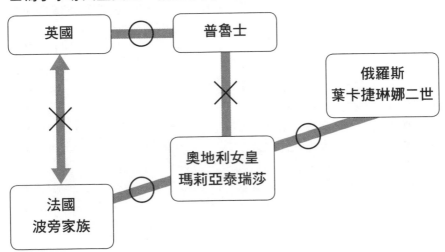

奧地利和法國曾是長年的宿敵，後來卻戲劇性地結為同盟。不過相對地，英國也和普魯士聯手結盟。

世後，洛林公爵才被推選為皇帝）。法蘭茲一世過世後，瑪莉亞泰瑞莎又在一七六五年讓兒子約瑟夫二世繼承皇位，表面上看起來是母子共同治理國家，實際上卻是瑪莉亞泰瑞莎一手獨攬朝政。瑪莉亞泰瑞莎於一七八〇年去世，一生總共生了十六個孩子，她為了維持哈布斯堡家族的傳承，還真是費盡了苦心。

約瑟夫二世飽受挫折

瑪莉亞泰瑞莎一邊推行改革，一邊企圖將國家改為中央集權制，也可算是一個啟蒙專制君主。

她的兒子約瑟夫二世，同樣也對啟蒙思想具有同感，進而提倡「以哲學為基礎的政治」。瑪莉亞泰瑞莎以循序漸進的改革為信念，在她死後，約瑟夫二世設法對貴族課稅及解放農民，實行積極的改革。但是因為允許宗教自由而引起了教會的反抗，各地叛亂也相繼發生，使得他倍感挫折。當約瑟夫二世臨終時，他要求在自己的墓碑上題字：「雖有善良的想法，但終究一事無成的人長眠於此。」

太過先進的《費加洛婚禮》

莫札特在喜好藝術的約瑟夫二世底下擔任宮廷作曲家。他的歌劇原作《費加洛婚禮》對貴族社會的大膽諷刺，連一向開化的約瑟夫二世都覺得過火，禁止這齣戲在「帝都」維也納上演。後來歌劇腳本修改之後，才取得演出許可，上演後立刻在維也納受到廣大歡迎。

雖然約瑟夫二世極力試著理解莫札特的音樂，不過，天才的作品已經超越了當時貴族們的理解程度。後來約瑟夫二世過世，莫札特從此失去了支持者。他在一七九一年過世之前，留下暗示祕密結社——共濟會儀式的歌劇《魔笛》，以及最後的作品《安魂曲》。莫札特過世時年僅三十五歲，他的遺體被埋葬在公墓，但卻連一塊墓碑也沒有。

●啟蒙思想和共濟會

何謂啟蒙思想？

是指重視理性、否定宗教性權威，想要建立人性化、合理新秩序的積極思想。

主要的啟蒙思想家

盧梭

盧梭的思想也影響了法國革命。

英國	洛克 《政府二論》
法國	伏爾泰 《憨第德》 孟德斯鳩 《論法的精神》 盧梭 《愛彌兒》、《社會契約論》

何謂祕密結社共濟會？

共濟會相傳起源於中世紀的石工組織，在日本，共濟會被視為策畫陰謀的祕密結社，但實際上它是以基督教為基礎的友愛團體。現在在世界各地仍有許多被稱為「lodge」（譯註：1716年，共濟會的第一次聯合組織「大會堂」即稱為「Grand Lodge」）的集會場所。據說以喬治華盛頓為首，歷屆的美國總統中有很多位都是共濟會會員。

波蘭分割的悲劇

十八世紀初，俄羅斯帝國建設彼得堡，稱霸波羅的海。

莫斯科成為「第三個羅馬」

俄羅斯的歷史開始於公元九世紀後半，自瑞典移民來的維京人建立的諾夫哥羅德公國。相傳先住的斯拉夫民族稱他們為「Rus（羅斯族）」，後來變成了「Russia（俄羅斯）」，「Rus」是指「船的搖槳手」的古語。

諾夫哥羅德公國曾經被蒙古族所建立的欽察汗國統治，後來由莫斯科大公國的伊凡三世完成獨立，統一各諸侯國。俄羅斯皇帝稱為「Tsar'（沙皇）」（羅馬皇帝Caesar〔凱撒〕的俄羅斯語）便是從伊凡三世的自稱開始。他和一四五三年滅亡的拜占庭皇帝姪女結婚，所以繼承了拜占庭帝國的徽章「雙頭鷹」。

一五四七年，伊凡雷帝（即伊凡四世）開始兼任希臘正教的主教，俄羅斯正教起源於拜占庭帝國的東正教，最後獨立出來成為俄羅斯的國教，莫斯科於是取代了君士坦丁堡，成為「第三個羅馬」。在日本，東正教（包含已經獨立的俄羅斯正教）被統稱為希臘正教。

伊凡四世是一個以嚴酷手段，摧毀王公和領主貴族封建割據的專制君主，所以被稱為「雷帝」（譯註：Ivan The Terrible，也有人譯為「恐怖伊凡」）。不過因此分配到領地的戰士階級非常支持他，這些戰士在俄羅斯擴張領土的政策上扮演著重要的角色。

「自由之人」——哥薩克

雷帝命令擅長馬術、活躍於南俄羅斯烏克蘭一帶的戰士集團——哥薩克開拓西伯利亞。雷帝死後，國家局勢開始混亂，十七世紀初時，俄羅斯曾和波蘭及立陶宛發生過兩次戰爭。

羅曼諾夫家族登上沙皇的位子，混亂終於得以平定。逃過戰爭下暴政的農民在俄羅斯南方、以及東南方國境周圍與哥薩克會合，但他們並不耕作，而是從事漁業和養蜂，並且在平原上進行掠奪，藉以儲備精力建立獨立的軍事組織，因而逐漸地擁有了不容忽視的勢力。

「哥薩克」一詞從土耳其語而來，意思是「離群者」或者「自由之人」，俄語叫做「kazak」。在蒙古式滑雪競賽的項目中，有一種技巧就叫做「哥薩克」，因為動作與「哥薩克舞」相似而得名。

據說哥薩克以頓河、第聶伯河等河流為據點，有時會乘著小船遠征到黑海和裏海對岸。俄羅斯民謠《Stenka Razin》歌詞中的頓哥薩克，指的就是以頓河為據點的叛亂農民。

哥薩克逐漸壯大，發展成具有選舉制度的半獨立共同體，後來以烏克蘭的自治和哥薩克必須享有特權為條件和俄羅斯交換，委身成為俄羅斯中央政府勇猛果敢的騎兵部隊，在征服西伯利亞及邊境的防禦上扮演著重要的角色。

走向西方的窗口──聖彼得堡

到了十八世紀，俄羅斯羅曼諾夫王朝也出現了啟蒙專制君主。

彼得大帝（一世）效法英法等西歐國家，試圖發展近代化及振興產業，於是建立了新首都彼得堡，也就是現在的聖彼得堡，在蘇聯時代則被稱為列寧格勒。這個城

●俄羅斯的發展

北極海

彼得堡
（1712 年遷都至此）

波羅的海

柏林
基輔　莫斯科
華沙
●維也納

裏海

莫斯科大公國
至彼得大帝時代為止所獲得的領土
至葉卡捷琳娜二世為止所獲得的領土

16世紀後葉開始，藉著哥薩克的活躍，開始進軍西伯利亞。

彼得大帝的鬍鬚稅引起了民眾的反感。

市是以西歐城市為版本所建立的，也有人稱彼得堡為「走向西方的窗口」。彼得大帝在驅逐北方的強國瑞典後遷都於此，當時俄羅斯在軍事方面，已經強盛到可以進軍俄羅斯的波羅的海。

彼得大帝崇拜西歐

彼得大帝經常偷偷地跑到西歐，學習新的技術和生活方式，他認為所謂的近代化就是要向西歐學習，所以連象徵俄羅斯人的落腮鬍也禁止蓄留，對外表裝扮的改革實行得很徹底。日本在幕末到明治時代，男人也剪掉頭上的髮髻以示文明。不過比日本早兩百年的彼得大帝，用的是不剃鬍子就課「鬍鬚稅」的方式，強制推行近代的風俗習慣。

十八世紀末的葉卡捷琳娜二世（凱薩琳二世），繼承了彼得大帝啟蒙思想。她是德國貴族的女兒，嫁給俄羅斯王子彼得三世，後來遺棄夫婿，並派人暗殺他，自己即位成為女皇。

葉卡捷琳娜二世加強專制性的統治體制，因而引起了大規模的農民叛亂（普加喬夫之亂），叛亂鎮壓之後，她採取領土擴張政策，在奪取土耳其至克里米亞半島的土地之後，越過西伯利亞進軍鄂霍次克海。另外還召集普魯士和奧地利，三次分割波蘭，最後於一七九五年滅亡波蘭。

葉卡捷琳娜二世也執筆寫評論和戲劇，其傲人的教養使她被尊稱為「拿筆的女皇」。雖然如此，葉卡捷琳娜二世卻極力鎮壓法國革命和自由主義思想。

●波蘭被分割的悲劇

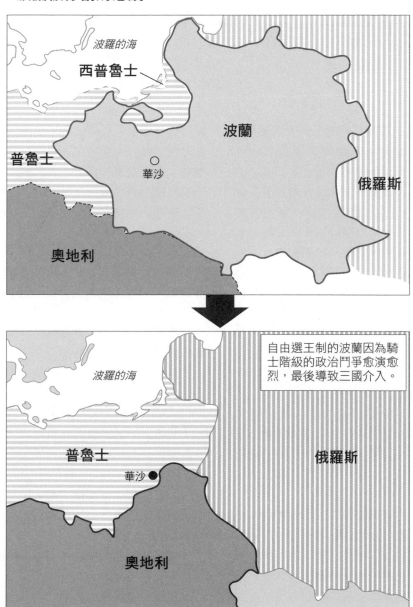

波羅的海

西普魯士

波蘭

普魯士

○ 華沙

俄羅斯

奧地利

波羅的海

普魯士

華沙●

俄羅斯

奧地利

自由選王制的波蘭因為騎士階級的政治鬥爭愈演愈烈，最後導致三國介入。

英國成為世界工廠

毛織品工業所累積的資本投入紡織產業,使得產業革命白熱化。

工業化讓落後的歐洲改頭換面

英國的「產業革命」開始於十八世紀後葉,產業革命不僅在歐洲、甚至讓全世界都有相當大的轉變。在此之前,歐洲國家雖然有都市,但依然以農村居多,人們深受飢餓和貧困之苦,科學技術也落後於中國和伊斯蘭世界。

但是英國開始工業化之後,技術的革命創新馬上擴展到歐洲各地,使得人們的生活因此發生了很大的變化。

英國執產業革命之牛耳

為什麼產業革命從英國發源呢?首先必須明白,發展機械工業需要有資本、資源、勞動力、技術力,以及市場,而當時英國在這些條件上都優於其他國家。

英國的手工業以毛織品為中心,批發制和工廠制在很早以前就很發達,因此儲蓄了相當多的資本。此外,由於新農法的實施,使得農地不適合耕作的西北部農民放棄穀物的生產,而成為「工業勞動者」的儲備軍,也使得資本家得以確保其勞動力的來源。不過產業革命最主要的關鍵,在於十八世紀初發明的蒸汽機經過改良後,得以廣泛地使用於煤礦開採、紡織機、以及蒸汽火車。

英國擁有豐富的鐵礦、煤礦等地下資源,並提早一步發展了開採技術,將這些資源加以整合利用。另外,由於英國與荷蘭、法國的殖民地戰爭大獲勝利,更確保了產業革命所需的廣大「海外市場」,也是促進英國得以快速發展的原因。

熱門產品從羊毛變成棉花

生活上不可或缺的布料纖維,因為產業革命而成長,成為工業主角。英國原本盛產毛織品,但是十八世紀棉花從印度進口後,因為棉花的質感舒適,很快就成為新興的熱門產品。

英國從印度,以及經由以奴隸貿易為中心的非洲、加勒比海群島的三角貿易,取得了大量的棉花,然後瓦特改良的蒸汽機與不斷進化

●產業革命

	引擎	鋼鐵業	紡織業
1700 年	● 火力機器開發 （英·紐科門）	● 以焦炭煉鐵 （英·達比）	
	「產業革命」是恩格斯提出的概念，由英國的史學家湯恩比加以普及。		● 飛梭 （英·凱）
1750 年		● 五〇年代 廉價的製鋼法 （英·貝塞麥）	● 珍妮紡紗機 （英·哈格里沃斯）
			● 汽缸中空盤 （英·維爾金森）
			● 走錠紡紗機 （英·克倫普頓）
1800 年	● 蒸汽船實驗成功 （美·富爾頓） ● 蒸汽火車的實用化 （英·史帝文生） ● 英國蒸汽火車的鐵路開通 （起站斯托克頓，終站達靈頓）	● 用反射爐製鐵 （英·科特）	● 機械織布機 （英·卡特萊特） ● 軋棉機 （美·惠特尼）

這些發明加速機械化腳步，導致熟練的手工業者失業。
在 1811 年到 1812 年間，英國有人展開了破壞機械運動。

的織布機結合，實現了生產的量產化，接著，英國著手開拓廣大的美國南部栽種棉花。

由於製造織布機的「機械工業」、冶煉機械原料鐵的「鐵工業」、以及做為能源的「煤炭工業」三者緊密的結合，英國開始被稱為「世界的工廠」。接著十九世紀發明了蒸汽船與蒸汽火車，再加上運河的改善，英國邁入了「交通運輸革命」。英國最早正式使用的鐵路是一八三〇年正式通車、連結曼徹斯特到利物浦的路線。之後，英國製造的蒸汽火車和鐵軌開始出口到世界各地。

日趨嚴重的勞動者貧困問題

產業革命在一八三〇年以後，擴展到比利時、法國、德國、美國。工業發達對資本家而言是美好的，但是另一方面卻也產生了很多問題。

難敵機械化生產的印度手織木棉因而受到嚴重的影響，使得印度變成只是生產原料的殖民地。而推行產業革命的西歐各國，與原料生產地、以及做為產品銷售市場的亞洲、非洲、南美洲各國之間的經濟差距愈來愈大，為今日的南北問題（譯註：南方即貧窮的開發中國家，北方即富有的已開發國家，兩者在國際經濟體系中所處的地位懸殊，已成為世界經濟進一步發展的嚴重障礙）埋下最主要的遠因。

還有，英國國內由於糧食增產，隨著人口增加，工人酬勞減少，住在都市的勞工階級，生活愈來愈悲慘。

● 南北問題的發生

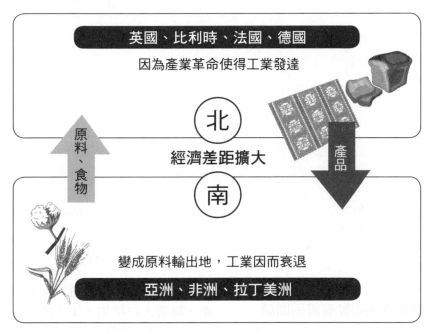

英國、比利時、法國、德國

因為產業革命使得工業發達

北

原料、食物

經濟差距擴大

南

產品

變成原料輸出地，工業因而衰退

亞洲、非洲、拉丁美洲

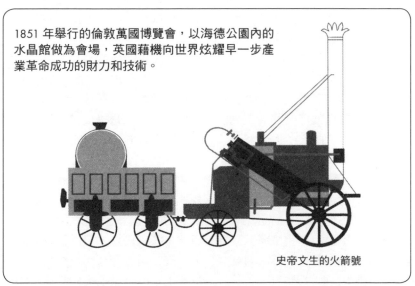

1851 年舉行的倫敦萬國博覽會，以海德公園內的水晶館做為會場，英國藉機向世界炫耀早一步產業革命成功的財力和技術。

史帝文生的火箭號

七月四日獨立紀念日的由來

各國介入北美殖民地的獨立戰爭，母國英國被孤立。

英國的失算

十八世紀，英法兩國為了爭奪北美的殖民地展開了戰爭。當英國在北美東部沿岸的新英格蘭建立殖民地時，法國已經在加拿大、五大湖區，以及密西西比河流域等地擁有殖民地，並且不斷對英國施壓，使得英國在北美西部的開拓受到阻礙。

英法兩國加入奧地利與普魯士之間的七年戰爭後，在美國也發生了激烈的衝突，最後英國獲勝並與法國訂定條約，取得法國全部的殖民地。

在此之前，英國以保護國內的工商業為優先，採取「重商主義」政策，將在殖民地獲得的貿易差額用於增加資本。從十七世紀末到十八世紀中葉，實施了羊毛條款、帽子條款、蜜糖條款、鋼鐵條款……等多項條款，禁止殖民地產品出口，並對殖民地進口的物品課以很高的關稅。不過因為和法國以及美國原住民的激烈對抗，英國刻意減少對於美國殖民地的干涉。

七年戰爭結束後，美國殖民地內少了來自法國的威脅，英國便毫無顧忌地加強對殖民地的重商主義，反而促進了殖民地的獨立，這對英國而言是個很大的失算。

美國殖民地的憤怒

英國為了填補七年戰爭所造成的財政損失，以及因應產業革命所需要的廣大市場，於是在一七六五年頒布印花條款，規定在殖民地印刷、出版的東西都必需課稅。不只官方文件，甚至連新聞、廣告單、撲克牌等娛樂印刷品也要課稅，因此引起了殖民地民眾極大的不滿，主張：「沒有殖民地的人民代表，不得課稅。」藉以反抗在沒有殖民地代表與會的情況下，英國國內議會所做出的決定。

英國最後讓步，同意廢除印花條款。不過一七七三年，英國又為了幫助財政陷入困境的東印度公司而頒布茶葉條款，這項條款同意，東印度公司的茶葉可以免稅出口到殖民地，而且是獨家銷售，極端一

點地說就是強行推銷。

為此殖民地爆發了「波士頓茶會事件」，殖民地憤怒的激進派偷襲東印度公司停泊在波士頓港的船隻，將船上裝載的三百四十二箱茶葉通通丟到海裡。

「茶會」聽起來好像很優雅，其實卻是用港口海水泡紅茶的「Tea Party」，所以毋寧說它是殖民地對母國不滿的具體表現。

美利堅合眾國從十三個州開始

英國加強施壓後，殖民地的民眾便團結起來拒絕和英國通商。一七七五年，雙方終於爆發武力衝突。翌年七月四日，殖民地在費城表決通過「獨立宣言」。宣言中採用了英國啟蒙思想家洛克提倡的「自由與平等」、「社會契約論」、「對壓制政治的反抗權」等，後來法國革命（參見P301）的「人權宣言」也傳承了這些思想。

●美國獨立的過程

殖民地的主張＝「沒有殖民地的人民代表，不得課稅」
英國國內的議會上沒有殖民地代表，所以殖民地人民反對沒有經過殖民地同意的課稅。

1773 年 **波士頓茶會事件**	波士頓市民喬裝成印地安人，把東印度公司的茶葉丟到海裡
1776 年 **美國獨立宣言**	由湯瑪斯傑佛遜草擬
1776 年～ 1783 年 **美國獨立革命**	喬治華盛頓活躍

美國的獨立戰爭初期由華盛頓擔任總指揮官，當時殖民地內部產生分裂，所以進行得非常辛苦。但是後來得到與英國敵對的法國、西班牙支持，而俄羅斯也組成「武裝中立同盟」與美國維持通商，使得英國逐漸被孤立，美國最後在一七八三年正式獨立。

一七八七年，殖民地表決通過「合眾國憲法」，十三個州組成的聯邦國家——美國就此誕生。美國制定行政、立法、司法分開的「三權分立」原則，一七八九年選出華盛頓擔任第一任總統。

喬治華盛頓的軼事

華盛頓誕生於維吉尼亞州波多馬克河畔的大農場，距離現在的華盛頓特區很近。他的父親是農場主人。有一則家喻戶曉的故事：華盛頓小時候砍倒父親心愛的櫻桃樹，被父親發現後誠實承認。不過這一則軼事是傳記作家編撰出來的。

華盛頓進入議會後累積了不少經驗，後來從軍加入英、法兩國的殖民地爭奪戰，在賓夕凡尼亞州的荒野中解救了差一點被殲滅的英軍，展現了優越的軍事能力。獨立戰爭開始後，華盛頓被任命為大陸軍總司令，登上了北美洲殖民地的最高地位，美國獨立後他成為第一任總統，可說是理所當然的結果。

星條旗和美國國歌

星條旗在一七七六年被採用為美利堅合眾國的國旗，最初國旗上只有十三顆星、十三條橫紋。國旗的設計者雖然不詳，不過根據記載，在該年的五月，有位叫貝琪羅斯的婦人縫製了最早的星條旗。之後隨著州數的增加，星條的數目也愈來愈多。

很多人常誤以為《永恆的星條旗》（The Stars and Stripes Forever）是美國國歌，其實它是另一首進行曲，正確的美國國歌是《閃耀的星條旗》（The Star-Spangled Banner）。在史稱「第二次獨立戰爭」的美英戰爭中（一八一二年～一八一四年），麥克亨利堡受到英軍猛烈的攻擊，當時美國律師法蘭西斯‧史考特‧凱伊，看到歷經一夜炮火攻擊後依舊飄揚的星條旗時深受感動，便寫下了名為〈閃耀的星條旗〉的詩，這首詩後來被譜上曲，於一九三一年經過議會審核，正式成為美利堅合眾國國歌。

《閃耀的星條旗》總共有四段，但是一般都只唱第一段，也有人批評現在的美國國民已經很少人可以唱完整首國歌了。

●美國的獨立

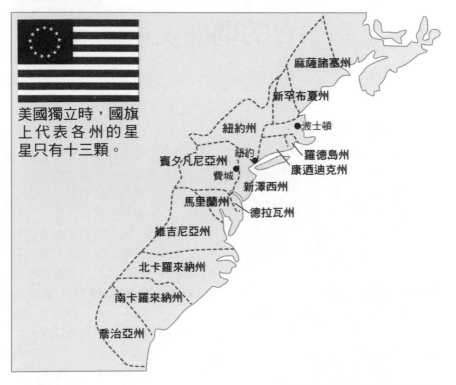

美國獨立時，國旗
上代表各州的星
星只有十三顆。

美國獨立時的十三個州

麻薩諸塞州	賓夕凡尼亞州	北卡羅來納州
新罕布夏州	新澤西州	南卡羅來納州
紐約州	德拉瓦州	喬治亞州
羅德島州	馬里蘭州	
康迺迪克州	維吉尼亞州	

被送上斷頭台的瑪麗安東尼

法國是啟蒙思想的發源地，法國國王在激烈的革命中遭到處決。

資產階級開始叛亂

法國自路易十四以來，為了與英國爭奪殖民地而不斷發動戰爭（參見P274），最後戰敗；此外又介入美國獨立戰爭，造成財政陷入困境，再加上專制君主的浪費，不但興建豪華的凡爾賽宮，浮濫發放貴族養老金，使得財政赤字不斷地增加。

法國政府不得不進行改革財政，於是在一七八九年五月召開三級會議，提議向第一階層的聖職者和第二階層的貴族課稅。這次的三級會議距波旁王朝於十七世紀建立君主專制，首次召開以來（譯註：一六一四年，波旁王朝於巴黎召開第一次三級會議），已相隔了一百七十五年之久（參見P210）。但是，三級會議的結果反而更加彰顯法國君主專制的衰弱。聖職者和貴族理所當然地拒絕廢除免稅特權，而和農民同屬第三階層的資產階級（市民階級），則要求制定憲法，一步也不肯退讓，召開三級會議對王政而言顯然是「拿石頭砸自己的腳」。

占據人口總數達百分之九十八的第三身分者主張：「我們才是人民的代表！」，進而獨自組織「國民議會」，經過老實的路易十六批准後，「憲法制定國民議會」正式運作。不過，法國政府並沒有因此改變強硬的態度，反而以軍隊恐嚇巴黎市民，逼得市民揭竿起義，高昂的情緒迅速漫延開來。

七月十四日成為革命紀念日

一七八九年七月十四日，群眾為了取得武器和彈藥，襲擊巴士底監獄，「法國革命」由此揭開序幕。

據說隔天聽到消息的國王說：「這是暴動。」而站在一旁的公爵則回答：「這不是暴動，是革命！」不過，襲擊監獄的目的只是為了調度武器，並非是想釋放政治犯的「革命性」活動。作家薩德侯爵因為不道德之罪被關進巴士底監獄，不過他在監獄受襲的前幾天被轉送醫院，所以當時監獄中所關的犯人只有七個人。

法國將這一天訂為革命紀念日，每年都盛大慶祝，在日本則稱這一天為「巴黎節」。

使用斷頭台的恐怖政治

革命的溫度升高，國民議會通過「人權宣言」宣揚市民的自由與平等，不過，後期的革命運動卻愈來愈血腥。

一七九一年六月，國王一家人對國內不安定的局面感到惶恐而逃亡，但是之後被抓回來了。由於民眾愈來愈不相信君主政體，後來議會制定憲法企圖積極恢復國內秩序，最後終於縮小王權，將王政改為君主立憲。

一七九二年，法國對處處干涉法國革命的普魯士及奧地利宣戰。由於議會的號召，義勇軍高唱著《馬賽曲》（譯註：義勇軍由法國南部

●法國革命的過程

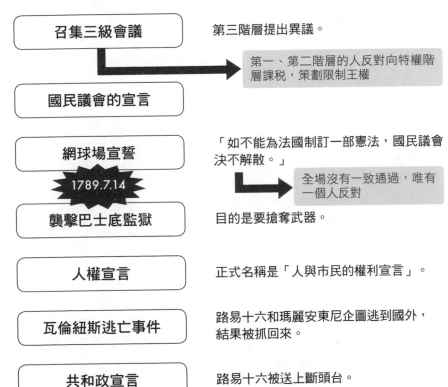

召集三級會議 — 第三階層提出異議。

第一、第二階層的人反對向特權階層課稅，策劃限制王權

國民議會的宣言

網球場宣誓 — 「如不能為法國制訂一部憲法，國民議會決不解散。」

全場沒有一致通過，唯有一個人反對

1789.7.14

襲擊巴士底監獄 — 目的是要搶奪武器。

人權宣言 — 正式名稱是「人與市民的權利宣言」。

瓦倫紐斯逃亡事件 — 路易十六和瑪麗安東尼企圖逃到國外，結果被抓回來。

共和政宣言 — 路易十六被送上斷頭台。

的馬賽人組成，他們高唱著軍歌步行到巴黎）占領了凡爾賽宮，高喊廢除王權，九月發表共和宣言後成立了「國民公會」，被軟禁的路易十六於一七九三年一月被送上斷頭台。

法國革命愈演愈激烈，以英國為中心的「對法大同盟」組成，使法國被迫陷入孤立。國民公會中激進的山岳黨驅逐了穩健的吉倫特黨，一七九三年六月，羅伯斯比爾、馬拉、丹敦等人領導的雅各賓派開始實行獨裁。

另一方面，公安委員會不斷進行著毫不寬容的鎮壓行動，一七九三年十月，從哈布斯堡家族嫁過來的王妃瑪麗安東尼（參見P285）也被處決。瑪麗安東尼曾說過一句「名言」，據說當她聽到老百姓生活窮苦，沒有麵包吃時，她竟然回答：「這些人沒有麵包吃，為什麼不吃蛋糕呢？」

羅伯斯比爾的「恐怖政治」並沒有維持多久，資產階級和勞動者不滿於經濟的混亂，而公安委員會反抗恐怖政治的力量也悄悄地凝聚。一七九四年七月發生的政變──「熱月政變」中，羅伯斯比爾最後也被送上斷頭台，接著反雅各賓運動在全國展開，反革命派的勢力日漸壯大。

一七九五年十月，由五個督政官組成的「督政府」成立，以吉倫特黨為中心的資產階級政權確立，造成眾多犧牲的法國革命終於結束。

革命的副產物──公尺制和共和曆

以破壞舊體制、建立新秩序為目標的法國革命運動，對社會和文化產生了各種影響。國王和貴族的宅邸、墓地、肖像等被起義的民眾銷毀殆盡，不過另一方面，企圖否定所有傳統價值觀的革命政府，在社會制度的建立上也加入了一些新手法。

其中一項便是公尺制，它將北極到赤道的距離的千萬分之一訂為一公尺。日本在明治時代已經決定採用公尺制，但實際卻到昭和三十四年（一九五九年）才開始實施。現在公尺制已經成為國際標準，同時採用公尺制和英碼制的國家只有美國、英國、奧地利、加拿大、紐西蘭、南非。

另外，將以前的太陽曆改為共和曆（革命曆），以宣布共和制的一七九二年九月二十二日為法國元年一月一日，一月命名為葡萄月，二月是霜月，每個月份順應四季的節令取名。「熱月政變」因為發生在革命曆的九月、也就是熱月而得名。

●因法國革命而產生的物件

三色旗

三色旗代表了自由（藍）、平等（白）、博愛（紅）。這面象徵法國革命的旗子，深遠地影響了全世界，許多國家都以它為原型製作國旗。

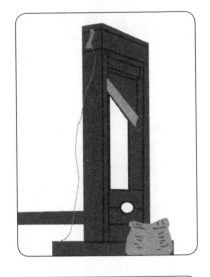

馬賽曲（法國國歌）

這首壯烈的國歌，馬賽義勇軍在進攻巴黎時也曾唱過：

「那些傢伙要來殺人了，他們連女人都殺。大家拿起武器，前進！把那些傢伙骯髒的血灑到田裡。」

斷頭台

醫師蓋勒廷所創。目的是為了減少死刑時的痛苦，並且以相同的方法對不論何種身分者平等地執刑。

納爾遜提督搏命防戰

法國市民害怕革命後的反動及對外危機，期待著領袖人物出現。

非凡將軍——拿破崙

　　法國革命期間死亡人數高達六十萬人，這樣莫大的犧牲，換得了農民的土地私有制，以及資產階級擁有財產權和營業的自由。

　　不過，革命的結果也使得督政府走向衰弱，人民擔心「對法大同盟」讓法國造成的孤立會使得國家遭受侵略，大部分的民眾開始期待有能力的領袖人物出現。而就在此時，拿破崙將軍出現了。

　　拿破崙是地中海科西嘉島上小貴族家的次男，他畢業於島上的兵校。一七八五年法國大革命爆發之前，被分發到炮兵連隊，加入山岳黨後的拿破崙不久便發揮他在軍事上的才能，年僅二十四歲就當上將軍。後來雖然在熱月政變（參見P302）中被捕，但是幸運地被議員救出，隔年因為鎮壓王黨叛亂而名聲大噪，開始踏上他的光榮與沒落之路。

拿破崙在遠征埃及後發動政變奪取政權

　　法國的督政府雖然疲於派閥鬥爭，但是對外因為有拿破崙的活躍而仍能居於優勢。在對奧地利戰役的策略中，拿破崙於一七九六年被任命為義大利遠征軍司令官，隔年打敗奧地利，法奧兩國和解，瓦解了第一次對法大同盟。

　　為了切斷英國、印度之間的交易路徑，接著拿破崙率軍遠征埃及（一七九八年～一七九九年），但是不幸地被英國提督納爾遜元帥所率領的英國艦隊打敗。當他知道以英國為中心的第二次對法大同盟組成時，便把軍隊留在埃及，自己急忙回國，於革命曆霧月十八日（譯註：霧月為西曆的十月二十二日到十一月二十日），在外交部長塔列朗等人的協助下政變成功，打倒督政府，建立了「執政府」。

　　拿破崙出任第一執政官，一八○○年越過阿爾卑斯入侵義大利，接著打敗奧地利，一八○二年和英國締結和平條約，瓦解第二次對法

●拿破崙的捷戰

拿破崙的
最大勢力範圍

⑥ 1806 年
耶拿戰役
大敗普魯士，對英國
實施大陸封鎖政策。

⑧ 1812 年
遠征莫斯科（六月）
占領莫斯科（九月）
因為焦土作戰敗退，
六十萬大軍幾乎全滅。

⑦ 1809 年
瓦格拉姆戰役
戰勝奧地利，迎娶公主。

③ 1800 年
馬倫哥戰役
在第二次遠征義大利時打
敗奧地利。

② 1798 年～ 1799 年
遠征埃及

④ 1805 年
特拉法加海戰
欲登陸英國本土，被納爾
遜阻撓。

⑤ 1805 年
奧斯特里茨戰役
三帝會戰，戰勝俄羅斯、
奧地利。

① 1796 年～ 1797 年
遠征義大利

大同盟。

　　為歐洲帶來短暫和平的拿破崙也與天主教和解，並於一八○四年頒布親自參與編纂的《法蘭西民法典》（又稱：拿破崙法典）。這部法典恢復了革命成果——「人權宣言」的精神，規定不可侵犯私有財產、以及法律之前人人平等，後來成為西歐各國民法的範本。

前所未有的拿破崙加冕儀式

　　一八○四年極受愛戴的拿破崙經過全民投票晉升為皇帝，於是「第一帝政」開始，拿破崙成了名副其實的獨裁者。相傳維也納的樂聖貝多芬知道拿破崙變成獨裁者後，立刻把第三交響曲《英雄》總譜中原本要獻給拿破崙的獻詞撕毀。

　　一八○四年，拿破崙在聖母大教堂舉行的加冕儀式，可說是他光榮的象徵。

　　本來代表皇位的皇冠，應該由教皇庇護七世授與，但是拿破崙卻拿起皇冠自己戴上。拿破崙這個舉動是要表示：「皇帝的地位是我自己爭取來的！」，此舉徹底地打破了慣例，這位新皇帝也親自為皇后約瑟芬戴上閃閃發亮的后冠。

再次被英國納爾遜打敗

　　英雄帶來的和平被英雄本身破壞了。企圖奪取大陸政權的拿破崙，在一八○五年第三次對法大同盟組成後，試圖進攻英國，但是在特拉法加海角的海戰中，又再次被納爾遜阻撓。

　　身經百戰、並且失去右眼和右腳的納爾遜將軍，在這場戰役中不幸中彈身亡，據說他的遺體被泡在萊姆酒桶中運回英國，但是抵達港口時，萊姆酒被兵士偷喝光了，酒桶中空無一物。之後在英國，這種與救國英雄有關的萊姆酒被稱為「納爾遜之血（Nelson Blood）」，而偷喝酒的舉動則稱為「與提督喝酒」。

神聖羅馬帝國滅亡

　　雖然攻擊英國本土失敗，但是擅於陸上戰爭的拿破崙，在一八○五年奧斯特里茨戰役中大破俄奧聯軍，並組織「萊因聯邦」，自命為主席。一八○六年，神聖羅馬皇帝被迫退位，神聖羅馬帝國滅亡。接著拿破崙又與俄羅斯結為同盟，聯手打敗企圖對抗法國的普魯士，並奪取他們一半的領土，取得了歐洲的霸權。

　　拿破崙稱霸歐洲大陸，派遣自己的兄弟到荷蘭、義大利、西班牙等國家當國王，強迫這些國家臣服。由於皇后約瑟芬一直未能生下子嗣，所以拿破崙和約瑟芬離婚，

●拿破崙的勢力擴大圖

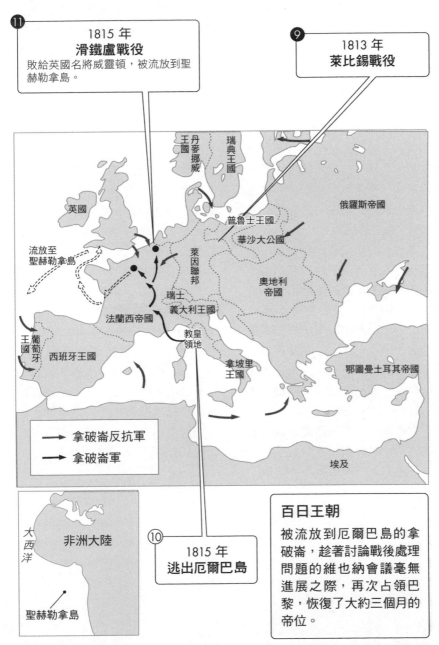

⑪ 1815 年
滑鐵盧戰役
敗給英國名將威靈頓,被流放到聖赫勒拿島。

⑨ 1813 年
萊比錫戰役

丹麥
王國
瑞典王國

英國

流放至
聖赫勒拿島

俄羅斯帝國

普魯士王國
華沙大公國

萊因聯邦

奧地利
帝國

瑞士
義大利王國

法蘭西帝國

教皇領地

王國葡萄牙
西班牙王國

拿坡里
王國

鄂圖曼土耳其帝國

埃及

→ 拿破崙反抗軍
→ 拿破崙軍

大西洋

非洲大陸

聖赫勒拿島

⑩ 1815 年
逃出厄爾巴島

百日王朝

被流放到厄爾巴島的拿破崙,趁著討論戰後處理問題的維也納會議毫無進展之際,再次占領巴黎,恢復了大約三個月的帝位。

於一八一○年改娶奧地利哈布斯堡家族的公主，取得了與名門之間的血緣關係及權威，君臨歐洲。

接連敗北和百日王朝

　　獨裁者拿破崙頒布「大陸封鎖令」，禁止歐陸各國與英國通商，企圖以經濟制裁對付唯一與法國抵抗的英國。但是歐陸各國向來將穀類輸出到英國，並從英國進口生活必需品和工業產品，此舉使各國因此經濟失衡陷入窮困，於是發動了反法的民族主義運動。

　　西班牙的叛亂便是其中之一。西班牙以躲躲藏藏的游擊戰對抗法國的嚴格鎮壓，讓以常勝自負的法國軍深感困擾。此外，因為俄羅斯無法忍受大陸封鎖政策，恢復與英國通商，所以一八一二年拿破崙率軍遠征俄羅斯，不過法國大軍占領莫斯科後，因為無法忍受當地的嚴寒，迫不得已只好撤退。

　　拿破崙的天才戰略從這個時期開始失利，並且在次年的一八一三年、各國發動的民族戰爭中慘敗，

最後，對法大同盟進入巴黎，拿破崙終於垮台。一八一四年，拿破崙被流放到地中海的厄爾巴島，波旁王朝的路易十八世即位，王政復辟。

　　不過一八一五年，拿破崙看到討論戰後處理問題的維也納會議遲遲沒有進展，便逃出厄爾巴島前往巴黎。因為路易十八未能如大家所期待，所以期望拿破崙皇帝復位的援軍在各地會合，拿破崙終於進到了巴黎。但是，驅逐路易十八恢復帝位後，拿破崙的統治並沒有維持多久，他在與對法大同盟的決戰——滑鐵盧戰役中，徹底失敗投降了。他的第二次帝政大約三個月就宣告終結，這段期間被稱為「百日王朝」。

　　過去的光榮已然褪色的「英雄」，被流放到遠洋的孤島聖赫勒拿島，六年後結束了一生。俄羅斯大文豪托爾斯泰一八六九年的大作《戰爭與和平》，描寫的就是拿破崙戰爭的情形。

●拿破崙名言錄

遠征埃及時

● 「士兵們，四千年的歷史在俯視你們」

首次執政時

● 「革命的浪漫已經結束，要面對現實」

「我之所以統治法國，是因為我具有適合做一個統治者的素養」

「如果要說勳章是個玩具，那是你們的自由。不過，人類是被勳章所統治的」

穿越阿爾卑斯山時

● 「我的字典裡沒有『不可能』這個字」

臨終時

● 「神啊！法國國民、我兒、軍隊的先鋒……」

議會絲毫沒有進展

拿破崙戰爭後的維也納議會充滿混亂，保守反動興風作浪。

拿破崙戰後處理糾紛不斷

席捲歐洲的拿破崙時代結束，西歐各國嘗試重新編制法國革命以來混亂的國家體制。

拿破崙被流放到厄爾巴島後，歐洲各國舉行的維也納會議，是個以討論戰後處理為目的的國際會議，但是會議卻因為各國的意見交錯而產生糾紛。而且議會會場「美泉宮」頻繁地舉行舞會，所以被諷刺為「熱鬧有餘，卻絲毫沒有進展」。經過拿破崙復位後的「百日王朝」，在拿破崙第二次失勢後的一八一五年六月，各國才終於達成協議。

在協議書中，「正統主義」得到支持，各國期望恢復法國革命前的正統王朝和舊制度，法國恢復了波旁王朝的領土和主權，另外俄羅斯、英國、普魯士、荷蘭等國家擴大領土，波蘭王國也成立。另外，瑞士（十五世紀末從奧地利獨立）得到承認為永久中立國。至於德意志地區，並沒有恢復神聖羅馬帝國，而是由三十五個君主國和四個自由市組成聯邦。維也納議會之後所成立的新架構被稱為「維也納體制」。

梅特涅的企圖

在維也納體制中，加入了很多奧地利外交部長（後來的首相）梅特涅所制定的方針，他在維也納會議中擔任議長職位，企圖維持歐洲的勢力均衡及恢復革命前舊體制的保守反動。

但是由於法國革命和拿破崙戰爭的影響，自由主義和民族主義的精神已在各國萌芽，所以各地紛紛發起抵抗運動，而厭惡自由主義的大國則結成同盟嚴格鎮壓。德國的學生抵抗運動在梅特涅的干預下被迫解散。在俄羅斯，反對尼古拉一世即位的「十二月黨叛變」也受到鎮壓。

總之，被喻為「歐洲憲兵」的同盟大國，一逮到機會就摧毀自由主義和民族主義，藉以維持維也納體制。

希臘人從鄂圖曼土耳其帝國獨

●維也納會議後的歐洲

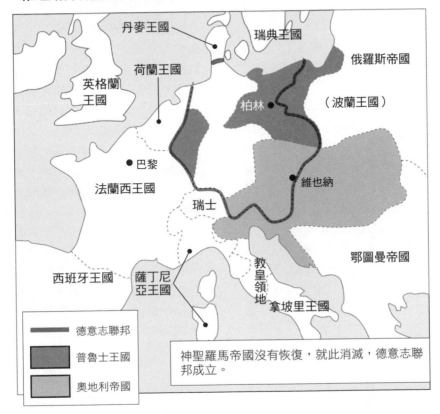

丹麥王國
瑞典王國
荷蘭王國
俄羅斯帝國
英格蘭
王國
柏林
（波蘭王國）
巴黎
維也納
法蘭西王國
瑞士
西班牙王國
薩丁尼
亞王國
教皇領地
鄂圖曼帝國
拿坡里王國

德意志聯邦
普魯士王國
奧地利帝國

神聖羅馬帝國沒有恢復，就此消滅，德意志聯邦成立。

各國紛爭的結果

- 波旁王朝在法國、西班牙、拿坡里復位。
- 羅馬教皇領地恢復，薩丁尼亞王國取得薩伏依和熱那亞。
- 在波蘭的大部分領土上，以俄羅斯皇帝為王的波蘭王國成立。
- 普魯士取得薩克森地區的一部分和萊因河左畔。
- 神聖羅馬帝國沒有恢復，而是以三十五個君主國和四個自由市組成聯邦。

- 英國從荷蘭取得殖民地斯里蘭卡和開普敦，並且取得戰爭中占領的地中海馬爾他島。
- 荷蘭取得南尼德蘭（比利時）做為喪失海外殖民地的補償。
- 奧地利取得北義大利的倫巴底和威尼斯，做為失去南尼德蘭的補償。
- 瑞典把芬蘭割讓給俄羅斯，西波美拉尼亞割讓給普魯士，不過相對地也取得了挪威。
- 瑞士成為永久中立國。

立在維也納體制的鎮壓之下，也有看到民族主義開花結果的國家，例如希臘。希臘在一四五三年拜占庭帝國滅亡後，改由鄂圖曼土耳其帝國統治，從一八二一年起發動獨立戰爭。

雖然鄂圖曼帝國與埃及聯手企圖鎮壓，但是英國、俄羅斯、法國考慮巴爾幹半島的利害關係，派遣三國聯合艦隊支援希臘。海戰獲勝後，一八二九年希臘王國成功獨立。希臘之所以能成功，是因為鄂圖曼帝國屬於伊斯蘭教國家，所以三國才支援希臘獨立。希臘被認為是維也納體制下最早的領土變更。

美國提出「門羅主義」——走自己的路

法國革命所產生的自由、平等精神也影響了拉丁美洲。由於西班牙的波旁家族被拿破崙打倒，促使西班牙、葡萄牙殖民地的中南美各國也發動獨立運動，十九世紀初，中南美洲各國相繼獨立成功。

梅特涅擔心這些獨立運動會影響到歐洲，所以企圖加以干涉，不過卻受到想確保中南美洲市場的英國牽制。

還有，自認是新大陸盟主的美國總統門羅，為了防範西歐的干涉和阻止俄羅斯進入阿拉斯加，於一八二三年提出「新舊兩大陸互不干涉」的聲明，史稱門羅主義，它也成為後來美國的外交方針之一（孤立外交）。

●維也納體制的風波

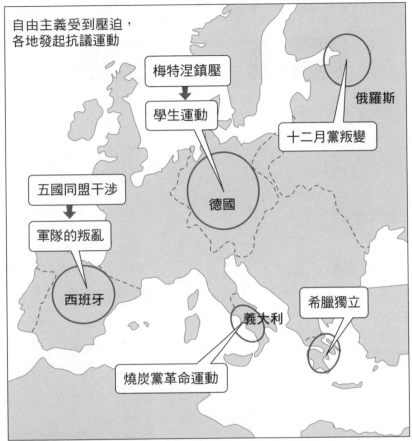

自由主義受到壓迫，
各地發起抗議運動

梅特涅鎮壓
↓
學生運動

俄羅斯

十二月黨叛變

五國同盟干涉
↓
軍隊的叛亂

德國

西班牙

義大利

希臘獨立

燒炭黨革命運動

希臘獨立戰爭
英國詩人拜倫加入義勇軍，
德拉克洛瓦畫了《巧斯島的屠殺》。

《巧斯島的屠殺》

PART 8
帝國主義與社會主義

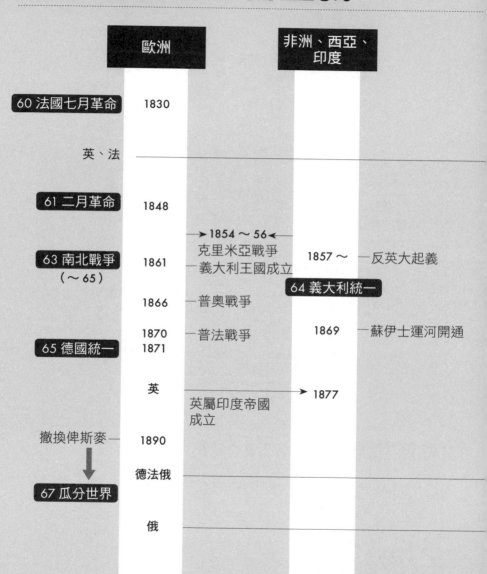

歐洲		非洲、西亞、印度
60 法國七月革命	1830	
英、法		
61 二月革命	1848	
	→1854～56←	
63 南北戰爭（～65）	1861 克里米亞戰爭 —義大利王國成立	1857～ —反英大起義
		64 義大利統一
	1866 —普奧戰爭	
65 德國統一	1870 —普法戰爭 1871	1869 —蘇伊士運河開通
	英	→1877
	英屬印度帝國成立	
撤換俾斯麥—	1890	
67 瓜分世界	德法俄	
	俄	

公元 1830 年～ 1912 年的世界

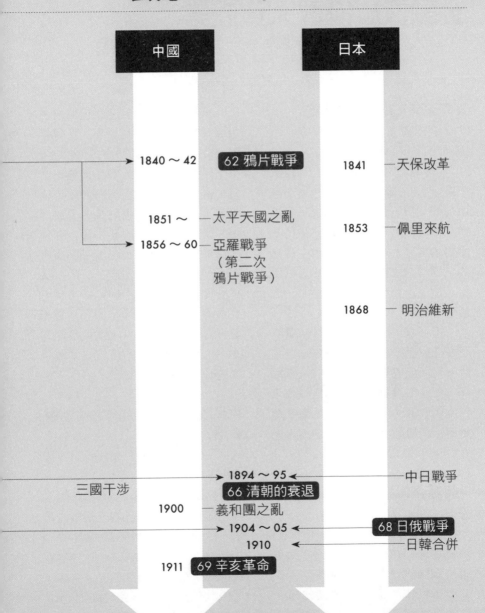

中國	日本

1840 ～ 42　62 鴉片戰爭

1841　— 天保改革

1851 ～　— 太平天國之亂

1853　— 佩里來航

1856 ～ 60 — 亞羅戰爭
（第二次
鴉片戰爭）

1868　— 明治維新

1894 ～ 95　— 中日戰爭

三國干涉　66 清朝的衰退

1900　— 義和團之亂

1904 ～ 05　68 日俄戰爭

1910　— 日韓合併

1911　69 辛亥革命

金融貴族擁戴大資產家

一八三〇年，金融資本家挑戰保守反動的維也納體制。

法國波旁王朝的王政復辟

拿破崙東山再起失敗後，法國波旁王朝再次登上王位，路易十八實行維也納體制下的保守反動政策。「正統主義」在維也納會議中受到支持，其根本原則之一就是恢復革命前的王權，所以路易十八讚揚舊制度，並且鎮壓自由主義運動，盡其可能地限制市民的選舉權，造成政權都掌握在大地主和上層資產階級手中。

接著繼位的查理十世也繼承了保守反動政策，並企圖強化君主制。然而已經體驗過革命的法國國民，對此愈來愈不滿，於是查理十世出兵北非的阿爾及利亞，想要藉此轉移民眾的注意力，這是從古至今執政者經常使用的手段。

七月革命——產業革命放逐國王

法國的產業革命在這個時期正式展開，法國的經濟基礎不輸英國，以纖維業為中心的產業資本家和銀行家，很快地發達起來。

一八三〇年，反對君主制度的自由主義派就是以他們為核心，在總選舉中獲得了比執政黨更多的席次。

然而，這時國王卻干涉選舉，命令新議會解散，企圖藉此壓迫反對黨，甚至還禁止批判性的書籍出版。要求共和制的巴黎市民在同年的七月二十七日，築起街壘與政府軍展開激烈戰鬥，經過三天的對抗終於獲得勝利。市民們迎接王室旁系奧爾良家族的路易腓力登基為國王，取代了查理十世，這便是法國的「七月革命」，市民三天的抗爭則被稱為「光榮的三天」。

平民國王——路易腓力的金權政治

法國從路易腓力起開始實行君主立憲，稱為「七月王朝」。

路易腓力原本就是著名的自由主義者，他稱自己是「法國人的王」，他將與國民的關係比喻為「契約」，認為法國是「主權在民」的國家。不過實際上，全國人民中只有少部分的人擁有選舉權，

●何謂七月革命與七月王朝？

路易十八、查理十世的保守反動政治

查理十世出兵阿爾及利亞

查理十世國王妨礙選舉

「光榮的三天」（7月27日～29日）

路易腓力實施立憲君主制（七月王朝）

1834年　五法郎銀幣，上面有路易腓力鑄像

七月革命的特質

雖然是市民革命，卻由資產階級獨享革命的成果，加上政府賄賂選舉人，所以被批評為「宛如惡性股票公司」。

317

政權都集中在「金融貴族」的大資本家手中。此外，路易腓力還以「光榮三日」的抗爭，自命為「街壘之王」，不過市民卻稱他為「資產分子之王」。

路易腓力只採取對大資本家和銀行家（金融資本家）有利的政策，幾乎無視於中小企業和勞工及農民的存在。或許這是他對支援七月革命的大資產階級的回報，不過中產階級市民並不認同，不久之後，七月王朝也開始產生動搖。

七月革命使得維也納體制岌岌可危

「七月革命」對維也納體制產生了很大的影響。因為革命正巧發生在標榜正統主義的法國，支持維也納體制的五國同盟因此瓦解。

姑且不論路易腓力「七月王朝」所受到的評價，七月革命確實助長了各國的自由主義運動，例如比利時從荷蘭獨立、義大利的燒炭黨起義、西班牙的立憲運動也愈演愈烈。經過變革之後，比利時、荷蘭，加上後來從荷蘭獨立的盧森堡，併稱為「荷比盧三國關稅同盟」。

不久之後，維也納體制在這種自由主義運動和民族主義高漲的情況下逐漸瓦解。

●法國七月革命的影響

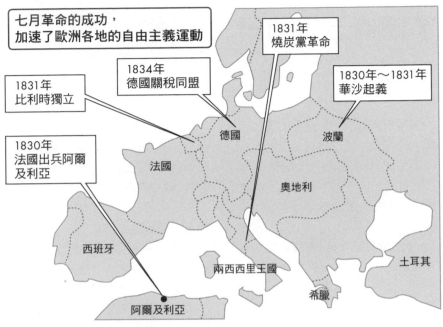

七月革命的成功,
加速了歐洲各地的自由主義運動

1831年
燒炭黨革命

1830年～1831年
華沙起義

1834年
德國關稅同盟

1831年
比利時獨立

1830年
法國出兵阿爾
及利亞

德國

波蘭

法國

奧地利

西班牙

兩西西里王國

土耳其

希臘

阿爾及利亞

七月革命的象徵

畫家德拉克洛瓦,描
繪七月革命的巴黎巷
戰,自由女神舉著三
色旗,踩過屍體英勇
前進。

拿破崙三世的第二帝國

一八四八年法國革命波及各國，維也納體制隨之瓦解。

「要有選舉權，先使自己富有」

成立於一八三○年的法國七月王朝，表面上是主權在民，事實上卻是個為金融資本家而存在的政權。

經由產業革命逐漸茁壯的中產階級、市民和勞工，開始對占人口不到百分之一的大資產階級擁有選舉權感到不滿，於是要求修法為普通選舉權。但是身兼歷史學家的首相基佐卻說：「要有選舉權，先使自己富有」，拒絕人民的要求，使得國民大為憤怒。

一八四八年二月，由於政府鎮壓修改選舉法運動，巴黎開始發生巷戰，市民再度築起街壘，和七月革命如出一轍。路易腓力趕緊撤換基佐內閣，企圖收拾事態，不過為時已晚。政府戰敗後，路易腓力流亡海外，接著臨時政府成立。這場抗爭稱為「二月革命」，勞工代表和社會主義者也加入臨時政府，通過了二十一歲以上男子可以參與投票的普通選舉制。

二月革命的影響在歐洲各地發生，柏林和維也納也跟著發起「三月革命」，使得梅特涅垮台，維也納體制徹底瓦解。

蕭邦是危險人物？

波蘭在十八世紀末受到鄰近各國侵略，被普魯士、奧地利、俄羅斯三國瓜分，逃亡到法國的波蘭人熱切期望恢復獨立。打敗普魯士的拿破崙一世建立華沙大公國後，雖然維持了短暫的和平，但由於維也納會議的決定，使得三國分割的統治再度展開。

音樂家蕭邦使用音樂詮釋了祖國波蘭命運的悲哀。

法國二月革命後不久，被俄羅斯視為危險人物的蕭邦，接受家人和朋友的建議，從充滿革命氣息的華沙出發前往維也納。蕭邦抵達維也納時聽到波蘭民眾揭竿起義的消息，然而一年後，當他停留在斯圖加特期間，得知起義軍失敗，心情跌到了絕望的谷底，不禁感嘆起祖國悲慘的命運，便於此時完成了旋

●1848年的大改革

> 除了法國之外，也可見到奧地利國內的民族解放運動，以及德國、義大利
> 等國家朝向統一之路邁進。

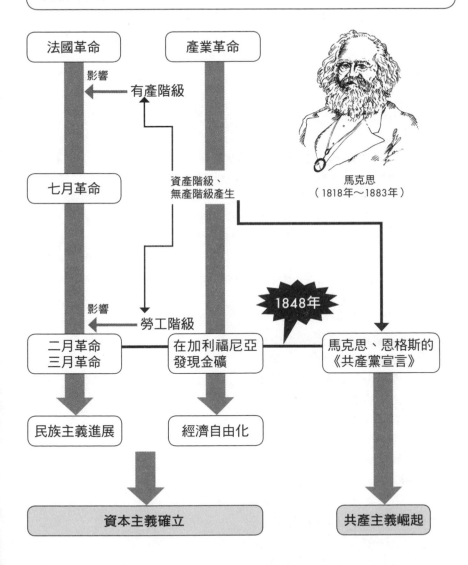

馬克思
（1818年～1883年）

律激烈的鋼琴練習曲《革命》。

社會主義運動失敗後，拿破崙的外甥登場

　　二月革命爆發期間，法國產生了勞工追求理想社會的「社會主義」，以及否定國家權力的「無政府主義」運動。不過，英國的馬克思批評他們是空論和小市民慾望，進而提倡自稱為「共產主義」的科學性社會主義。

　　二月革命的法國臨時政府，因為有白朗等社會運動家的加入，因此和資產階級穩健的共和主義形成對立。後來農民擔心社會主義的政策會使得他們失去土地，所以支持共和派，導致勞工在總統選舉中大敗，總統選舉結果，出乎意料地由拿破崙一世的外甥路易拿破崙當選。

　　前皇帝拿破崙的獨裁和政策失敗，已經被人民忘得一乾二淨，反而成了傳說中的偉大英雄。總統路易拿破崙巧妙地利用這一點，打動懷念拿破崙時代的老兵和農民的心，巧裝成調解資產階級、勞工、農民之間利害關係的協調者。這種政治手法被稱為「波拿巴主義」。

死灰復燃的帝制獨裁和《悲慘世界》

　　一八五一年，路易拿破崙藉由政變取得獨裁政權，一八五二年經由國民投票成為皇帝（譯註：路易拿破崙於一八四八年二月革命後的總統大選中高票當選。之後為了繼續總統的任期，於一八五一年十二月發動政變，將總統的任期延長為十年。一八五二年十二月，全民投票表決恢復帝制，路易拿破崙登上皇帝之位）。他與叔父選擇了同樣的獨裁之路，稱自己為拿破崙三世，而他的執政則被稱為「第二帝國」。

　　同時身兼作家及政治家的雨果，因為反對路易拿破崙的獨裁，意識到自身的危險後逃亡，同時寫下了長篇小說《悲慘世界》，藉此呼籲人們救助處境淒涼的勞工、女性及兒童。

　　後來自由主義的勢力已經無法漠視，拿破崙三世只好逐漸讓步。法國政府致力於培育產業，使法國表面上看起來非常繁榮，巴黎街道改造成如今的模樣，也是在這個時期。

　　長期規避對獨裁政治的批判後，拿破崙三世為了維持人民的擁戴，只好頻繁地策畫侵略戰爭，先後發動了克里米亞戰爭、亞羅戰爭（譯註：即第二次鴉片戰爭）、義大利統一戰爭等，並將印尼納入殖民地。不過在一八七〇年的普法戰爭中，拿破崙三世戰敗退位，逃亡海外，第二帝國也隨之瓦解。

● 法國第二帝國時代

雨果的《悲慘世界》
主角尚萬強因為偷了一片麵包被捕，之後
又在教會偷竊銀製餐具，但被主教救贖了
靈魂。故事中穿插了一心追捕尚萬強的頑
強警長，以及各種類型的人物。後來這部
小說也被改寫成歌劇。

二月革命的街壘

大英帝國維多利亞時代的殖民政策

鴉片戰爭後的中國，與英國東印度公司統治下的印度發生了大叛亂。

英國開始民權運動

和法國一樣，十九世紀前葉的英國也隨著產業革命的發展，資本家和勞工對選舉制度愈來愈不滿。

由於人口向工業都市集中，導致議員配額的比例，高於具有選舉權市民人數，造成「腐敗選區」增加，加上地主階級獨占議席及賄賂問題浮上檯面，所以一八三二年第一次選舉修正法案通過後，使得選舉權擴大到產業資本家。之後，勞工也發動了要求普通選舉制的「憲章運動」，政界的重新編制逐漸展開。女性可以參與投票的普通選舉制，則是在一九二八年通過。

一八一五年制定的穀物法（對進口穀物課關稅藉以保護農業地主）在一八四六年被廢除，為了趕走荷蘭而制定的航海條例也在一八四九年被廢除，隨後英國東印度公司的貿易獨占權也被廢除，就這樣，產業資本家逐漸擁有自由貿易體制，邁入維多利亞女王黃金時代的英國，以大英帝國的姿態君臨世界。

中國被迫開放與簽訂不平等條約

英國從十八世紀後葉，開始獨占與中國之間的貿易，但是當時的清朝傳承了中華思想，認為海外貿易不過是屬國的進貢，因此限定英國只能在廣州、而且必須透過公行（特別許可的商人組織）才可以進行買賣。就像江戶時代的日本把貿易限定在長崎的出島一樣，事實上就是鎖國政策。

英國從中國進口茶葉、絲綢以及陶瓷器，卻沒有出口任何東西到中國，加上最大的殖民地美國獨立，英國為巨額的貿易赤字所苦。於是十八世紀末葉時，英國展開「三角貿易」，把羊毛製品運到印度，再把印度產的鴉片走私到中國，然後把中國產的茶葉運回國內。這和連結英國、美國、非洲的奴隸貿易是同樣的手法。

由於鴉片走私量大增，導致中國人民購買鴉片的白銀大量外流，清朝政府對鴉片的蔓延感到頭痛，任命林則徐加強取締，沒收銷毀了

大量的鴉片。為此，英國在一八四〇年出兵攻打中國，引發了歷史上的「鴉片戰爭」。

一八四二年中國戰敗，清朝政府被迫割讓香港，開放上海等五個港口並且廢除公行，以及同意賠款。隔年又簽訂了承認領事裁判權及最惠國待遇等的不平等條約（南京條約）。

清朝在英國壓倒性的軍力之下，不得不同意開放門戶，在自由貿易的名義之下逐漸被半殖民化。

大約十年後，歐美列強經濟侵略的矛頭指向了幕府末期的日本。

太平天國的大動亂

「鴉片戰爭」之後，軍事費用和巨額賠款使得清朝的財政捉襟見肘。不只如此，鴉片的急速流入導致銀價暴漲，深受重稅之苦的民眾又受到洪水等天災侵襲，農民的窮困和失業者的增加，終於發展成撼動清朝的農民運動。

幾次參加科舉考試失敗的廣東

●引起鴉片戰爭的三角貿易

■鴉片戰爭的架構

1830年代，三角貿易流程

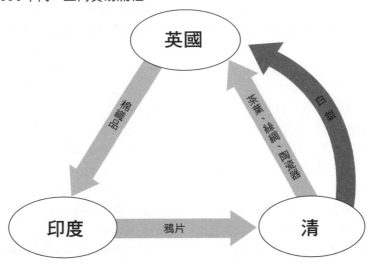

農民洪秀全加入基督教，後來自創獨特的宗教組織吸收信徒，一八五〇年在廣西舉兵建立「太平天國」。

太平天國抗拒清朝強制的辮髮，打著「滅滿興漢」的旗號，主張土地平分、男女平等、禁止販賣鴉片、纏足等等，很快獲得了民眾的支持，他們占領南京為首都，改名「天京」。據說太平天國的全盛時期，加入的民眾有三百萬人之多。

英法聯軍的亞羅戰爭

南京條約雖然使得中國的沿岸地區對外開放，但內陸的大部分地區還是封閉的，所以列強沒辦法得到預期的利益。

於是，英國藉著英籍亞羅號船上的中國船員，被清朝水師逮捕一事，硬說清朝的水師扯下懸掛於船上的英國國旗，有辱英國國格，遂向清朝宣戰。法國也以傳教士被殺事件為藉口加入，於是英法聯手的「亞羅戰爭」便展開了。

這場戰爭也被稱為第二次鴉片戰爭，清朝再度戰敗，被迫開放了十一個港口，並承認基督教的傳教自由。此外，香港對岸的九龍半島南部，也在一八六〇年割讓給英國。

太平天國的滅亡

亞羅戰爭期間，太平天國的叛亂席捲全中國，對逐漸衰弱的清朝軍隊更加不利。不過後來漢人地主在各地組織義勇軍（鄉勇），加上亞羅戰爭後，歐美列強擔心中國內亂影響貿易，轉而協助清朝政府，逐漸使得太平軍被逼得走投無路。

英國軍人戈登率領的常勝軍（外國將校指揮的特殊部隊）相當精銳，洪秀全在戰敗後自殺，沒多久天京淪陷，太平天國也於一八六四年滅亡。

印度兵叛亂和印度皇帝維多利亞女王

十八世紀後葉以後，印度被套入英國的三角貿易中，成為向清朝輸出鴉片的原料供給地以及羊毛製品的市場。

英國的殖民地經營雖然促進了印度的現代化，但是英國輕視印度人的統治方式引起了印度各階層的反感。一八五七年，英國東印度公司的印度兵發動叛變，接著擴展成全國性的大叛亂。

隔年，英國東印度公司鎮壓叛亂，廢除叛亂軍擁立的皇帝，莫臥兒帝國就此滅亡。英國為了避開混亂，因此解散東印度公司而改採直接統治，一八七七年宣布成立「英屬印度帝國」，由維多利亞女王兼任皇帝。

● 鴉片戰爭～太平天國滅亡的過程

銷毀鴉片	由林則徐指揮

鴉片戰爭

南京條約（1842年）	割讓香港等的不平等條約
太平天國之亂	基督教系的祕密結社
亞羅戰爭	（英法聯軍，又稱第二次鴉片戰爭）割讓九龍半島的一部分
太平天國滅亡	洪秀全自殺

暗殺林肯的內幕

當日本正處於幕末的動亂期間，美國也經歷了激烈的內亂。

邊境與印地安人

進入十九世紀的美國，經過英美戰爭後（第二次獨立戰爭），經濟上也開始獨立，於是開始不斷地擴充領土。

美國於一八〇三年向法國的拿破崙一世買下路易斯安那州；一八一九年向西班牙買下佛羅里達州；一九四五年無視與墨西哥的國界併吞德克薩斯州；此後，又在「領土擴充是天命」的論述下，於一八四六年～一八四八年的美墨戰爭中，從墨西哥手中奪取了加利福尼亞州、內華達州和亞利桑那州。

美國的邊境一步一步向西推進，最後抵達太平洋。白人把西部開拓看成是「拓荒精神」的表現，認為是正當的。但是在這過程中，印地安的各部族卻被趕進保留地，對白人做最後反擊的阿帕契族酋長吉拉尼謨，也在一八八六年被捕。

過去好萊塢製作的西部電影，總是把印地安人描寫成野蠻的敵人，隱瞞了白人殘殺印地安人的事實。不過一九七〇年開始，從印地安人的角度拍成的電影逐漸出現。近年來，過去白人所稱的「印地安人」這個稱呼，也改成了「美國原住民」。

淘金熱的附屬品——牛仔褲

一八四八年，加利福尼亞州發現金礦的消息傳出後，許多夢想一夕致富的人紛紛西進。翌年開始，加利福尼亞州擠滿了前來挖掘金礦的人，淘金熱於是開始。

大家所熟悉的牛仔褲，就是在這個時期專為挖掘工作設計出來的。這種利用馬車的敞篷布做成、質地強韌的長褲，非常適合礦坑的採礦工作，後來有人在褲子上釘上包頭釘補強，染上據說有防響尾蛇效果的蓼藍，發展成為現在的牛仔褲。

美國的南北分裂

美國國土的擴大凸顯了各地區的經濟落差，經過經濟改革的北方，維持著一八二三年「門羅宣言」的保護主義，為了排除競爭對

手英國的產品，主張加強中央政府的權限。另一方面，南方從殖民地時代，便在大農場栽種棉花，其需求量在英國逐漸增加，所以認為應該廢除保護關稅、尊重貿易自由及各州的自治。

此外，南方的大農場藉著黑奴維持棉花的供給，而以工業為主的北方則反對勞動力被土地束縛的黑奴制度，雙方的對立愈來愈激烈。

一八六〇年，北方出身的林肯當選總統，但是南方十一個州控告選舉無效，並推舉傑佛遜，戴維斯為總統，自組「美利堅聯邦」，造成這個時期的美國有南、北兩個總統。

南北戰爭與林肯

南北對立已成定局，一八六一年南北戰爭爆發。戰爭初期李將

●描寫西部開拓的電影

七月革命的象徵

《驛馬車》
《錦繡大地》
《黃巾騎兵隊》
《原野奇俠》

描寫印地安人的悲劇

《藍衣騎兵隊》
《大地英豪》
《與狼共舞》

軍所率領的南軍占優勢，但是林肯的「奴隸解放宣言」獲得國內外輿論支持。格蘭特將軍就任總司令之後，北軍開始反擊，於蓋茨堡戰役之後領先。林肯有名的演說「民有、民治、民享的政府永世長存」，便是在一八六三年蓋茨堡舉行的戰亡者追悼典禮上發表的。

南北戰爭在一八六五年南軍投降後結束，之後沒幾天，林肯和夫人在華盛頓的福特劇場觀賞戲劇時，被南方出身的男演員開槍擊中頭部，隔天不幸逝世。

3K黨的興起

雖然美國自南北戰爭後宣言解放奴隸，但黑人並沒有因此和白人平起平坐，實際上黑人沒有市民權，也不能擁有土地。

此外，北方的激進派急速地解放黑人，反而使得局勢更加混亂，因而助長了空有解放之名的黑人遭受歧視。南方的白人貧困階級，祕密集結「Ku Klux Klan」（3K黨），他們穿著令人戰慄的白色服裝，到處將黑人處以私刑。後來黑人所做的藍調和爵士之中，便出現了許多哀嘆並反抗迫害的名曲。

比莉哈樂黛的「奇異的果實（Strange Fruit）」，悲吟著受虐而死的黑人，屍體掛在樹上的情景。查爾斯明格斯的「法柏斯傳奇（Original Faubus Fables）」，也強烈地諷刺著白人社會。

●南北戰爭時的美國

南軍的路線	➡
北軍的路線	┅┅▶
聯盟國的各州	▨
不屬於任何一方的州	☐

紐約

蓋茨堡

西維吉尼亞

華盛頓

里奇蒙

密蘇里

肯塔基

維吉尼亞

北卡羅來納

阿肯色

田納西

亞特蘭大

南卡羅來納

密西西比

阿拉巴馬

德克薩斯

喬治亞

路易斯安那

佛羅里達

紐奧爾良

林肯
（1809年～1865年）

上圖為3K黨的裝束。在南北戰爭中戰敗的白人舊領導人，為了恢復白人的統治，在田納西州組成3K黨。

■被暗殺的美國總統

第十六任　林肯
在華盛頓劇場被南方主義者的男演員射殺。
第二十任　加菲爾德
就職四個月就被暗殺。
第二十五任　麥金萊
再度選上總統半年後，被無政府主義者暗殺。
第三十五任　甘迺迪
到德克薩斯州巡迴演說時，在達拉斯被暗殺。

教皇拒絕梵蒂岡被編入義大利

義大利與德國陸續完成統一，帝國主義列強就緒。

義大利戰爭的勝利紀念曲——拉黛斯基進行曲

曾經是古羅馬帝國中心的義大利半島，在九世紀法蘭克王國分裂後，分別成立了許多公國和都市共和國，但是一直沒有產生統一的國家。

拿破崙沒落後的十九世紀，奧地利統治下的北義大利薩丁尼亞國王為了尋求統一，曾和奧地利交戰，不過最終戰敗而未能完成統一。大家所熟悉的維也納愛樂交響樂團在新年音樂會的安可曲《拉黛斯基》進行曲，就是當時讚美指揮奧地利軍隊的拉黛斯基將軍，凱旋歸來而做的曲子。

義大利北部的統一雖然未能達成，不過中部和南部的民族主義興起，以燒炭黨和青年義大利黨為中心，展開了促進義大利統一的革命運動。

燒炭黨的革命運動

燒炭黨是一個祕密組織，以義大利南部為中心展開革命運動。燒炭黨（Carbonari）和英語「Carbon（炭）」及義大利麵的「carbonara（炭燒口味）」有著相同的語源。也有人說燒炭黨起源於法國東部的燒炭工人組織，不過成立的初始並不清楚。

燒炭黨的組織型態，和石工組織發展而成的共濟會相似（參見P287），同樣具有自己的儀式和象徵，加入的黨員有醫生、律師、工匠、農民等各階層的人，也有下級官僚、下士官、和神職人員。

燒炭黨反抗法國統治下的專制，一八二〇年成功地發動要求制訂憲法以保障自由的拿坡里革命。但是燒炭黨黨員的職業五花八門，思想上也各有不同，為了爭奪組織內部的主導權，革命政權始終不安定。

後來，梅特涅（參見P310）趁機派遣北義大利的駐留軍前往鎮壓，拿坡里革命維持不到一年就告失敗了。（譯註：拿破崙時代，義大利被法國征服統治，拿破崙垮台後的維也納體制下，又因為梅特涅的反動政策而使得革

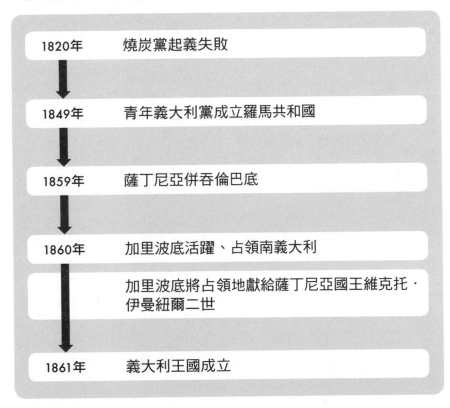命運動受到鎮壓。）

青年義大利黨和薩伏依遠征計畫

　　除了燒炭黨，在義大利中部也有其他祕密結社所發起的革命失敗，顯示了革命運動的極限。於是燒炭黨出身的馬志尼，創立了有別於傳統祕密結社、較接近近代政黨的組織。

　　馬志尼以建立共和制國家為目標，創立「青年義大利黨」，經常策畫起義，其中一個計畫是從瑞士攻進薩伏依，並同時在熱那亞起義。後來加里波底也參加了這項計畫，他率領紅衫軍，對義大利的統一有很大貢獻。不過最後起義失敗，加里波底暫時逃亡南美洲。

●義大利統一的過程

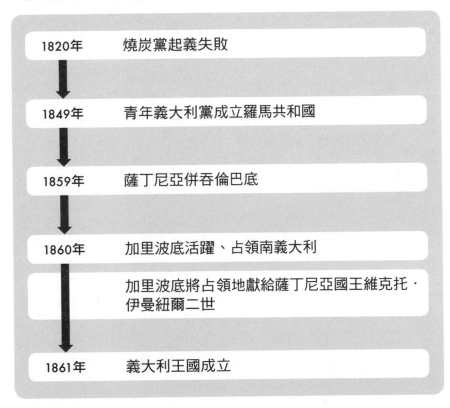

1820年	燒炭黨起義失敗
1849年	青年義大利黨成立羅馬共和國
1859年	薩丁尼亞併吞倫巴底
1860年	加里波底活躍、占領南義大利
	加里波底將占領地獻給薩丁尼亞國王維克托‧伊曼紐爾二世
1861年	義大利王國成立

但是義大利的革命氣勢並沒有因此減弱，最後終於展開了獨立戰爭。加里波底在南美烏拉圭等國家的獨立運動中，學到游擊戰技術，在逃亡十四年後重回義大利。

義大利的足球選手在射球進球門後會舉起角旗擺姿勢，模仿的就是加里波底的肖像。

義大利王國的誕生

雖然過去薩丁尼亞敗給奧地利未能達成統一，但是一八四九年繼承王位的維克托‧伊曼紐爾二世，與法國的拿破崙三世締結祕密條約，一八五九年向奧地利宣戰並且獲得勝利。

不過後來拿破崙三世對薩丁尼亞產生戒心，私下和奧地利休戰談和，結果薩丁尼亞只得到了倫巴底。而著名的旅遊勝地──蔚藍海岸的尼斯，則被做為法國支援戰爭的補償，變成了法國領土。

一八六〇年，統領紅衫軍的青年義大利黨英雄加里波底，征服西西里和拿坡里並且獻給薩丁尼亞國王。一八六一年，除了教皇領地和奧地利領土威尼斯以外，義大利全國統一，以杜林為首都宣布「義大利王國」成立，首任國王是維克托‧伊曼紐爾二世。

之後，一八六六年併吞威尼斯，一八七〇年占領教皇領地，義大利大致完成統一。

翌年首都由杜林遷至羅馬，不過羅馬教皇不承認被編入義大利王國，把自己關進梵蒂岡宮殿和義大利斷絕來往。這個對立在後來墨索里尼執政時代化解。一九二九年，世界最小的獨立國「梵蒂岡市國」成立，梵蒂岡的衛兵從十六世紀教皇尤里烏斯二世創設以來，一直由瑞士人擔任。

順帶一提，在梵蒂岡之後，世界第二小的獨立國，是以F1賽車大獎聞名的摩納哥。

●義大利完成統一

薩伏依

倫巴底

南提洛爾

威尼斯

尼斯

得里雅斯特

○米蘭

○杜林

摩納哥

科西嘉島（法）

○佛羅倫斯

羅馬教皇領地

拿坡里

	薩丁尼亞王國
	於 1859 年合併
	於 1860 年合併
	於 1866 年合併
	於 1870 年合併

西西里

依照祕密約定將薩伏依、尼斯讓給法國
1860年，取得西西里。

**1861年
義大利王國成立**

1866年，趁著普奧戰爭併吞威尼斯。

1870年，趁著普法戰爭併吞羅馬。

1919年，收復當時「未收復的義大利」領
土南提洛爾、得里雅斯特。

鐵血宰相俾斯麥展智謀

將「大德意志主義」的奧地利排除在外，普魯士成立「德意志第二帝國」。

大小德意志主義對立

在維也納會議時成立的「德意志聯邦」，也瀰漫著自由主義氣息，統一的趨勢高漲。

一八三四年，奧地利除外，以普魯士為中心的「德意志關稅同盟」開始運作，首先經濟上的統一已經有了進展。至於國家的統一，該由普魯士還是奧地利掌握主導權，仍是個很大的問題。

一八四八年自由主義者在柏林和維也納發動三月革命後（參見P320），德國聯邦為了實行改革，舉行了「法蘭克福國民議會」，討論聯邦的統一和憲法的制定。但是這個會議中以普魯士為中心的「小德意志主義」、和以奧地利的哈布斯堡皇室為盟主的「大德意志主義」對立，結果雙方分道揚鑣。

鐵血宰相俾斯麥

最後，一位強而有力的領導者——俾斯麥促成了德意志的統一。一八六二年當上普魯士宰相的俾斯麥在演說中談到：「演說與多數人的決議，無法解決德國的問題，而是要用鐵和血！」他提出了用兵器（鐵）和士兵（血）進行統一，因此被稱為鐵血宰相。

「鐵血政策」使得普魯士富國強兵，成功地完成近代化，然後在一八六六年的普奧戰爭打敗奧地利。翌年德意志聯邦瓦解，分裂成以普魯士為盟主的北德意志聯邦和奧地利匈牙利帝國。

從普法戰爭到德意志第二帝國成立

眼看著普魯士不斷地擴充軍備，鄰近法國的拿破崙三世認為：「無論如何也要阻止德意志的完成統一。」因此開始增強軍備以應付即將到來的戰爭。

拿破崙三世因為西班牙的王位繼承問題，和普魯士國王威廉一世晤面，不過俾斯麥卻篡改他的發言，巧妙地操作輿論，促使受到挑撥的拿破崙三世，在一八七〇年七月向普魯士宣戰。普法戰爭因為法國的準備不足，戰況一直由普魯士

● 德國的統一

梅克倫堡大公國

奧爾登堡大公國

薩克森王國
和圖林根諸國

柏林

黑森大公國

慕尼黑

奧地利匈牙利帝國

巴伐利亞王國等南德意
志諸邦，在1870年同
意、並於1871年德意
志帝國建立時加入。

┄┄ 普魯士王國
▓ 南德意志諸邦
□ 加盟北德意志聯邦的王國
●●● 從法國併吞亞爾薩斯‧洛林
（1871年）

鐵血宰相俾斯麥

「演說與多數人的決議，
無法解決德國的問題，
而是要用鐵和血！」

日本的大久保利通
和伊藤博文，也學
俾斯麥留起鬍鬚。

領先，同年九月親自上陣的拿破崙三世被捕淪為俘虜，面臨退位以及逃亡的命運，「第二帝國」終告結束。之後，巴黎設置了臨時政府，法國再次轉為共和制。

勝利的普魯士於隔年的一八七一年一月，在法國的凡爾賽宮為威廉一世舉行加冕儀式，宣布成立「德意志帝國」，由俾斯麥續任宰相。因為具有繼承滅亡的神聖羅馬帝國之意，所以也稱為「第二帝國」。俾斯麥對外推行孤立法國的外交政策，對內一方面鎮壓社會主義，另一方面運用社會保障政策，討取勞工的歡心，其高明的手段使得他得以擔任宰相直到一八九〇年。

德國統一時，日本剛進入明治維新（一八六八年），明治政府派遣岩倉具視等人所組成的使節團，將俾斯麥的「富國強兵」政策視為內政外交的標準。

盧德維希二世和華格納

以歌劇《尼布龍根的指環》、《唐懷瑟》等聞名的作曲家華格納，曾經接受南德意志巴伐利亞國王盧德維希二世的援助。深受華格納歌劇感動，盧德維希二世雖然不惜傾出大筆資金相助，但是此舉卻引起人民的反感，而將華格納趕出首都慕尼黑。加上盧德維希二世浪費公帑用於建築新天鵝堡等，最後被大臣以精神失常為由，將他軟禁至死。

●德國統一的過程

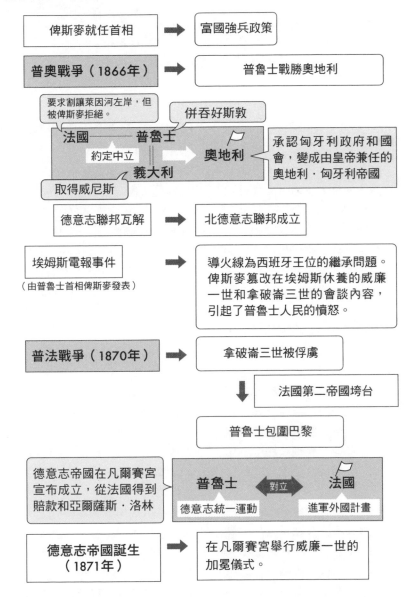

俾斯麥就任首相　➡　富國強兵政策

普奧戰爭（1866年）　➡　普魯士戰勝奧地利

要求割讓萊因河左岸，但被俾斯麥拒絕。

併吞好斯敦

法國————普魯士

約定中立

義大利　➡　奧地利

承認匈牙利政府和國會，變成由皇帝兼任的奧地利・匈牙利帝國

取得威尼斯

德意志聯邦瓦解　➡　北德意志聯邦成立

埃姆斯電報事件

（由普魯士首相俾斯麥發表）

➡　導火線為西班牙王位的繼承問題。俾斯麥篡改在埃姆斯休養的威廉一世和拿破崙三世的會談內容，引起了普魯士人民的憤怒。

普法戰爭（1870年）　➡　拿破崙三世被俘虜

⬇

法國第二帝國垮台

普魯士包圍巴黎

德意志帝國在凡爾賽宮宣布成立，從法國得到賠款和亞爾薩斯・洛林

普魯士　⬅對立➡　法國

德意志統一運動　　進軍外國計畫

德意志帝國誕生（1871年）　➡　在凡爾賽宮舉行威廉一世的加冕儀式。

挪用軍費造園的慈禧太后

中日戰爭後，列強以鎮壓義和團為藉口，開始瓜分中國。

清朝近代化失敗的原因

鎮壓搖動了清朝國家基礎的太平天國之亂後（參見P326），朝廷內一改過去的排外主義，對對外採取親和政策，推出了導入西歐文明的改革方針，稱為「洋務運動」，以鎮壓太平天國之亂而提高了政治地位的曾國藩、李鴻章等漢人官吏為核心。

以工業化、近代化為目標的洋務運動，確實有某些程度的成果，不過清朝並沒因此蛻變成真正的近代化國家。因為官僚們主張「中體西用」──保留清朝的統治機構（中體），只利用西洋的技術（西用），所以改革始終未能廣及整個社會。當權者對王朝權威和中華思想的自負，反而成為促進中國近代化最大的障礙。

日本在明治時代主張「和魂洋才」，推翻幕府的薩摩長州藩，早在江戶時代末期就積極採用歐美的技術與文化，所以對外國文化的導入比較沒有特別的限制。

日本出兵台灣與琉球問題，引起中日對立

清朝的新敵人正是日本。日本的明治政府和清朝對立的主要原因，在於琉球王國（現在的沖繩縣）的歸屬問題。琉球王國從明朝就和中國維持著朝貢、冊封的關係，但是在江戶時代，琉球被納入薩摩藩的統治之下，因而處於同時臣服於中國和日本兩個國家的微妙立場。到了明治時代，日本明治政府卻採取了分離政策，將琉球王國從清朝分離出來，成為琉球藩。

漂流到台灣的宮古島島民被台灣的原住民殺害，引發明治政府出兵台灣。後來英國公使介入，兩國的對立才告一段落，但是關於琉球的歸屬問題仍然沒有釐清。明治政府禁止琉球對清朝進貢、強迫琉球使用明治年號，在一八七九年將琉球藩改為沖繩縣，稱為「琉球處分」。琉球有許多人希望繼續保留王國，便向清朝求援，但是清朝因為和俄羅斯的紛爭及海防能力不足等問題，未能伸出援手。

朝鮮半島引爆中日戰爭

一心謀求「富國強兵」的日本，對鎖國體制的李氏朝鮮（李朝）施加軍事壓力，一八七五年，藉由江華島事件強迫朝鮮簽下開放門戶的不平等條約（日朝修好條規）。採取「炮艦外交」，這和當年美國強迫日本開國的手法一樣。

向來就把朝鮮當做屬國的清朝，企圖干涉日本對朝鮮的進軍。

不過朝鮮內部也因為仰賴清朝的保守派，和主張獨立近代化的開放派兩方內爭不斷，而展開了複雜的權力政爭。一八八四年，清朝在越南問題引發的中法戰爭中戰敗，後來朝鮮半島發生了反對西歐文明和日本侵略的「東學黨之亂」，間接引發了中日戰爭（一八九四年～一八九五年）。這場戰爭由海軍軍力優秀的日本獲勝，迫使清朝割讓

●琉球處分

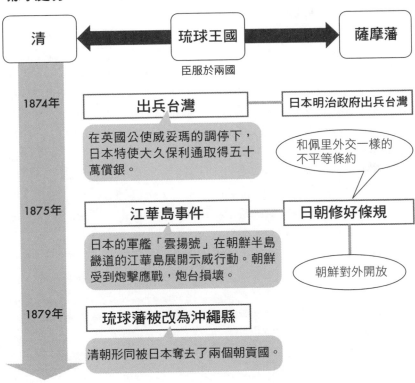

清 ◄─────► 琉球王國 ◄─────► 薩摩藩

臣服於兩國

1874年　出兵台灣 ─── 日本明治政府出兵台灣

在英國公使威妥瑪的調停下，日本特使大久保利通取得五十萬償銀。

和佩里外交一樣的不平等條約

1875年　江華島事件 ─── 日朝修好條規

日本的軍艦「雲揚號」在朝鮮半島畿道的江華島展開示威行動。朝鮮受到炮擊應戰，炮台損壞。

朝鮮對外開放

1879年　琉球藩被改為沖繩縣

清朝形同被日本奪去了兩個朝貢國。

台灣、朝鮮半島及賠款。清朝從此放棄對朝鮮的宗主權，為日本進軍中國鋪下踏板。

慈禧太后摧毀改革

被喻為「睡獅」的中國在中日戰爭中戰敗，對內對外都暴露了國勢的衰弱和洋務運動的有限成果，國土淪為歐美列強和日本的必爭之地。對於分割中國的土地，每個國家都有各自的野心，企圖南進的德法俄三國以俄羅斯為中心，對戰勝國日本進行「三國干涉」，要求日本將遼東半島歸還給清朝。

危機感高漲的清朝知識分子開始批判洋務運動，主張實行以日本明治維新為範本的近代化，稱為「變法維新」。光緒皇帝提拔這些試圖改革的知識分子（戊戌變法），但是反對勢力支持同治皇帝之母慈禧太后，發動戊戌政變，放逐並殺害改革派，將光緒皇帝幽禁起來。

慈禧太后在同治皇帝執政時即垂簾聽政，她設法排除政敵，藉以掌握實權，即使在年輕的光緒皇帝親自執政後，仍然經常介入朝政。她透過戊戌政變再次掌握權力，無視列強環伺在外的危機，挪用海軍的經費修建頤和園，過著極盡奢侈的生活，直到一九〇八年過世為止。加速清朝滅亡的慈禧太后，將光緒皇帝的愛妃珍妃賜死，而光緒皇帝也在慈禧太后駕崩的前一天過世，傳言認為光緒皇帝是被慈禧太后殺害。

義和團占領北京

在被列強逐漸半殖民化的華北一帶，人民因為對列強的憎恨和生活的困苦，逐漸產生了祕密結社和武術結社。所謂的武術結社，是一些以各種宗教為背景修練拳法及棍術的團體。例如山東省的義和拳就聲稱：「只要吞符唸咒就可以刀槍不入」，吸引了許多民眾加入。

義和拳與地方上的官吏結合成為義和團，於一八九九年起義，其中的核心人物只是一些十幾歲的小夥子，舉著「扶清滅洋」的旗幟製造混亂。日本的幕末時代也曾有一些二十幾歲的年輕人致力於推翻幕府政權，不同的是，義和團還會假借怪力亂神之名，誇大自己的聲勢。一九〇〇年六月，勢力迅速壯大的義和團占領北京，包圍了各國大使館。

排外主義的慈禧太后，趁著義和團占領北京時向各國宣戰，但是怪力亂神的傳統戰力終究抵不過近代化的武器，約莫兩個月的時間，義和團就被鎮壓住了，中國就此注定了被列強瓜分的命運。

● 中日戰爭和三國干涉

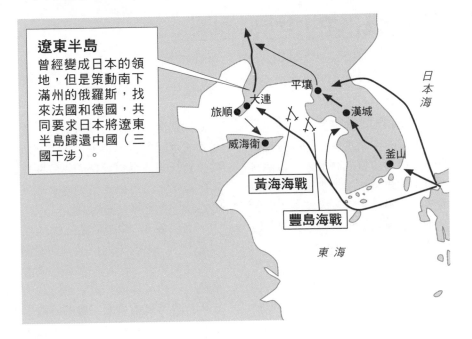

遼東半島

曾經變成日本的領地，但是策動南下滿州的俄羅斯，找來法國和德國，共同要求日本將遼東半島歸還中國（三國干涉）。

大連

平壤

旅順

漢城

威海衛

釜山

黃海海戰

豐島海戰

東　海

日　本　海

不斷修改的世界地圖

隨著邊界的消失，美國也加入了列強帝國主義的行列。

帝國主義與瓜分世界

所謂的帝國主義，指的是利用軍事、經濟力量征服他國，藉以擴大領土的政策。就像古羅馬帝國以地中海為中心建立了大國，十九世紀末，歐洲列強也相競在世界各地爭奪殖民地。

英、法、德、俄羅斯、日本不只競相瓜分中國的土地，也在亞洲、大洋洲和非洲互相爭奪領地，或是分享勢力範圍，逐步擴大暴力統治。這場殖民地卡位戰的世界分割，不久之後加深了列強之間的對立，並且逐漸演變成世界大戰。同時在殖民地，反抗帝國主義統治的民族運動也逐漸形成。

撤換俾斯麥及德國的3B政策

運用「鐵與血」政策促使德國統一的宰相俾斯麥，巧妙地進行複雜外交，和奧地利、俄羅斯、義大利結為同盟，藉以孤立想洗刷普法戰爭失敗之恥的法國。

不過，一八九〇年即位的威廉二世撤換了俾斯麥，他改變政策，大幅擴張海軍艦隊，試圖發展成更強大的帝國主義。結果，因為俾斯麥孤立法國而得以維持的均等關係開始破壞，海軍軍力受到威脅的英國逐漸向俄羅斯、法國靠攏。

促使威廉二世改變強勢政策的原因，開始於十九世紀末期的第二次產業革命。以石油為燃料的發電機，取代了煤炭和蒸氣機，加上一八七八年賓士車廠開發的石油引擎、一八八一年西門子兄弟的電車等，德國工業的發展已經緊追英國之後。

此外，德國在一八九八年取得巴格達鐵路的經營權，開始推行連結柏林（Berlin）、拜占庭（Byzantium，伊斯坦堡的舊稱）、巴格達（Baghdad）的「3B政策」，與英國的3C政策（參見P347）形成正面衝突。（在3B政策的鐵路建設完成前，第一次世界大戰爆發）

雷賽與蘇伊士運河

連結地中海和印度洋的蘇伊士運河於一八六九年完成。蘇伊士運

●3B政策和3C政策

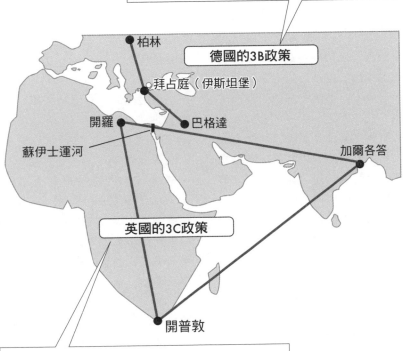

1898年取得巴格達鐵路的經營權，並於1900年完成從柏林發車的東方特快車，有別於從前以巴黎為起站。

德國的3B政策

柏林

拜占庭（伊斯坦堡）

開羅 巴格達

蘇伊士運河

加爾各答

英國的3C政策

開普敦

1875年利用羅斯柴爾德家族所提供的融資，收購埃及政府持有的蘇伊士運河公司股份。1882年軍事占領埃及。

蘇伊士運河和歌劇《阿依達》

原本預定在 1869 年的開通典禮上，紀念演出義大利作曲家威爾第的歌劇《阿伊達》（不過作品沒來得及完成）。該劇以古埃及和衣索比亞的戰爭為題材，劇中的凱旋進行曲也是足球場上有名的加油歌。

河的開通，大幅縮短了以前只能繞行好望角的歐亞航程。

策畫運河的建設並付諸行動的，是前法國外交官雷賽。雷賽接受一八四八年就任總統拿破崙三世的命令，以特使身分前往獨立趨勢強烈的羅馬共和國交涉，但是後來拿破崙三世背叛雷賽，派軍前往羅馬共和國，雷賽一氣之下辭職返鄉，之後才有了開鑿蘇伊士運河的構想。

雷賽集資創立了國際蘇伊士運河公司，運河完成後向來往的船隻收取固定的通航費，其中一部分繳納給埃及政府。埃及農民被迫參加運河的開鑿工程，因為在烈日下的勞動過於辛苦，所以有不少人不幸犧牲。

法國的美好時光和世紀末的新藝術

普法戰爭戰敗後，法國的內政與經濟都很混亂，直到一八七五年，第三共和國憲法制定後才得以恢復安定，同時制定了紅白藍三色旗為國旗。法國的帝國主義主要伸展到非洲、印尼，在經過和英國不斷的對立、妥協之後，逐漸形成一個大殖民地。

戰爭的影響使得法國工業化的腳步大幅落後，但是相對地金融業卻很發達，頻繁的海外投資促進了法國資本主義的成長，在德國俾斯麥被撤換後，法國轉向俄羅斯靠攏，投資西伯利亞鐵路（參見P352）等，被形容是「歐洲的高利貸者」。

一八八九年在巴黎的萬國博覽會中出現的艾菲爾鐵塔，象徵著法國繁榮的美好時光。

此外，一八八三年巴黎和伊斯坦堡之間的「東方特快車」也開始營運。車內的裝潢充滿了「世紀末」的感覺，採用當時風靡歐洲的新藝術樣式，極受歡迎。附帶一提，《東方特快車殺人事件》（一九三四年）的作者阿嘉莎，克莉絲蒂女士是個考古學家，夫婦倆為了挖掘東方遺跡而搭上這列臥舖特快車，因而有了撰寫這部偵探小說的構想。

蘇伊士運河的支配與3C政策

維多利亞王朝統治下的大英帝國，沒有加入俾斯麥巧妙安排的同盟外交，聲稱自己是「光榮孤立」。不過為了與德國及美國的領土擴大政策對抗，英國也開始積極地走向帝國主義。

一八七五年，英國成功收購了埃及政府所持有的國際蘇伊士運河公司的股份，做為進軍海外的跳板。這時提供資金給英國政府的，是猶太裔金融資本家羅斯柴爾德，

這項成功的投資，奠定了他日後屹立不搖的大財閥地位。

另外在非洲大陸，開普殖民地首相塞斯爾·羅德斯組織了英屬南非聯邦，支配著鑽石和金礦山。還有英國將埃及列入保護，推行連結印度的加爾各答（Calcutta）、南非的開普敦（Cape Town）、埃及的開羅（Cairo）的「3C政策」，和德國的3B政策對抗。

美國邊境的消失與太平洋策略

美國是第二次產業革命中發展最好的國家。一八六七年以高達七百二十萬美元，向俄羅斯買下阿拉斯加時，曾經在議會被議員指責：「為何買下這麼貴的冰箱？」不過後來美國卻在阿拉斯加發現了

●巴黎萬國博覽會和艾菲爾鐵塔

巴黎萬國博覽會從 1855 年開始，大約每隔十年舉行一次，至今舉行過五屆，巴黎的象徵——艾菲爾鐵塔便是在第五屆萬國博覽會時首次亮相。設計師艾菲爾原本專門設計橋樑，紐約自由女神的骨架也是他設計的。第五屆萬國博覽會時，鐵塔上舉行熱氣球競賽和盧米埃公司的電影等活動，非常熱鬧，而艾菲爾鐵塔也博得了極高的人氣。不過，巴黎居民卻不喜歡艾菲爾鐵塔，原本預定萬國博覽會結束後拆除，後來因為可以當做天線塔台才倖免。艾菲爾鐵塔當年的高度是三百公尺，現在加上天線的高度是三百一十二公尺。

金礦和油田，得到了豐富的資源。

　　美國素有發明大國之稱，陸續開發了不少現代文明的重要技術。一八六九年橫越美國大陸的鐵路開通、一八七〇年洛克菲勒設立標準石油、此外還有貝爾發明的電話和愛迪生的電燈泡等。十九世紀末時，美國的工業力量已經居於世界之首。

　　到了九〇年代，美國開拓完西部邊境，接下來的目標是進軍太平洋。最初佩里航行到達日本，只是為了確保美國捕鯨船的補給基地，但是後來在維也納體制下高唱門羅主義、展開孤立外交的美國，其態度有了一百八十度大轉變，開始展露其帝國主義的傾向。

　　美國於一八九七年併吞夏威夷王國，一八九九年從西班牙手中奪走菲律賓，並且高唱著泛美洲主義，干涉中南美洲各國的內政。

　　雖然制壓了太平洋，不過相較於列強在中國的瓜分，顯然慢了一步，因此美國在一八九九年要求中國「開放門戶」、「保全領土」、「機會均等」，強烈地表示插手瓜分中國利益的野心。

●美國邊境的消失和第二次產業革命

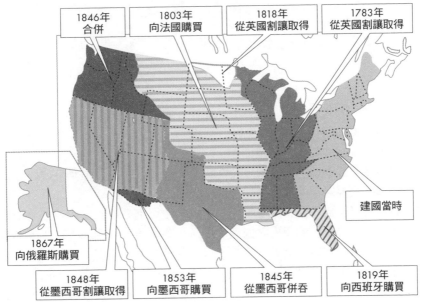

年	製鐵、鋼鐵	交通工具、引擎／鐵路	通訊／電、電力	化學／預防醫學
1850	煉鋼法 （柏塞麥） （西門子‧馬丁）			苯胺染料
1860				
1870			歐美之間的海底電纜 發電機（西門子）	
1880		電車 （西門子‧哈爾斯克商行） 石油引擎 （戴姆勒）	電話（貝爾） 白熱燈泡（愛迪生） 留聲機（愛迪生）	人造纖維（夏當納） 狂犬病疫苗接種（巴斯德）
1890		地下鐵（倫敦） 柴油引擎	無線電話（馬可尼）	血清治療（貝林、北里柴三郎） 炸藥（諾貝爾） X 光（倫琴）
1900		飛行船（齊伯林） 飛機（萊特兄弟）		

海參崴意指「控制東方」

英、美阻撓俄羅斯前進巴爾幹半島的野心，俄羅斯轉而與日本交鋒。

投入克里米亞戰爭的南丁格爾

克里米亞戰爭（一八五三年～一八五六年）的起因，是聖地耶路撒冷的管理權問題。俄羅斯支持在法國革命的混亂期間取得聖地管理權的希臘正教徒，而鄂圖曼帝國則因為聖地位於自己的領土內據理力爭，雙方因此開戰。另外，英、法兩國對俄羅斯的南下政策懷有戒心，也向俄國開戰。

英國、法國、薩丁尼亞向黑海北部的克里米亞島出兵，圍攻塞瓦斯托波。南丁格爾就在這場戰場中，帶領許多護士照顧傷兵。南丁格爾出生於義大利佛羅倫斯，被稱為「克里米亞天使」，在倫敦當上護士長之後，應陸軍總司令的請求投入戰場。

南丁格爾之後也活躍於南北戰爭及普法戰爭，間接促使杜南在一八六四年創立國際紅十字會。

在克里米亞戰爭中，以英勇聞名的英國騎兵團長卡迪根，為了讓受傷的士兵能夠輕易地脫下衣服，因而想出了前扣對襟式羊毛衫的設計，此後羊毛衫（Cardigan）便以他命名。

改革失敗催生了虛無主義和恐怖主義

在克里米亞戰爭中敗北的俄羅斯，深切地警覺到在近代化的腳步上慢了英、法兩國一大步，於是亞歷山大二世於一八六一年頒布「農奴解放令」，承認占據大半人口的農奴人格自由，自此，早在十四～十五世紀於西歐各國實施的農民解放，終於在俄羅斯得以實現。不過俄羅斯的農民解放是有條件的，農民必須向政府繳納土地租金才能擁有自己的土地，所以也不能算是完整的改革。

不久，都市中被稱為「民粹派」的知識分子，展開「到民間去（Went to the people）」為口號的農民啟蒙運動（譯註：他們告訴農民，只要共有制的土地耕作還存留，一旦國家被摧毀，一個新的社會主義社會必可在此農村基礎上建立起來），不過因為沒有得到顯著的效果，於是逐漸發展成無

政府主義和虛無主義，甚至出現了過於激烈的恐怖主義，亞歷山大二世就在一八八一年成了恐怖主義下的犧牲者。

不過作家杜斯妥也夫斯基尋求救贖的對象並非革命運動，而是俄羅斯正教的教義，他在《罪與罰》、《卡拉馬助夫兄弟們》等名著中，嘗試探討複雜的人性糾葛。

俄羅斯的南進政策

俄羅斯的改革並非完全沒有成果，隨著資本主義的發達，重工業也繁榮了起來。

採取南進政策的俄羅斯往巴爾幹半島發展，另一方面也加強對東亞、中亞的進軍。早在一八六〇年，俄羅斯加入亞羅戰爭（參見P326）的調停，而取得沿海州後，開始著手建設前進日本海的出口——海參崴（俄文的原意為「控制東方」）。一八九一年，西伯利亞鐵路也開始動工，一九一六年全線通車。

● **俄羅斯帝國的擴大**

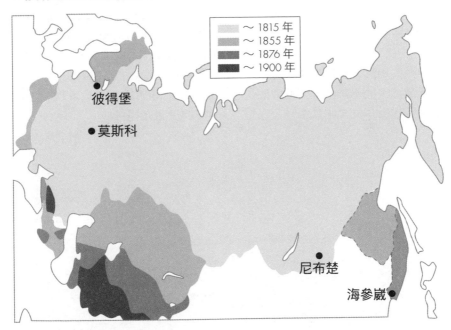

俄羅斯也企圖南進東亞，在清末義和團事件時與西歐列強共同出兵中國，戰後不僅不從滿州撤兵，甚至還向朝鮮半島施加壓力。中日戰爭後將大韓帝國納入勢力範圍的日本對此加以反抗，加上因為三國干涉被迫歸還遼東半島的仇恨，使得日本與俄羅斯的對立愈來愈深。

另一方面，英國為了牽制與日本共同的敵人俄羅斯，放棄了「光榮孤立」，在一九〇二年與日本結為同盟。

波羅的海艦隊繞了地球半圈

列強對東亞權利的爭奪，演變成日本和俄羅斯的對立，最後雙方終於開戰。

一九〇四年二月，日本在朝鮮半島的仁川海面和遼東半島南端的旅順港突擊俄羅斯艦隊，不久便向俄羅斯宣戰。日本陸軍在一九〇五年一月攻擊久攻不下的旅順，三月在奉天會戰中勝利，五月由東鄉平八郎率領的聯合艦隊，擊敗了從波羅的海回航非洲印度洋的波羅的海艦，史稱日本海海戰。

當時，俄羅斯國內正因「流血的星期日事件」（參見P366）而發生革命，無力維持戰爭，而事實上國力貧乏的日本也耗損得差不多，所以雙方都希望早一點談和。

美國認為讓日俄雙方維持勢力均衡才是上策，因此召開談和會議，九月時日俄兩國簽定樸茨茅斯和約。結果，日本在朝鮮半島擁有優先權，此外還取得遼東半島南部、庫頁島南部、東清鐵路南滿州支線，大勝俄羅斯，不過所要求的賠款被俄羅斯拒絕了。

由於日本加入瓜分遠東，導致主張門戶開放的美國被孤立，所以美國也逐漸敵視日本。

●決定中俄戰爭結果的日本海海戰

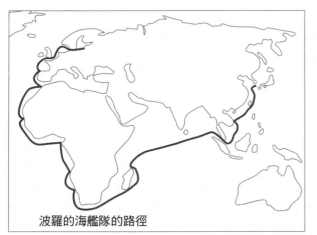

波羅的海艦隊的路徑

搏命的T字戰術

T字戰法是繞到敵方艦隊的前方，接受集中炮火的戰術，這種船腹向著敵艦的戰術，是很危險的搏命行為。

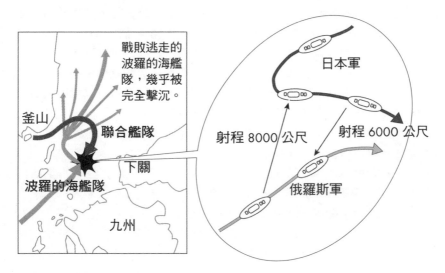

戰敗逃走的波羅的海艦隊，幾乎被完全擊沉。

釜山

聯合艦隊

波羅的海艦隊

下關

九州

日本軍

射程 8000 公尺　　射程 6000 公尺

俄羅斯軍

背叛孫中山的軍閥政權

末代皇帝溥儀的退位為清朝劃下了句點，成立中華民國。

伊藤博文被暗殺，促使日韓合併

　　李氏朝鮮（李朝）於一八九七年將國號改為「大韓」，但是日俄戰爭的戰勝國日本，藉著樸茨茅斯條約取得朝鮮半島的保護權，在漢城設立統監府加強統治。

　　統監府的第一代統監伊藤博文，逼迫大韓皇帝退位，著手進行合併。不過民眾的抵抗相當頑強，甚至發動了反日義兵暴動。一九○九年，鎮壓反日暴動的伊藤博文在哈爾濱車站被暗殺，犯人安重根當場被逮捕，雖然他後來被處死刑，但是韓國人都讚揚他是憂國英雄。

　　隔年，因為伊藤博文的暗殺事件，日本併吞了韓國。就這樣，日本奪走了大韓農民的土地，強迫他們說日語，並以朝鮮總督府為據點，逐漸加強對大韓殖民地的統治。

辛亥革命成功，清朝滅亡

　　列強在中國的瓜分勢力愈演愈烈，清朝終於走向衰亡。

　　清朝企圖轉變為君主立憲制，所以嘗試了幾項改革，像是廢除科舉制度、允諾設立國會等。不過最後只成立了以滿族為中心的內閣，讓深切期待近代化的人民大失所望。

　　置身海外，對國際局勢有所覺悟的華僑和留學生認為，以滿族為中心的清廷要改革終究不可能，於是發起革命運動試圖推翻滿清，建立漢人的共和政府，其中的核心人物就是孫文。

　　在夏威夷受過教育的孫文，得到日本的民族主義者宮崎滔天等人的幫助，集合了各地的革命團體，在東京組成中國革命同盟會。一九一一年，清朝推出了導入外資（借款），將民營幹線鐵路國有化的方案後，使得辛勤致力於收購外國資本、挽回利權的民族資本家為之震怒，加上勞工為增稅所苦，終於在四川發生了暴動。

　　像是與四川暴動相呼應似的，湖北省的武昌新軍隨之起義，並宣布從清朝獨立。革命的熱浪有如燎

●列強進軍中國

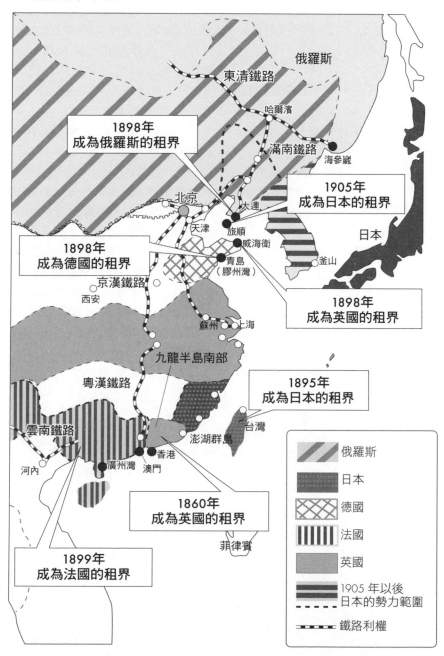

俄羅斯

東清鐵路

哈爾濱

滿南鐵路

海參崴

1898年
成為俄羅斯的租界

1905年
成為日本的租界

北京

大連

天津

旅順

威海衛

日本

釜山

1898年
成為德國的租界

青島
（膠州灣）

京漢鐵路

西安

1898年
成為英國的租界

蘇州　上海

九龍半島南部

粵漢鐵路

1895年
成為日本的租界

雲南鐵路

台灣

澎湖群島

河內

廣州灣

香港

澳門

1860年
成為英國的租界

菲律賓

1899年
成為法國的租界

▨	俄羅斯
■	日本
▨	德國
▥	法國
■	英國
▬	1905 年以後日本的勢力範圍
╍	鐵路利權

原之火，猛烈地在各省展開，一個月後幾乎所有的省分都宣布獨立，此年為中國曆法的辛亥年，因此被稱為「辛亥革命」。

革命尚未成功，同志仍需努力

次年一九一二年一月，革命黨推選孫文為臨時大總統，在南京宣布成立「中華民國」。

清朝派北洋新軍的首領袁世凱出面和革命黨交涉，不過袁世凱早有野心，想趁此取代皇帝登上獨裁者的位子。

背叛清朝的袁世凱，私下與革命黨交涉，以就任臨時大總統的條件換取宣統皇帝溥儀的退位，清朝就此滅亡。自秦朝的秦始皇延續下來的皇權統治體制終告結束，溥儀成了中國最後一個皇帝。

孫文組織的國民黨在中國首次的國會選舉中成為最大黨。但是，就任臨時大總統的袁世凱向列強借資，開始鎮壓國民黨。國民黨發覺袁世凱的企圖後嘗試武裝起義，不過都被袁世凱的武力所鎮壓。袁世凱在一九一三年正式登上大總統的位子，接著又覬覦皇帝的寶座，但是受到國內外的強烈反對。最後，袁世凱未能一圓皇帝夢，於一九一六年病逝。

獨裁者的誕生雖然得以制止，但是革命黨並沒有兼備與理念相等的實力，之後總統的位子仍然由軍閥首領所獨占，實力雄厚的軍閥在各地互相爭鬥，將中國帶入了群雄割據的軍閥政權時代。一九二五年，孫文留下了：「革命尚未成功，同志仍需努力」的遺言，病逝於北京。

●辛亥革命和外國資本的流入

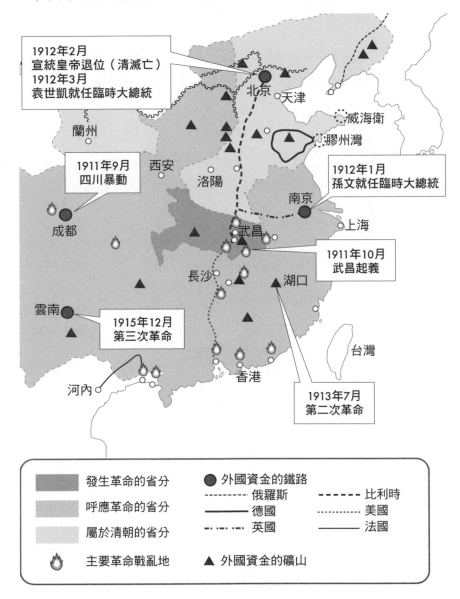

1912年2月
宣統皇帝退位（清滅亡）
1912年3月
袁世凱就任臨時大總統

1911年9月
四川暴動

1912年1月
孫文就任臨時大總統

1911年10月
武昌起義

1915年12月
第三次革命

1913年7月
第二次革命

蘭州　北京　天津　威海衛　膠州灣
西安　洛陽　南京　上海
成都　武昌
長沙　湖口
雲南　台灣
河內　香港

發生革命的省分	● 外國資金的鐵路	
呼應革命的省分	--------- 俄羅斯	----- 比利時
	——— 德國	·········· 美國
屬於清朝的省分	—·—· 英國	——— 法國
🔥 主要革命戰亂地	▲ 外國資金的礦山	

PART 9

大恐慌與世界大戰

歐洲	非洲、西亞、印度

70 第一次世界大戰	1914 〜	
71 俄羅斯革命	1917	
德國革命	1918	
巴黎和會	1919	72 凡爾賽體制
蘇維埃聯邦成立	1922	墨索里尼組成法西斯內閣
道威斯方案	1924	73 德國賠償金問題
華爾街股市大崩盤	1929	74 世界恐慌
希特勒成為首相	1933	75 法西斯主義
西班牙內亂	1936 〜 39	
	1939 〜	76 第二次世界大戰
	1940	日德義三國締結軍事同盟
盟軍登陸諾曼第	1944	
希特勒自殺	1945	

公元 1914 年～ 1945 年的世界

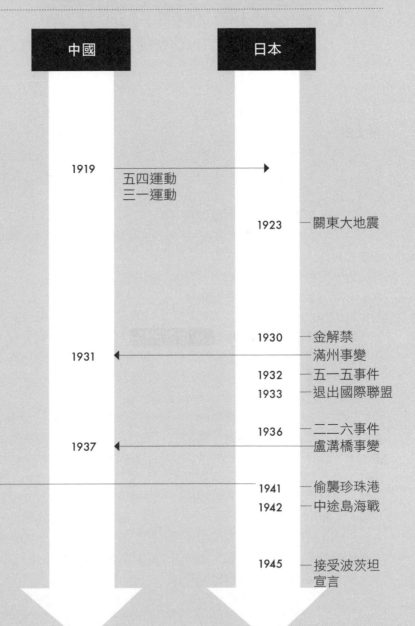

中國	日本

1919 —— 五四運動
三一運動

1923 —— 關東大地震

1930 —— 金解禁
1931 ←—— 滿州事變
1932 —— 五一五事件
1933 —— 退出國際聯盟

1936 —— 二二六事件
1937 ←—— 盧溝橋事變

1941 —— 偷襲珍珠港
1942 —— 中途島海戰

1945 —— 接受波茨坦
宣言

第一次世界大戰

波士尼亞的暗殺事件起爭端

巴爾幹問題惡化之後，列強的帝國主義演變成人類首度的總體戰。

改變傳統戰爭型態的第一次世界大戰

一九一四年發生「薩拉熱窩事件」，十九歲的塞爾維亞大學生暗殺了奧地利王儲夫婦，不久之後奧地利便向塞爾維亞宣戰。這個事件引發了歐洲各國，甚至美國、日本也加入的「第一次世界大戰」。由德國、奧地利等國組成的「同盟國」，與英、法、俄羅斯等國組成的「協約國」，並且包含了各國的殖民地，發起了一場前所未有的全面性戰爭。

這場世界大戰具有與以前的戰爭完全不同的三要素：第一、近代武器的加入。例如遠距離炮彈、機關槍、毒氣瓦斯、手榴彈、戰鬥機、潛水艇等。在此之前的戰爭規模多半是局部性且短期的，但是第一次世界戰中，有些戰爭一場就造成了七十萬人死亡。

第二、參戰國全體動員。由於物資運輸船受到潛水艇攻擊，因而造成糧食不足，所以全體國民都被編入戰爭體制中，就連女性也被動

員參與武器彈藥的製造。

第三、心理戰的手法。利用海報和傳單做宣傳，街頭上到處充斥著提高鬥志、或是醜化敵國的煽情海報。

巴爾幹成了「歐洲火藥庫」

第一次世界大戰的主要原因是巴爾幹半島局勢。

巴爾幹半島原本受鄂圖曼土耳其帝國統治，後來帝國衰退，在斯拉夫裔、日耳曼裔、匈牙利裔、亞洲裔等複雜交錯的民族之間興起了獨立運動，因此招致西歐列強介入。

俄羅斯高喊「泛斯拉夫主義」，支援致力於塞爾維亞獨立的斯拉夫人，於是與高喊「泛日耳曼主義」、採取3B政策的德國，以及併吞巴爾幹半島西北部波士尼亞州、赫塞哥維納州的奧地利發生激烈對立。奧地利王子夫婦遇刺的薩拉熱窩就是波士尼亞州的首都。

巴爾幹問題爆發之前，德國、奧地利、義大利已經在一八八二年

●何謂巴爾幹半島問題？

鄂圖曼帝國統治下的巴爾幹半島有斯拉夫裔、日耳曼裔、匈牙利裔等民族，錯綜複雜。

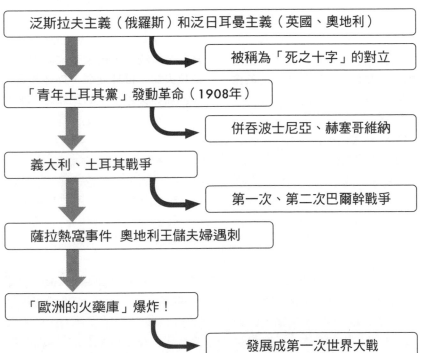

泛斯拉夫主義（俄羅斯）和泛日耳曼主義（英國、奧地利）

→ 被稱為「死之十字」的對立

「青年土耳其黨」發動革命（1908年）

→ 併吞波士尼亞、赫塞哥維納

義大利、土耳其戰爭

→ 第一次、第二次巴爾幹戰爭

薩拉熱窩事件　奧地利王儲夫婦遇刺

「歐洲的火藥庫」爆炸！

→ 發展成第一次世界大戰

結成「三國同盟」，而被俾斯麥的外交策略孤立的法國，也在鐵血宰相被撤換後，與英國、俄羅斯兩大國組成「三國協約」。

　　兩大陣營的利害關係錯綜複雜，成為兩大陣營鬥爭舞台的巴爾幹半島被稱為「歐洲的火藥庫」，一觸即發。而就在此時，薩拉熱窩事件點燃了戰火。

大戰期間的俄羅斯革命與德國革命

　　德國經由保持中立的比利時入侵法國北部，企圖速戰速決，不過西部戰線意外地陷入膠著。一九二九年雷馬克的小說《西線無戰事》，描寫的就是當時雙方挖掘巨大戰壕，互相對峙的悲慘情景。日後的軍用防水短上衣，就是在當時壕溝戰中，英國將校所穿的防水用上衣。

　　後來，海軍軍力不佳的德國發動「無限制潛艦戰爭」，把所有船隻當成攻擊對象，這讓中立的美國大為不滿，也加入戰爭。另一方面在東部戰線，雖然俄羅斯遭到德軍入侵，但是因為一九一七年發生俄羅斯革命（參見P366），所以與德國單獨談和，退出了東部戰線。

　　德國從一九一八年春天開始，在西部戰線發動大規模攻擊，但是終究失敗。接著土耳其、保加利亞

投降，奧地利也單獨休戰。同年十一月，德國革命（參見P374）發生，推翻了帝政，新政府簽訂休戰協定，世界大戰終於結束。

日本對華提出「二十一條要求」

　　第一次世界大戰開始後，英國請求日本參與對德作戰，但後來又擔心日本勢力擴大而撤回請求，改提議日本限定戰鬥區域。一九一五年，日本以身為協約國一員的名義，決定參戰進攻德國在中國的租借地膠州灣，占領山東省的青島。接著日本大隈內閣對袁世凱提出了「二十一條要求」。

　　其內容是，將德國租借地山東省的權益轉讓給日本；將關東州的日本租借期限大幅延長；日本擁有在滿蒙地區的土地所有權、租借權；另外還有中央政府需採用日本顧問等的「希望條款」。

　　日本雖然因為日俄戰爭獲勝，取得俄羅斯在中國的利權，但始終無法趕越歐美資本，所以想趁著大戰混亂之際，加強在中國東北部的特殊權益，進而在中國本土取得優勢。

　　「二十一條要求」遭到美國強烈的反對。結果，袁世凱接受了刪除七條希望條款之後的十四條要求（日本在福建省的經濟權益除

● 第一次世界大戰中的歐洲

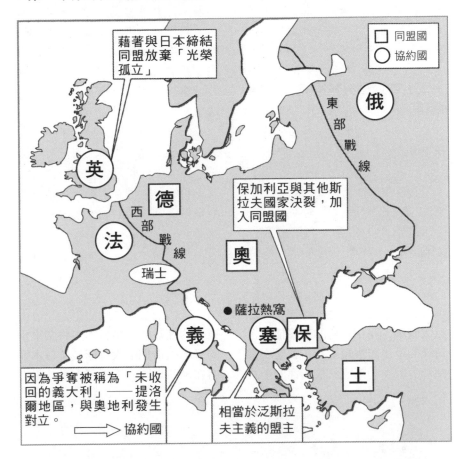

藉著與日本締結同盟放棄「光榮孤立」

□ 同盟國
○ 協約國

俄

東部戰線

英

德

保加利亞與其他斯拉夫國家決裂，加入同盟國

西部戰線

法

奧

瑞士

● 薩拉熱窩

義

塞 保

土

因為爭奪被稱為「未收回的義大利」——提洛爾地區，與奧地利發生對立。
⟹ 協約國

相當於泛斯拉夫主義的盟主

第一次世界大戰登場的新武器

戰車、飛行船、飛機、毒氣瓦斯、機關槍、手榴彈、遠距離炮彈、潛水艇等。

外）。不過這卻是袁世凱的狡獪計謀，他企圖讓中國人民將注意力轉到日本蠻橫的外交上，好藉機登上帝位。

中國五四運動與韓國三一運動爆發

「二十一條要求」被接受後，在中國引起了強烈的抗日運動。

一九一九年五月四日，北京大學的學生得知凡爾賽條約中，德國的權益被轉讓給日本時，聚集了大約三千人到天安門廣場進行抗議活動，其中一部分的學生攻擊簽署「二十一條要求」的中國政要官邸，「五四運動」就此展開。接著，對日的抗議活動雖然擴展到全國，不過都因為受到鎮壓而逐漸平息。就在這股反帝國主義浪潮的推波助瀾下，不久之後，中國共產黨成立。

此外，被日本強行吞併的韓國，也在一九一九年三月一日，發起了以基督教和天道教等宗教團體為中心的民族獨立運動，在全國各地頻頻發動抗議活動，稱為「三一運動」。

● 第一次世界大戰所激起的抗日情緒

中國

1919年5月4日
「五四運動」

韓國

1919年3月1日
「三一運動」

在遭受鎮壓之下，
抗日情緒愈來愈高漲

中華人民共和國國歌「義勇軍進行曲」

起來！不願做奴隸的人們！
把我們的血肉，築成我們新的長城！
中華民族到了最危險的時候，
每個人都被迫著發出最後的吼聲。
起來！起來！起來！
我們萬眾一心，冒著敵人的炮火，前進！
冒著敵人的炮火，前進！前進！前進！前進！

這首1935年創作的曲子，由詩人田漢作詞，音樂家聶耳作
曲。原本是描寫抗日戰線電影《風雲兒女》的主題曲。（取
自中國大使館網站）

馬克思、列寧主義之國家建設

帝政垮台後的俄羅斯,誕生了世界最初的共產黨獨裁國家
——蘇聯。

「流血的星期日」事件喚起革命

俄羅斯從革命迫使羅曼諾夫王朝滅亡,到蘇維埃聯邦成立為止,共經歷了幾個階段:

第一次革命的開端是「流血的星期日」事件。一九〇五年一月二十二日,就在日俄戰爭中,旅順要塞淪陷三星期之後,首都彼得格勒(現在的聖彼得堡)的軍隊對進行反戰遊行的民眾開槍。這個事件引發了全國性的暴動,勞工和士兵代表在各地組成評議會(蘇維埃)。

同年的六月,發生了「波坦金號戰艦叛亂事件」(這個歷史事件後來被拍成電影鉅作)。革命的影響力波及各地軍隊,已無力對外做戰的俄羅斯政府透過美國和日本談和,放棄繼續戰爭,日俄戰爭就此結束。

沙皇不得已只好頒下敕令,次年俄羅斯雖然創設了國會,但是因為農業改革失敗,農民的生活愈來愈困苦。

怪僧拉斯普丁的末日

俄羅斯發生了革命,羅曼諾夫王朝雖然尚未垮台,不過皇帝的專制已經明顯地走到了極限,怪僧拉斯普丁的存在就是其象徵。

傳說拉斯普丁誕生於西伯利亞一個貧窮的小村莊,進入修道院後,在屢次前往聖地朝聖的過程中學會了妖術。後來移居首都彼得格勒,搖身一變成為「神奇的祈禱師」,在上流社會頗受好評。他因為治好王子的血友病,得到尼古拉二世和皇后亞歷山德拉的信任,不久之後,拉斯普丁開始參與國家政治,取得了莫大的權力。

一九一七年拉斯普丁遭人暗殺,被丟到結冰的河中結束了生命。相傳拉斯普丁被拉上岸時肺部積滿了水,死因是「溺死」。但是在被拋入冰河之前,他曾經吃下有毒的蛋糕,而且身中四槍,但這些都不構成他的死因,令人嘖嘖稱奇。

羅曼諾夫王朝滅亡

第一次世界大戰開始後，俄羅斯人民愈來愈貧窮。一九一七年三月，在彼得格勒發生的大規模罷工很快地擴展到全國，蘇維埃再次組成，沙皇被捕並且被迫退位，史稱三月革命。

據說，末代沙皇尼古拉二世和他的家人被軟禁在葉卡捷琳堡，在革命軍逼近的七月，全家遭到革命派槍殺，維持了大約三百年的羅曼諾夫王朝，最後悲慘地結束。之後，傳出了沙皇的四女兒安娜塔西亞沒死的傳說，後來還被拍成電影。一九九一年在葉卡捷琳堡廢棄的礦坑旁找到的骨骸，經過DNA鑑定後，確定是尼古拉二世所有，後來俄羅斯政府在前總統葉爾欽的觀禮下，為他們舉行了埋葬儀式。尼古拉二世還是王子時，曾經拜訪過日本，他在大津事件中受傷（譯註：一八九一年五月十一日，尼古拉二世在滋賀縣的大津，被負責戒備的警察津田三藏用劍砍傷頭部），擦拭傷口的染血手帕，據說就是這次DNA鑑定所使用的樣本。

一黨獨裁的蘇維埃政府成立

俄羅斯在三月革命後，由臨時政府和蘇維埃政權雙重執政，第一次世界大戰還在進行，這時，多數派的領導者列寧從西班牙返國。

列寧提出了「一切權力回歸蘇維埃」的口號，主張立刻終止戰爭及依照馬克思主義走強硬的革命路線，並和托洛斯基等人武裝起義，推翻了臨時政府，這就是「十一月革命」。不久之後，列寧被推舉為蘇維埃人民委員會的委員長，新政府通過「土地革命、立即停戰」的決議，並與德國簽約談和。

但是隔年一月，多數派在俄羅斯史上首次的一般選舉中未能得到民眾支持，由繼承民粹思想（參見P350）的社會革命黨成為第一大黨。於是列寧等人用武力封鎖議會，加強由多數派執掌的一黨獨裁體制，建立了史上最早的無產階級政權。接著多數派改名為共產黨並遷都莫斯科，將執政中心搬到克里姆林宮。

日本出兵西伯利亞

俄羅斯革命建立蘇維埃新政權後，美、英、法、日四國為了介入俄羅斯國內的革命，同時出兵。

日本藉口支援捷克斯洛伐克共和國軍隊，於一九一八年宣布出兵西伯利亞，送出七萬名以上的大軍，逐漸從海參崴占領到哈巴羅夫斯克、黑龍江流域及貝加爾湖以東。

在美、英、法相繼撤退的情況下，日本政府也認為出兵西伯利亞

並非良策，而開始計畫刪減派遣的軍隊。但是企圖擴大領土的參謀總部堅決反對，所以最後日本軍仍然繼續留在俄羅斯。

後來蘇維埃抵抗，加上日本國內的責難，一九二二年日本首相加藤友三郎在華盛頓軍減會議中宣布撤兵，日本才終於撤出了俄羅斯。長達四年二個月的軍事行動，不只耗費了高額的國家費用，犧牲了許多性命，最後還引起了蘇維埃民眾的敵意及協約國成員的不信任。

蘇聯的開始

蘇維埃政權編制了對抗反革命軍（白軍）的赤衛軍（紅軍），一邊對抗各國的干涉戰爭，一邊逮捕反革命嫌犯，將他們送入監獄。雖然期間也發生過農民叛亂和經濟危機，但是蘇維埃政權修改政策，成功地統一全國，一九二二年「蘇維埃社會主義共和國聯邦」正式開始。

一九二四年，具有強力指導能力的列寧死後，權力落到提倡「一國社會主義論」的史達林手中。托洛斯基身為革命功臣，又是列寧接班人，因此備受矚目。他提倡「不斷革命論」與史達林打對台，但是後來抗爭失敗逃亡到墨西哥，在墨西哥被暗殺。

●俄羅斯革命的過程

列寧

```
┌─────────────────────────────────────┐
│ 流血的星期日事件（1905年1月22日）      │
│   ● 俄羅斯第一次革命開始                │
└─────────────────────────────────────┘
            ⇩

┌─────────────────────────────────────┐
│ 波坦金號戰艦叛亂                        │
│   └─▶ 波及各地軍隊                      │
│        └─▶ 日俄戰爭結束                 │
└─────────────────────────────────────┘
            ⇩

          第一次世界大戰

┌─────────────────────────────────────┐
│ 三月革命（1917年3月）                   │
│   ● 蘇維埃在彼得格勒成立                │
│   ● 尼古拉二世退位                      │
│   ● 國會內成立臨時政府                  │
└─────────────────────────────────────┘
            ⇩

          七月：尼古拉二世被槍殺

┌─────────────────────────────────────┐
│ 十一月革命（1917年11月）                │
│   ● 列寧的多數派政權                    │
└─────────────────────────────────────┘
            ⇩

┌─────────────────────────────────────┐
│ 蘇維埃政權開始（1918年）                │
│   ● 一黨獨裁體制確立                    │
└─────────────────────────────────────┘
```

史達林

最早的國際和平機構

奧地利、德國、俄羅斯、土耳其四帝國滅亡，國際政治邁向新秩序。

凡爾賽體制的方針——民族自決

一九一九年一月，第一次世界大戰獲勝的協約國主導「巴黎和會」。聚集在凡爾賽宮鏡廳的戰勝國代表，與以德國為首的同盟國決定了談和條件，以六月的對德凡爾賽條約為首，同盟國和協約國之間陸續締結個別的談和條約。這些條約使得同盟國背負了莫大的賠償金，同時也失去了海外的殖民地，還必需割讓一部分的土地給各戰勝國，國際政治建立了新秩序，這些統稱為「凡爾賽體制」。

凡爾賽體制以「國際協調」及「民族自決」為原則。戰後，東歐從舊俄羅斯帝國中產生了波蘭、捷克、南斯拉夫等獨立國家。而奧地利變成共和國，名門哈布斯堡家族在此退出歷史舞台。

美國未加入國際聯盟

在巴黎和會上，美國總統威爾森提議，設置維護世界和平的國際性組織，於是「國際聯盟」於一九二〇年成立，總部設於永久中立國瑞士的日內瓦，英國、法國、日本、義大利四國被選為當時的理事國。

美國的上議院以門羅主義為擋箭牌，所以沒有加入。德國、蘇聯也被排除在外（後來德國在一九二六年，蘇聯在一九三四年加入），理想的實現在一開始就有了很大的障礙。雖然如此，這個歷史上最早的國際和平機構的設置，還是非常具有劃時代意義。

縮減海軍軍備和華盛頓體制

第一次世界大戰後，世界進入協調外交時代。一九二一年～一九二二年，為了限制軍備擴充競爭，各國在華盛頓召開「華盛頓會議」，美、英和日、法、義簽訂了「限制海軍軍備條約」等條約。

條約中規定，主力艦的保有數量限制為美國五艘、日本三艘、法國、義大利為一‧六七艘的比例，同時規定各國十年之內停止製造主力艦。「華盛頓體制」根據這些條

●凡爾賽體制產生的國家與新國界

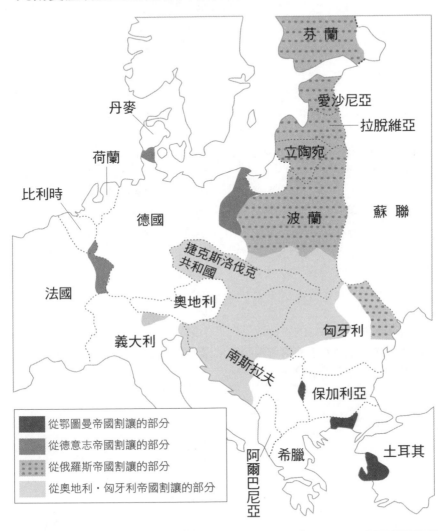

圖例：
- ■ 從鄂圖曼帝國割讓的部分
- ■ 從德意志帝國割讓的部分
- ▦ 從俄羅斯帝國割讓的部分
- □ 從奧地利・匈牙利帝國割讓的部分

被瓦解的帝國	獨立的國家	
●俄羅斯帝國	●拉脫維亞	●匈牙利
●奧地利・匈牙利帝國	●愛沙尼亞	●捷克斯洛伐克
●德意志帝國	●立陶宛	●波蘭
●鄂圖曼帝國	●芬蘭	●南斯拉夫
	●奧地利	

約成形，與凡爾賽體制合稱為「凡爾賽·華盛頓體制」。日本躍升為繼美國之後的第二大國，與美、英、法締結四國條約，同時也取消了英日同盟。

一九二八年，誓言不以戰爭解決國際紛爭的「非戰公約」成立，先後有六十幾個國家加入。世界雖然因此獲得了短暫的和平，但是不久這個約定就被破壞。

活躍於爵士年代的「Untouchable」

第一次世界大戰後發展最快的是美國。因為提供英國和法國高額的資金援助，美國在戰爭特需上得到了莫大的利益，加上擁有廣大領土、勞力、以及豐富資源，成功地完成了經濟發展，紐約的華爾街逐漸取代倫敦，掌控全世界的金融市場。此外，二〇年代的美國因為掌握了國際政治的主導權，所以被歌頌為「黃金的二〇年代」或「美好舊時代」。

福特T型車的量產，帶動了汽車的大眾化，冰箱等家電產品也開始普及。隨著道德意識高漲，美國政府雖然在一九一九年頒布禁酒令，但是黑市的酒吧林立，艾爾卡彭等黑道幫派在芝加哥暗中活動，當時由FBI（美國聯邦調查局）負責逮捕他們，以愛利奧·聶史為首的黑手黨肅清小組，被稱為「不被收買的人（untouchable）」，非常活躍。（譯註：電影《The Untouchables》在台灣譯為「鐵面無私」）此外，黑人聚集到紐約的哈林區，路易斯阿姆斯壯和艾靈頓公爵等爵士樂演奏家大受歡迎。作家費茲傑羅稱這個時代為「爵士年代」。

●國際聯盟和華盛頓軍縮會議

■國際聯盟

美國

常任理事國

英國
法國
義大利
日本

不參加 → ✕

●蘇維埃聯邦
●德國

✕ ← 不參加

1926年德國加盟
1934年蘇維埃聯邦加盟

> 維持世界永久和平的理念雖然具有劃時代性，
> 但是卻無法阻止大國之間的對抗。

■華盛頓軍縮會議

主力艦保有噸數的比例

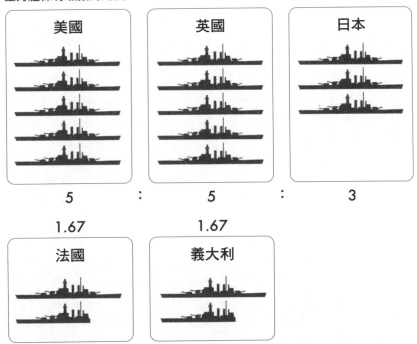

美國

英國

日本

5 : 5 : 3

1.67 1.67

法國

義大利

根深柢固的對德復仇論

「威瑪共和國」戰後賠償金導致經濟蕭條,藉由協調外交振興國家。

羅莎盧森堡的共產革命失敗

一九一八年十一月,第一次世界大戰末期,「德國革命」迫使威廉二世退位,接著「德意志共和國」成立。議會主義者艾伯特為首的社會民主黨成為臨時政府後,反對勢力展開革命運動。一九一九年一月,斯巴達克斯同盟(後來的德意志共產黨)仿效俄羅斯革命揭竿起義。

帶領斯巴達克思同盟的,正是女性革命家羅莎盧森堡。

羅莎一生交遊廣闊,愛好文學和繪畫,個性自由奔放。她出生於波蘭的猶太裔中產階級家庭,在蘇黎世大學取得博士學位後,投入革命運動成為理論家,開始活躍起來。她運用多國語言的演說相當精采,成為國際上的知名人物,各種國際性集會競相邀請她。第一次世界大戰爆發後,嚴厲批評軍國主義的羅莎與德意志社會民主黨起衝突,因而遭到逮捕,一直到大戰末期才被釋放。這段期間,羅莎始終從監獄中,在理論方面領導著斯巴達克斯同盟。

在德國革命的波瀾中,斯巴達克斯同盟不顧羅莎的反對,創立了德意志共產黨。不久之後,羅莎遭右派軍人暗殺,屍體被丟到運河中。

被認為最民主的威瑪憲法

由於對斯巴達克斯同盟的鎮壓及共產黨領導人的殘殺,德國終究沒有像蘇聯一樣走上無產階級政權之路。

一九一九年二月,社會民主黨的艾伯特首相,在威瑪舉行的國民議會中當上總統,他決定與其他協約國成員接受凡爾賽條約,並在七月制定了「威瑪憲法」,因此德意志共和國也被稱為威瑪共和國。

威瑪憲法編入了男女普選法為基礎的總統直選制,以及保護勞工等條款,被稱為歷史上最民主的憲法。但是另一方面,威瑪憲法承認總統的非常權限,並且採取徹底的比例代表選舉制,所以分出了很多政黨,這也是促使納粹黨提早抬頭

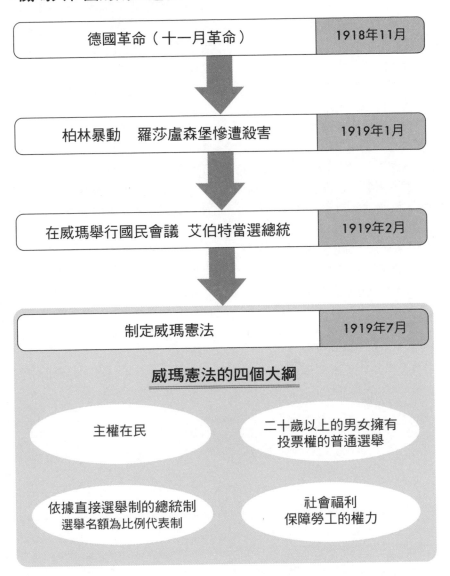

● 威瑪共和國的成立過程

| 德國革命（十一月革命） | 1918年11月 |

| 柏林暴動　羅莎盧森堡慘遭殺害 | 1919年1月 |

| 在威瑪舉行國民會議　艾伯特當選總統 | 1919年2月 |

| 制定威瑪憲法 | 1919年7月 |

威瑪憲法的四個大綱

主權在民

二十歲以上的男女擁有投票權的普通選舉

依據直接選舉制的總統制選舉名額為比例代表制

社會福利保障勞工的權力

的原因。

戰敗的賠償金導致最嚴重的通貨膨脹

　　戰敗國德國所背負的賠償金相當高，英、法將向美國支借的高額戰爭費用轉嫁給德國，但是戰敗的打擊使得德國經濟蕭條，根本無力賠償。

　　一九二三年，法國、比利時表明要「軍事占領魯爾」，以懲戒德國未付賠款。對德國而言，重工業地區魯爾被占領，就如同財產被扣押了一般。賠償金問題愈來愈複雜，加上國內經濟停滯不前，德國遇上了前所未有嚴重的通貨膨脹。

　　於是，同年由美國的道威斯擔任議長，舉行解決德國賠款問題的會議，於一九二四年，制定不限額度五年分期付款的「道威斯計畫」，希望大家不要再欺負戰敗國。接著因為美國投入大批資金到德國市場，促進了德國產業的重建，德國原本嚴重的通貨膨脹奇蹟般地被解決。另外，德國總理兼外交部長斯特來斯曼展開協調外交，讓德國在一九二六年成功地加入國際聯盟。

　　一九二五年德國第一任總統艾伯特去世，保守派和軍部推舉的前參謀總長興登堡當選新總統。雖然有人擔心民主主義會倒退，但是興登堡遵守憲法，將德國帶入一個較為安定的時期。不過歐洲的經濟早已失去優勢，不久之後面臨了世界性的危機。

●一戰後德國所面臨的嚴酷障礙

■ 關於德國賠償金問題的利害關係

道威斯計畫的架構

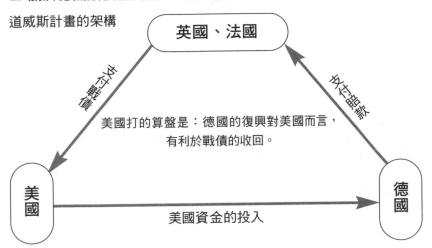

英國、法國

支付戰債

收付賠款

美國打的算盤是：德國的復興對美國而言，
有利於戰債的收回。

美國

德國

美國資金的投入

■ 德國被加諸的不利條件

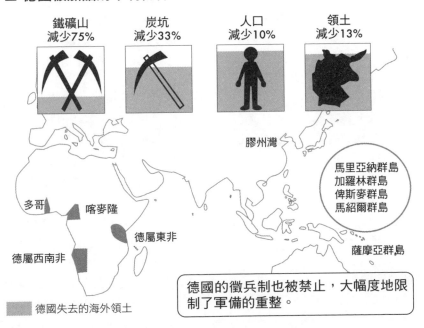

鐵礦山
減少75%

炭坑
減少33%

人口
減少10%

領土
減少13%

膠州灣

馬里亞納群島
加羅林群島
俾斯麥群島
馬紹爾群島

多哥

喀麥隆

德屬東非

德屬西南非

薩摩亞群島

德國失去的海外領土

德國的徵兵制也被禁止，大幅度地限
制了軍備的重整。

華爾街的股市大跌

採取計畫經濟的蘇聯不受影響，美、英、法等國組成經濟聯盟。

從繁榮到地獄般的大恐慌

一九二七年五月二十日，「聖路易精神號」從紐約長島的羅斯福機場起飛，飛越大西洋抵達法國的布爾歇機場。世界史上首次完成橫越大西洋壯舉的林白很快地成為英雄人物，美國人對於象徵黃金二〇年代（參見P372）的各種「號外」狂熱不已。一九三〇年，摩天樓帝國大廈開始動工。

不過，進入大量生產、大量消費時代的美國，因為消費者的購買能力下滑而陷入了生產過剩的困境，經濟在轉眼之間崩潰。一九二九年十月二十四日，華爾街紐約證券交易所的股市大跌（黑色星期四），第二週甚至更嚴重，引起了所有產業的恐慌。之後的四年之間，有四千五百家以上的銀行破產，工業生產衰退百分之五十以上，一九三三年失業人口高達一千三百萬人。

德國延期償付

第一次世界大戰後的美國支配著世界的金融市場，取代歐洲成為戰後復甦的統御中心。美國的經濟恐慌不只影響歐洲，甚至蔓延到亞洲成為「世界恐慌」，唯有社會主義國家蘇聯除外，這結果真是諷刺。

在這波世界恐慌中，受創最嚴重的莫過於世界大戰的戰敗國，特別是德國在美國撤回資金後陷入了困境。為了幫助德國，一九三一年七月，美國總統胡佛提出了延期償付方案，准許德國延後一年支付賠償金，不過這實在是杯水車薪。接著奧地利、德國陷入嚴重的金融恐慌，同年九月，英國停止金本位制，各國相繼跟進，國際匯款結算和貿易發生了極大的混亂。（編按：金本位制是指將法定重量和成色的黃金鑄造成貨幣，以黃金做為價格標準的貨幣制度。金本位制下，黃金可以自由買賣、貯藏，自由輸出入及自由鎔鑄成金幣、並在市場流通，其他金屬貨幣、銀行券可自由兌換為金幣或等量的黃金。一國的貨幣儲備、國際結算、以及外匯匯率，均以各國

●世界恐慌的波瀾

蘇聯

●因實行「五年計畫」而未受任何影響

即社會主義式計畫經濟
　　　　➡ 史達林獨裁更加穩固

美國

●利用「新政」克服經濟蕭條

修正資本主義
　　⟹ 大規模的公共投資等，加強政府的管理。

英國

●「英鎊＝聯盟經濟」

保護貿易
　　⟹ 加強與自治領土、殖民地間的連結，
　　　　以促成自給自足的經濟。

法國

●「法郎＝聯盟經濟」

保護貿易
　　⟹ 加強與殖民地的連結
　　　　➡ 無法平定社會的不安，
　　　　　　人民陣線內閣誕生。

德國

●走向「殖民地分割」

全體主義（法西斯主義）
　　⟹ 國家全體的利益比個人的人權優先。
　　　　➡ 納粹黨勢力抬頭

日本

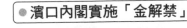
●濱口內閣實施「金解禁」

解禁黃金出口或兌換
　　⟹ 政策失敗，大量的黃金流到國外。
　　　　➡ 軍國主義勢力的抬頭

（貨幣所含的黃金量決定。）

美、英、法藉公共事業和經濟聯盟恢復經濟

美國繼胡佛總統之後，佛蘭克林羅斯福總統推展田納西河谷管理局（TVA）等公共事業，並採取限制生產及收購過剩的農產品等措施，企圖振興產業及救助失業者，這些政策被稱為「新政」。

這項政策來自於撲克牌遊戲的靈感，採取英國經濟學家凱因斯的學說，由政府主導加強經濟體制，所以也稱為「修正資本主義」。這些企圖起死回生的政策雖然受到保守派的極力反對，但是不久後發揮效果，一九三七年以後，農業、工業都露出了復甦的曙光。

另一方面，成立全國一致內閣的英國，與自主領土之間組成排外性「經濟聯盟」，轉換策略改成保護貿易。法國也組成了「法郎聯盟」，試圖克服恐慌。在這樣保護貿易的情況下，世界貿易大幅後退。

日本推行「金解禁」導致嚴重後果

世界恐慌的波瀾也衝擊到日本。日本採取了「金解禁」政策，解禁了自一九一七年以來，一直被禁止的黃金出口，想藉此恢復當時為世界標準的金本位制。但對事態過度樂觀所採取的政策，反而引起了更嚴重的恐慌。

一九二九年七月成立的民政黨濱口雄幸內閣，以「恢復國際信賴，進行財政、經濟重建」等結構改革為口號，大藏大臣的井上準之助也認為，緊縮政策為基礎的「金解禁」政策是對付景氣蕭條「獨一無二」的方法。於是金解禁政策得到民眾的支持，民政黨在一九三〇年二月的總選舉中大勝。但是，當時大恐慌早就在世界各地逐漸擴展開來。

金解禁的結果當然是很悲慘，有人形容其情況為「對著狂風暴雨大開門戶」。日本全面受到已經惡化的世界經濟影響，加上大量釋出黃金，全國陷入了嚴重的恐慌。街上到處是失業人口，大學畢業找不到工作的人比比皆是，東北地區因為農作歉收，農村陷入貧困之中，賣女兒成了稀鬆平常的事。

經濟政策的失敗導致濱口首相被暗殺，接著批評政黨政治的軍方勢力擴大，日本逐漸發展成軍國主義。

● 濱口內閣的金解禁過程

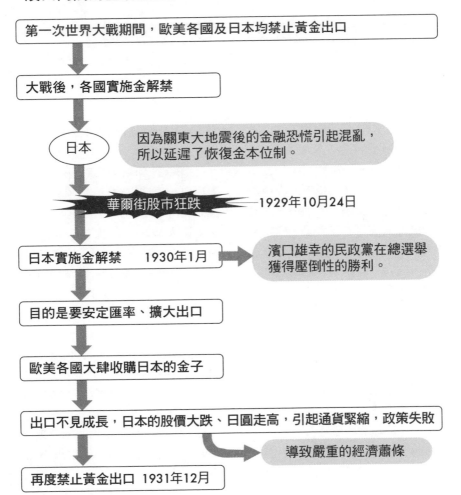

第一次世界大戰期間，歐美各國及日本均禁止黃金出口

大戰後，各國實施金解禁

日本　因為關東大地震後的金融恐慌引起混亂，所以延遲了恢復金本位制。

華爾街股市狂跌 ——1929年10月24日

日本實施金解禁　1930年1月　濱口雄幸的民政黨在總選舉獲得壓倒性的勝利。

目的是要安定匯率、擴大出口

歐美各國大肆收購日本的金子

出口不見成長，日本的股價大跌、日圓走高，引起通貨緊縮，政策失敗

導致嚴重的經濟蕭條

再度禁止黃金出口　1931年12月

法西斯戰鬥團與「第三帝國」

無法像美、英、法等國組成經濟聯盟，德國和義大利走向全體主義。

有無殖民地國家的對比

稍微回穩的德國經濟全面受到世界恐慌的影響，美國將當初為了幫助德國重建產業而投下的資金撤回後，德國馬上陷入了困境。胡佛延期償付方案也不見效果，四年之間，德國的工業生產減少了百分之四十，一九三二年，失業人口高達五百五十八萬人。

另一方面，義大利雖然是戰勝國，但是並沒得到什麼好處。戰爭的災害使得工業生產落後，使得大恐慌的影響直接衝擊到政府財政，經濟蕭條愈來愈嚴重。像英、法這樣擁有殖民地的國家，可以藉由組成經濟聯盟應付恐慌（參見P380），但是缺乏殖民地的義大利，以及因為戰爭而失去所有殖民地的德國，則沒有任何方法，兩國國民的不滿和不安達到了極限，在強悍的領導人（獨裁者）指導下，視國家利益優先於自由的「全體主義」，基礎逐漸成形。

法西斯主義源自古羅馬

全體主義首先在義大利出現。

組織了「法西斯戰鬥團」的墨索里尼，得到軍事當局、地主、教會的支持，以暴力攻擊勞動組織，逐漸擴大勢力。一九二一年組成法西斯黨，黨名取自於古羅馬執政官手中象徵權威的Fasces（束棒）。自此之後，全體主義被稱為法西斯主義，而其信奉者則被稱為法西斯主義者。

墨索里尼宣布要奪取政權，率領黑衫隊進軍羅馬。一九二二年在國王的承認之下建立了一黨獨裁體制，否定共產主義和議會制民主主義。身受通貨膨脹之苦的民眾，廣泛支持高壓秩序和規律的國家主義。

納粹希特勒的崛起

在德國，國家社會主義德意志勞動者黨（納粹黨）的希特勒也逐漸抬頭。一九二三年，希特勒在慕尼黑武裝起義失敗，被捕入獄，他歷劫歸來後急速擴大勢力。

●何謂納粹德意志？

意識形態

● 反猶太主義
➡️ 身為統治民族的北方日耳曼民族，要滅絕劣等民族

● 德意志至上主義
● 元首信仰
● 反馬克思主義

強化法西斯素質

重　點

● 黨徽是帶勾十字架

● 問候語是「希特勒萬歲」

● 「納粹」是反對派所取的蔑稱

希特勒

日本表示寺院的符號卍，是佛陀的胸臆相，象徵功德之意的符號。納粹黨徽的十字勾方向與卍相反，是希特勒為了表示雅利安人是「優秀民族」所設計。

黨勢力的擴大

● 透過希特勒、戈培爾發表的精湛演說

● 透過羅森伯格的出版活動廣為號召

● 由黨衛軍（SS）、祕密警察（蓋世太保）清除反對派

● 舉辦柏林奧運、上演華格納的歌劇等 ➡️ 民族主義高漲

一九三二年，納粹黨在總選舉中獲勝成為第一大黨後，次年希特勒當上總理，他斷定國會的放火事件是共產黨的陰謀，大規模鎮壓共產黨員，並且制定全權委任法，宣布停止威瑪憲法。全權委任法認同「沒有國會的許可，希特勒也可以自由立法」，根本就是一條為獨裁者打造的法律。

就這樣，希特勒建立了納粹黨的一黨獨裁體制。一九三四年興登堡總統去世後，希特勒就任元首（總統、總理、黨主席），建立了德國第三帝國。

希特勒運用巧妙的演說和擄獲大眾心理的宣傳戰略，得到國民的廣泛支持。他利用「無速限高速公路」為代表的公共建設，以及擴大軍需產業，成功地大幅減少失業人口。但是另一方面，納粹體制也動用祕密警察（蓋世太保）、突擊隊（SA）、黨衛軍（SS）等暴力集團，極度地限制國民自由。

希特勒推崇雅利安人（參見P58）的優越性，計畫性地殘害猶太人，歷史稱之為大屠殺。猶太少女所寫的《安妮日記》為首的許多文學，以及日後著名的電影，都描述了大屠殺的恐怖和無理。

畢卡索描繪了西班牙的內亂

世界恐慌和法西斯主義的影響也傳到了西班牙。人民苦於貧困之際，一九三一年爆發的革命運動推翻了王政，西班牙轉變成共和政治。但是新政府沒有魄力實行改革，不久便分裂為左派和右派，雙方激烈對立。

一九三六年，左派聯盟的人民陣線政府成立，佛朗哥將軍召集右派群起叛亂，「西班牙內戰」就此展開。佛朗哥將軍接受德國、義大利的援助，不只攻擊人民政府軍，還對許多城市進行無差別攻擊。特別是德國空軍對巴斯克地區的小城市格爾尼卡的炮擊，受到國外嚴厲的批評。畢卡索的《格爾尼卡》描繪了這場悲劇，對法西斯主義表達了強烈的憤怒。

為了在西班牙內戰中支援人民陣線對抗法西斯主義，各國的國際義勇軍紛紛趕到西班牙，其中包含了英國的歐威爾、法國的馬爾羅、美國的海明威等作家和知識分子，海明威的《戰地鐘聲》就是以他的親身經歷撰寫而成。

人民陣線政府雖然也接受過蘇聯的幫助，但是後來因為內部抗爭而分裂。一九三九年，馬德里淪陷，佛朗哥軍事政權成立。

● 法西斯政權的成立（希特勒的元首之路）

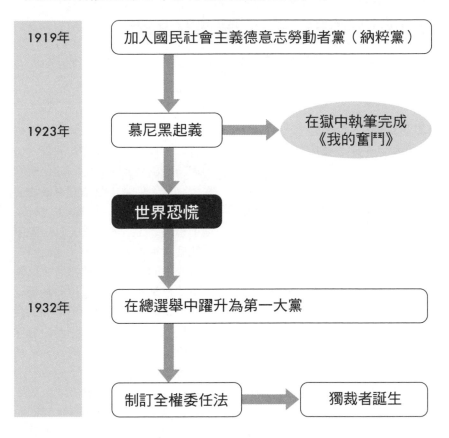

1919年　加入國民社會主義德意志勞動者黨（納粹黨）

1923年　慕尼黑起義　→　在獄中執筆完成《我的奮鬥》

世界恐慌

1932年　在總選舉中躍升為第一大黨

制訂全權委任法　→　獨裁者誕生

複雜的德蘇互不侵犯條約

日、德、義三國結為樞軸同盟，想為殖民地的再分割找出道路。

日本變成軸心國成員

日本也在軍方獨裁下邁向了全體主義之路。一九三一年的滿州事變，以及一九三二年發表的滿州國建國宣言，使得日本在國際上愈來愈孤立，並且受到了由各國代表組成的李頓調查團的調查。一九三三年，國際聯盟總會根據該調查團的調查報告，表決通過不承認滿州國，與會的日本首席代表松岡洋右憤而當場退席，接著日本便退出了國際聯盟。

一九三七年的盧溝橋事件之後，全面性的中日戰爭爆發，同時因為「日德義三國同盟條約」的簽定，日本成了軸心國的一員。就這樣，民主主義陣營和全體主義陣營（軸心國）正式對立，第二次世界大戰爆發。

五一五事件和二二六事件

象徵日本邁向軍國主義之路的突發事件是五一五事件，然後是二二六事件，不過這些事件並不是突然發生。

一九三○年召開的倫敦海軍軍縮會議，日本打算同意簽署英、美兩國所提出關於主力艦隊的保有噸數妥協案，但是主張擴充軍備的參謀總部強烈反對，進而發生了統帥權干預問題。日本軍方認為，陸軍的統帥大權在天皇手中，他沒有取得軍令部的許可就批准簽署，已經干預了統帥權，是很嚴重的越權行為。但是因為當時的濱口內閣依然強行批准，結果導致首相濱口雄幸被暗殺。

海軍、民間右派分子對政府的攻擊愈來愈激烈，終於在一九三二年二月發生了血盟團事件。民間右派分子血盟團策畫暗殺財政界要人，元藏相、井上準之助等人相繼遭到暗殺。接著五月十五日，海軍將校和血盟團的餘黨及陸軍士官候補生等發動政變，是為五一五事件。

據說他們襲擊首相官邸，以槍威脅犬養毅首相，逼問被認為從張學良那裡取得的金錢去處。首相回答：「這件事說開來就好了，到這

邊來。」將校們直接走進官邸，大喊：「多說無用，射！」犬養首相便在隔天過世。

陸軍將校沒有參與五一五事件，因為當時北一輝影響的皇道派和以軍方獨裁為目標的統制派激烈對立，所以接著在一九三六年又發生了二二六事件。

在大雪紛飛中，蜂擁而起的皇道派青年將校們，在帝都各地襲擊官僚與重臣，占領國會及首相官邸，要求「徹底執行國會改革」。後來政府頒布戒嚴令，下士官以下的士兵成為觸怒天皇的「賊軍」，政府對他們心戰喊話：「現在還不遲，馬上回到部隊」，他們棄械投降回到部隊，結果主謀者被處死刑，事件終於落幕。

之後，統制派掌握軍方的主導權，東條英機等人的軍方獨裁終於實現。

●日本的軍國化

倫敦軍縮條約 ——— 1930年簽署

統帥權干預問題 ——— 軍部反抗，認為侵犯到天皇的統帥權

濱口雄幸暗殺事件 ——— 1930年

血盟團事件
五一五事件 ——— 1932年

二二六事件 ——— 1936年

邁向東條英機的軍方獨裁政權

複雜且奇怪的德蘇互不侵犯條約

納粹德意志也和日本一樣，在一九三三年退出國際聯盟，開始展開侵略行動。希特勒逕自違反凡爾賽條約的禁止武裝條例，於一九三八年併吞奧地利，一九三九年迫使捷克斯洛伐克解體，逐漸擴充領土。期間內，德國在一九三六年主辦柏林奧運，試圖發揚國威，向全世界誇耀納粹的存在。

對於德意志擴張領土的野心，英、法竟然持認可的態度（慕尼黑會議）。其實兩國是想要避開戰爭，同時利用納粹黨做為反共勢力，這被稱為「姑息政策」。不過，結果反而讓納粹德意志輕鬆地壯大。

未受邀參加慕尼黑會議的蘇聯，對英、法抱持懷疑，於是以波蘭為對象推展外交，多次悄悄地和德國進行密談，最後終於在一九三九年八月，決定答應德國提議的《德蘇互不侵犯條約》，向來敵對的全體主義和共產主義竟然攜手合作，讓全世界大感意外。翌月德國出兵侵略波蘭，英法兩國向德國宣戰，不久第二次世界大戰爆發。

莫忘珍珠港

德軍把裝甲部隊集中在西部戰線，突破法國的馬其諾防線後，一九四〇年六月不流血地占領了巴黎。看到如此，墨索里尼領導的義大利也加入了戰爭。

納粹黨企圖登陸英國，不斷猛烈地空襲倫敦，不過在英國空軍奮力抵抗之下，英國終於守住了制空權，首相邱吉爾的頑強抵抗，讓德國陷入苦戰。一九四一年六月，希特勒突然採取「德蘇戰」，試圖打開戰局。蘇聯被單方面違背互不侵犯條約，史達林呼籲全體國民徹底抗戰，對德國進行反擊，而被德國占領的地區也展開了抗德運動。

另一方面，為了中國問題和美國對立加深的日本，也在一九四一年十二月八日偷襲夏威夷的珍珠港，對美、英宣戰，「太平洋戰爭」就此開始。原本厭戰氣氛高漲、期望中立的美國輿論，開始高喊「莫忘珍珠港」的口號，決定加入戰爭。

戰爭初期日本連戰連勝，大本營（譯註：戰時天皇直屬的最高統帥機關）的捷報使得日本全國為之沸騰。不過由於物資不足和情報收集能力不佳，日本在一九四二年六月的中途島海戰中，很明顯地露出了敗戰的跡象。

●軸心國的最大勢力範圍

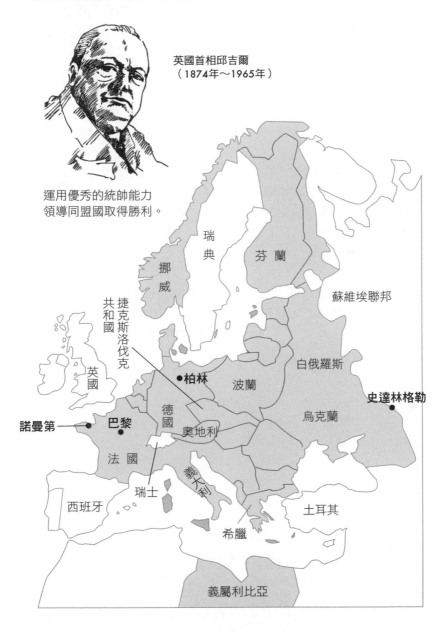

英國首相邱吉爾
（1874年～1965年）

運用優秀的統帥能力
領導同盟國取得勝利。

瑞典

芬蘭

挪威

蘇維埃聯邦

捷克斯洛伐克共和國

白俄羅斯

●柏林

波蘭

史達林格勒

英國

德國

烏克蘭

●諾曼第

奧地利

●巴黎

法國

義大利

瑞士

西班牙

土耳其

希臘

義屬利比亞

389

諾曼第登陸到波茨坦宣言

美國的加入使得同盟國的局勢逆轉。在歐洲戰線方面，一九四三年一月，蘇聯在史達林格勒戰役打敗德國，解放了東歐各國。同年五月，非洲戰線依然是同盟國戰勝，德國居於劣勢。墨索里尼失勢被處刑後，義大利在九月獨自投降，十月反向德國宣戰。

一九四四年六月，同盟國軍隊的諾曼第登陸策略，是決定希特勒戰敗的關鍵。美國艾森豪總司令指揮的同盟國大軍，湧到法國西北部海岸，雖然有許多士兵戰亡，但最後仍成功上岸。有名的電影《最長的一日》便是在描述這場戰役。

攻進法國的同盟國軍隊在八月解救了巴黎，一九四五年五月柏林淪陷後，德國終於投降，希特勒和情婦愛娃布勞恩雙雙自殺。

同盟國召開波茨坦會議勸告日本投降後，向廣島、長崎投下原子彈，日本在八月十五日接受波茨坦宣言無條件投降，長達五年八個月的第二次世界大戰終於結束。

● 戰後處理的架構

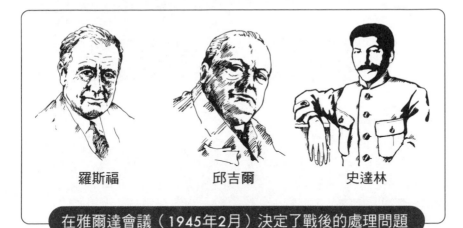

羅斯福	邱吉爾	史達林

在雅爾達會議（1945年2月）決定了戰後的處理問題

- 德國由英、美、俄、法四國分割管理
- 波蘭邊境向西移動150公里
- 德國投降後蘇聯對日參戰
- 蘇聯在日本、中國、韓國的權限擴大

1945年5月	柏林淪陷
8月6日	向廣島投下原子彈
8月9日	向長崎投下原子彈
8月15日	日本接受波茨坦宣言 無條件投降

PART 10

東西冷戰與南北問題

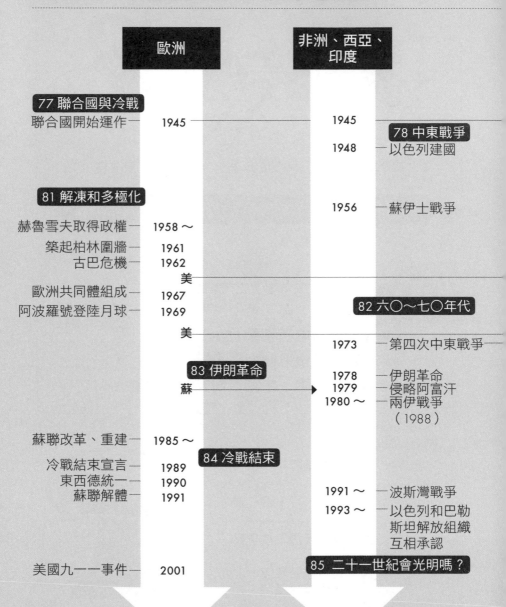

歐洲		非洲、西亞、印度

77 聯合國與冷戰

聯合國開始運作 ── 1945 ────────── 1945

                                               78 中東戰爭

                              1948 ── 以色列建國

81 解凍和多極化

                              1956 ── 蘇伊士戰爭

赫魯雪夫取得政權 ── 1958 ～

築起柏林圍牆 ── 1961

古巴危機 ── 1962

        美 ────────────────────

歐洲共同體組成 ── 1967

阿波羅號登陸月球 ── 1969   **82 六〇～七〇年代**

        美 ────────────────────

                              1973 ── 第四次中東戰爭 ──

            83 伊朗革命   1978 ── 伊朗革命

        蘇 ──────────────► 1979 ── 侵略阿富汗

                            1980 ～ ── 兩伊戰爭

                                      （1988）

蘇聯改革、重建 ── 1985 ～

                  84 冷戰結束

冷戰結束宣言 ── 1989

東西德統一 ── 1990

蘇聯解體 ── 1991   1991 ～ ── 波斯灣戰爭

                              1993 ～ ── 以色列和巴勒斯坦解放組織互相承認

美國九一一事件 ── 2001   **85 二十一世紀會光明嗎？**

第二次世界大戰後的世界

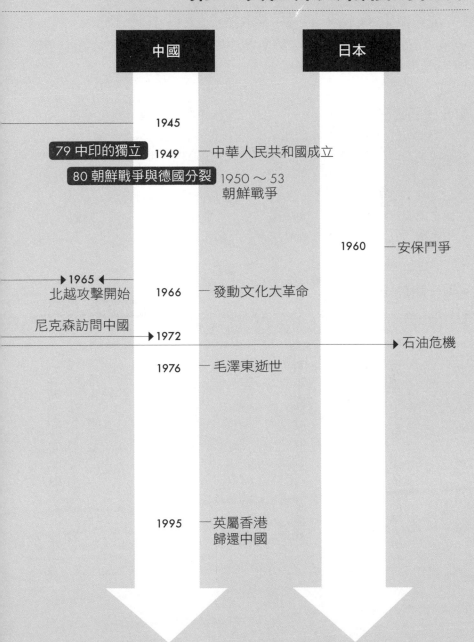

中國

日本

1945

79 中印的獨立　1949　—中華人民共和國成立

80 朝鮮戰爭與德國分裂　1950～53
朝鮮戰爭

1960　—安保鬥爭

▶1965◀
北越攻擊開始　1966　— 發動文化大革命

尼克森訪問中國　▶1972　　　　　　　　　　　　　　　　　　→ 石油危機

1976　— 毛澤東逝世

1995　—英屬香港
歸還中國

「超級大國」美蘇對立的時代

成立聯合國組織與東西冷戰的構想，在第二次世界大戰結束前已經形成。

聯合國開始運作

第二次世界大戰光是在歐洲，就造成了五千萬人以上的犧牲。戰爭結束之後，世界邁入新時代。

一九四五年四到六月，在已經確定同盟軍將會獲勝時，參加舊金山會議的五十個同盟國代表表決通過聯合國憲章。同年十月，由五十一個國家組成的「聯合國」正式開始運作，新的和平維持機構成立，取代日本、德國、義大利退出後有名無實的「國際聯盟」。

但是戰敗國日本、德國、義大利和匈牙利、羅馬尼亞、保加利

●聯合國與冷戰

	1941年	1944年		1945年	1946年	1947年
主要事件	戰後民主主義和國際協調的基本構想 大西洋憲章（邱吉爾）	6月 完成「聯合國憲章」草案 頓巴敦橡樹園會議（英、美、中、蘇）	10月 舊金山會議 通過「聯合國憲章」	聯合國開始運作（總部設在紐約）	邱吉爾發表「鐵幕」演說	杜魯門宣布「封鎖政策」 實行馬歇爾計畫 採取對西歐經濟復甦的援助計畫 「共產黨和工人黨情報局」開始運作

亞等東歐國家被拒絕加入。之後，一九五五年舉行集體加盟時，除了義大利以外的東歐國家終於獲准加入。日本在隔年的一九五六年加入，東西德在一九七三年被允許加入。

聯合國的總部設在紐約，它記取國際聯盟失敗的教訓，設置「安全保障理事會」，以美、英、法、蘇、中五大國為常任理事國，賦予他們經濟制裁以及派遣聯合國部隊的強大權限。此外還賦予他們「否決權」，希望五大國同心協力維持世界和平。不過，後來這個架構以美國和蘇聯兩個強權為中心，分裂為東西陣營，聯合國的機能因此停滯。

戰勝國的紐倫堡審判和東京審判

聯合國進行了第二次世界大戰戰後處理，舊軸心國的德國被美、英、法、蘇四國分割占領，日本被以美軍為中心的同盟國占領。

另外，同盟國決定用法律審判「戰犯」，選在納粹黨曾舉行全國大會的紐倫堡，以及日本東京舉行國際軍事審判。但這是戰勝國單方

1948年	1949年	1950年	1953年	1954年	1955年
蘇聯封鎖西柏林	德國分裂為東、西德 蘇聯宣布擁有原子彈 簽訂北大西洋公約組織（NATO）	韓國戰爭爆發（1953年停戰）	「解凍」的曙光消失 因為史達林的去世，導致卓別林流亡 美國清共（麥卡錫主義）	美國核彈水下試爆在太平洋比基尼島進行 開發核子武器 美國於1952年、蘇聯於1953年	簽署華沙公約以抗衡NATO

面依據「慣例戰爭罪」加上「破壞和平罪」、「違反人道罪」進行的判決,所以一九四六年在東京舉行的遠東國際軍事法庭上,印度代表帕爾法官提出異議,倡議判決全體無罪。

一九四五年舉行的紐倫堡國際軍事審判中,赫爾曼戈林元帥等十二人被判死刑,納粹黨代理總統赫斯等三人被判無期徒刑,東京審判則是東條英機等七人被判絞刑。

之後,德國設立了國內司法機關,藉以判定納粹罪行,名為「追查納粹罪行總部」,由德國人自己審判參與屠殺猶太人活動的舊幹部。相反地,日本的政治人物卻是在供奉甲級戰犯的靖國神社正式參拜,此舉至今仍備受爭議。(譯註:甲級戰犯為戰爭活動中的命令下達者,他們沒有直接殺人,但其命令卻導致大規模的迫害及殘殺。)

設立IMF和GATT體制

戰勝國當中,只有美國和蘇聯稱得上大國。英、法等歐洲國家,由於經濟復甦沒有進展,政局也不穩定。但是美國就不同了,美國的國土沒有遇上戰災,而且託軍需產業之福,使得經濟狀況逐漸回春,而蘇聯也因為在戰前推行多達三次的「五年計畫」,逐漸完成工業化。

引發第二次世界大戰的主要原因,是金本位制的崩潰和經濟聯盟引起的混亂,所以戰後各國開始要求通商自由、以及確立經濟合作原則。因此以聯合國為中心設立了支援自由國際交易的「國際貨幣基金會(IMF)」,和負責糾正不公平貿易的「關稅暨貿易總協定(GATT)」。

歐洲中央的鐵幕

聯合國之中唯一的共產國家蘇聯,在大戰中奪取芬蘭的領土,併吞波羅的海三小國(愛沙尼亞、拉脫維亞、立陶宛),並於戰爭結束時干涉波蘭、匈牙利、羅馬尼亞的內政,引導他們走向共產黨的一黨獨裁政治,拉攏他們進入自己的陣營。

第二次世界大戰結束前的一九四五年,在雅爾達會議上,羅斯福、邱吉爾、史達林三巨頭齊聚一堂,當時大家關係友好,不過那是共同敵人法西斯主義消滅時的局勢,這回換成共產主義(東方)和資本主義(西方)在政治上、意識形態上開始交戰。

最大的資本主義國家——美國,對史達林推行的膨脹政策抱持高度的警戒心,羅斯福總統死後就任的杜魯門總統,為了防止共產主義進入美國,宣布「封鎖政策」。

東西兩大陣營的交界，被戰後敗選的前首相邱吉爾取名為「鐵幕」，兩國間的對立狀態則被稱為「冷戰」。特別是四國分割占領下的柏林，西邊被蘇聯封鎖，英、美、法三國以空運物資對抗，差一點釀成戰爭，最後在柏林東西交界線上築起了「柏林圍牆」。一九四九年，德國分裂成德意志聯邦共和國（西德），和德意志民主共和國（東德）。

●鐵幕

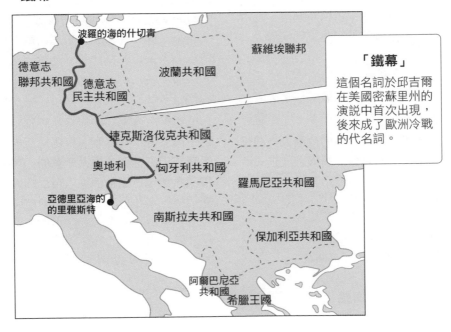

波羅的海的什切青

蘇維埃聯邦

波蘭共和國

德意志聯邦共和國

德意志民主共和國

「鐵幕」

這個名詞於邱吉爾在美國密蘇里州的演說中首次出現，後來成了歐洲冷戰的代名詞。

捷克斯洛伐克共和國

奧地利

匈牙利共和國

羅馬尼亞共和國

亞德里亞海的的里雅斯特

南斯拉夫共和國

保加利亞共和國

阿爾巴尼亞共和國

希臘王國

猶太國家再度建立

十九世紀初猶太人在巴勒斯坦展開復國運動時，數百年前已在此定居的阿拉伯人於是成了難民。

三個宗教的共同聖地

地中海東岸的巴勒斯坦，在《舊約聖經》中被稱為迦南，是古希伯來王國時曾經興盛過的猶太人土地。

迦南的中心耶路撒冷，於公元一世紀初，在耶穌被處刑之後產生了基督教。一世紀中葉，耶路撒冷神殿被羅馬帝國破壞，猶太人因此分散到世界各地。此外，傳說七世紀時，創立伊斯蘭教的穆罕默德也是從這裡的岩石上升天，所以迦南至今仍是猶太教、基督教、伊斯蘭教的共同聖地。這個因素卻反而發展成非常複雜的民族問題。

納粹的迫害加速了猶太建國運動

巴勒斯坦在十六世紀以後，變成鄂圖曼土耳其的領土，居民幾乎都是阿拉伯人。但是十九世紀初，巴勒斯坦變成英國委任統治的領土，分散在世界各地的猶太人以建設民族國家為目標，展開「猶太復國」運動，開始移居巴勒斯坦，

使得猶太人和伊斯蘭教徒的阿拉伯人之間的對立愈來愈明顯。所謂「Zionism」是猶太復國主義之意，「Zion（錫安）」原是指耶路撒冷市中心大衛王的城堡和墓地所坐落的山丘之名。（譯註：Zion〔錫安〕是古代猶太人祭神的聖地）

後來由於納粹黨的迫害，移居巴勒斯坦的猶太人大增，世界大戰後兩個民族的對立也愈演愈烈。統治國英國把燙手山芋丟給聯合國，聯合國於一九四七年總會中通過巴勒斯坦分割提議，但是阿拉伯人強烈反對這個提案。隔年英國軍隊從巴勒斯坦撤退，猶太人便宣布建立以色列共和國。

幫助猶太人的杉原千畝和辛德勒

受到納粹黨迫害的猶太人，希望回到兩千年前建國的「應許之地」，其心情並不難以理解。以前在摩西的帶領下走出埃及時，猶太人也曾受到迫害，更何況在納粹強制集中營中的大屠殺，其悲慘的程

度是當時的好幾倍。

不過，也有暗中幫助猶太人的人。因為美國導演史帝芬史匹柏的電影《辛德勒的名單》而聞名的德國企業家奧斯卡辛德勒，就是其中之一。在波蘭的克拉科經營工廠的辛德勒，原本是想利用猶太勞工節省成本，所以巴結親衛隊將校擴展人脈。但是當他看到集中營的悲慘後，決定拯救猶太人，設法把猶太人移進自己的工廠藉機保護他們。

另外還有日本駐立陶宛領事杉原千畝，他發給逃過納粹迫害、逃亡到海外的猶太人過境日本前往美國的簽證，拯救了數千名猶太人。在立陶宛被俄羅斯占領後，大使館關閉即將離開之際，他都沒有停止發給簽證。雖然領事有核發簽證的權限，但是日本外交部以缺乏入境日本的條件為由，屢次通知杉原停止發給簽證，後來杉原回國後就被革職了。

人滿為患的巴勒斯坦難民營

以色列單方面的建國，對阿拉伯人而言是非常沒道理的。一九四八年五月，不承認以色列建國的阿拉伯各國對以色列開戰，

●鄂圖曼帝國瓦解後的中東

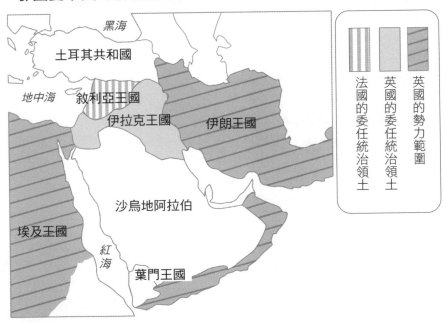

「第一次中東戰爭」（巴勒斯坦戰爭）爆發。不過，因為擁有許多猶太移民的美國和蘇聯支援以色列，加上結成聯盟的阿拉伯各國步調不同調，所以聯合國調停後不久，以色列建國就成了既定的事實。

被以色列占領奪走土地的巴勒斯坦難民多達一百萬人。之後，中東的民族抗爭便逐漸演變成泥淖戰。

蘇伊士運河和石油專利權成為阿拉伯國家的「武器」

一九五三年，經由革命從君主政體轉為共和政體的埃及，計畫建設世界最大的亞斯文大水壩，而向各國請求資金援助。原本美國和英國答應提供融資，但是一九五四年上任的埃及總統納瑟，從共產主義世界購入武器展開獨自外交（譯註：一九五五年，以色列對迦薩做了一次報復性攻擊，使納瑟覺悟到國防建設的重要，於是向捷克採購軍火，納瑟漸漸成為阿拉伯世界反以色列、反英的象徵）導致與美英兩國的關係惡化，所以英美兩國撤回了資金援助。

一九五六年，納瑟總統宣布將蘇伊士運河歸為國有以示對抗，並打算把運河的通行費拿來做為建設水壩的資金。反對此舉的英國、法國、以色列出兵埃及，又名「蘇伊士戰爭」的「第二次中東戰爭」就此展開。在這次的戰爭中，不只蘇聯，甚至亞洲、非洲國家也支持埃及，使得同意聯合國即時停戰決議的三國，不得已只好撤兵，納瑟總統成為第三勢力領導人，與東西軍事聯盟劃清界線，因而聲名大噪。

但是中東的紛爭並沒有因此平息。

一九六七年，以色列突然對埃及發動攻擊，僅僅六天就占領了西奈半島和阿卡巴灣，這是「第三次中東戰爭」（一九七○年停戰）。接著在一九七三年，納瑟總統猝逝後繼任的沙達特攻擊以色列，發動「第四次中東戰爭」。戰爭結果雖然沒有分出決定性的勝負，但是阿拉伯國家發動禁止石油出口，在政治上獲得勝利，「以色列不敗」的神話也因此毀滅。當時的禁止石油出口，引起了全世界的「石油危機」。

●藉中東戰爭而擴大的以色列領土

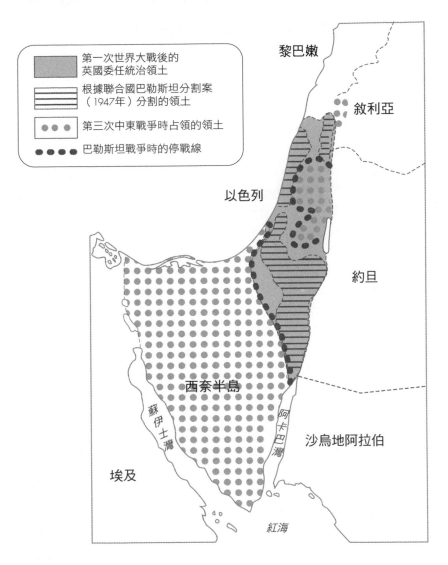

圖例：

- 第一次世界大戰後的英國委任統治領土
- 根據聯合國巴勒斯坦分割案（1947年）分割的領土
- 第三次中東戰爭時占領的領土
- 巴勒斯坦戰爭時的停戰線

黎巴嫩

敘利亞

以色列

約旦

西奈半島

蘇伊士灣

阿卡巴灣

沙烏地阿拉伯

埃及

紅海

毛澤東和甘地的長期鬥爭

中國分裂成共產黨與國民黨兩個政府，印度也分裂成印度教
與伊斯蘭教。

中國共產黨與抗日戰線

在第二次世界大戰之前，經由辛亥革命誕生的「中華民國」在孫文的領導下，完成了國民黨和共產黨攜手的「第一次國共合作」。但是孫文死後，國民黨內部分裂兩派，一是主張與共產黨聯手的左派；另一個則是擁戴蔣介石為領導人的右派，雙方展開激烈的對抗。

日本侵略中國，抗日活動在各地展開之際，蔣介石卻專注於和共產黨的內戰。居於劣勢的共產黨紅軍退到陝西省北部的延安，一九三五年在此地確立領導者地位的毛澤東，宣布停止內戰並結成抗日統一戰線。隔年，經過張學良軟禁蔣介石的西安事變後，在「第二次國共合作」正在進展之際，一九三七年，日本國內發生二二六事件，同時以盧溝橋事件為開端，和中國展開了長達八年的中日戰爭。

第二次世界大戰後誕生的兩個中國

一九四五年，日本無條件投降，聯合國開始運作，中國成為居於重要地位的常任理事國。一九四八年，蔣介石（國民黨）成為中華民國的總統，他在戰爭之前，就因為對統一國家應有的架構持有不同意見，而與共產黨對立。中日戰爭之後，中國再度發生內戰。

受到美國物資援助的國民黨剛開始居於優勢，不過沒多久，毛澤東提出廢除地主的土地所有權，因而得到廣大的農民支持，共產黨逐漸取得優勢。一九四九年十月，以毛澤東為國家主席、周恩來為總理的「中華人民共和國」在北京誕生，戰敗的蔣介石則於同年的十二月逃到台灣。

中國新政府在一九五〇年和蘇聯結盟後（中蘇友好同盟互助條約），美國派遣第七艦隊（太平洋艦隊）保衛台灣，在此也可以看到冷戰的一面。因為美國支持蔣介

● 毛澤東與蔣介石

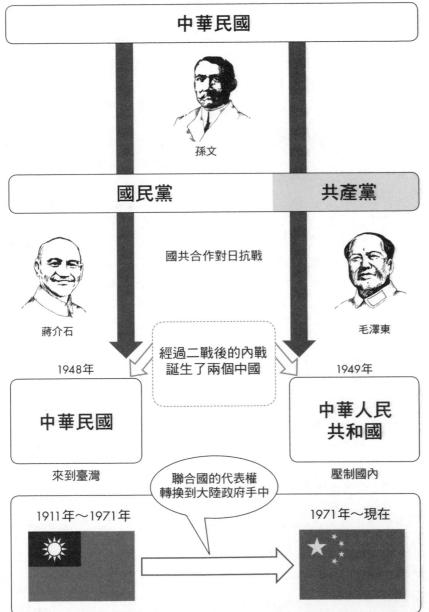

1911年

中華民國

孫文

國民黨　　　　共產黨

國共合作對日抗戰

蔣介石　　　　　　　　　　　　毛澤東

經過二戰後的內戰
誕生了兩個中國

1948年　　　　　　　　　　　　1949年

中華民國　　　　　　　　　　中華人民
　　　　　　　　　　　　　　　共和國

來到臺灣　　　　　　　　　　壓制國內

聯合國的代表權
轉換到大陸政府手中

1911年～1971年　　　　　　　　1971年～現在

石，所以聯合國的議席依然是由中華民國政府維持，這時確實有兩個「中國」同時存在。後來一九七一年，中國取代台灣恢復代表權，在美國政府的官方見解中，「兩個中國」已經不存在了。嚮往獨立的台灣和中國的關係，糾纏著與日本的外交，發展成微妙的問題。

印度甘地成了宗教紛爭的犧牲品

第二次世界大戰中的印度，在英國允諾戰後可以獨立的約定下，協助英國出兵打仗。但是主張統一獨立的印度國民會議派領導人甘地，和主張伊斯蘭教徒必須分離獨立的印度穆斯林聯盟產生對立，結果，一九四七年以印度教為中心的印度聯邦成立，大多數人民為伊斯蘭教徒的巴基斯坦則成為英國聯邦的自治區，印度大致上算是完成了獨立。

甘地雖被譽為印度獨立之父，卻在隔年的一九四八年，被狂熱的印度教信徒暗殺，統一印度的願望著實地幻滅了。一九五〇年，「印度共和國」在新憲法下成立；而巴基斯坦也在一九五六年成為「巴基斯坦伊斯蘭共和國」，兩國都脫離英聯邦一直到現在。

食鹽行軍運動

甘地於一八六九年誕生於印度西部卡提阿瓦地區的波爾班達，立志成為律師，十九歲到倫敦留學後，開始對印度傳統宗教產生興趣，著迷於印度教的經典《薄伽梵歌》。在南非體驗過有色人種的歧視後，甘地著手推動以非暴力、不殺生（Ahimsa）為基準的抵抗運動。回到印度後，開始推展獨立運動，並成為國民會議派的指導人，活躍於印度。

甘地的非暴力抵抗運動中最有名的是「食鹽行軍」，主要是訴求廢除英國政府加諸於印度人民的鹽稅和食鹽專賣制。

一九三〇年，甘地和七十八名弟子，前往二百四十哩遠的丹地海灘開始行進，他打算公然在海灘製鹽向法律挑戰，並藉此將運動的訴求推及民眾。行進中有許多記者同行，這件事在印度國內外被廣泛報導，引起很大的迴響。這個運動後，全印度的農村開始製鹽，傾向獨立的反英意識也隨之高漲。

●第二次世界大戰後的亞洲

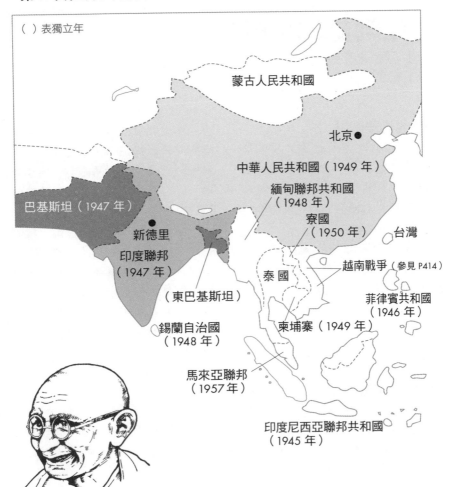

（　）表獨立年

蒙古人民共和國

北京●

中華人民共和國（1949 年）

緬甸聯邦共和國
（1948 年）

寮國
（1950 年）

台灣

巴基斯坦（1947 年）

新德里

印度聯邦
（1947 年）

（東巴基斯坦）

越南戰爭（參見 P414）

泰　國

菲律賓共和國
（1946 年）

錫蘭自治國
（1948 年）

柬埔寨（1949 年）

馬來亞聯邦
（1957 年）

印度尼西亞聯邦共和國
（1945 年）

甘地（1869年～1849年）

「印度獨立之父」。統一印度是
其志願，但是最後巴基斯坦還是
分離出去了。

麥克阿瑟的免職記

德國與韓國都是在分裂的狀態下獨立，尤其是朝鮮半島的戰況相當激烈。

冷戰的代理戰爭

第二次世界大戰後的東西冷戰，指的是資本主義陣營和共產主義陣營之間意識形態的對立，呈現一種雖然沒有發展成實際的戰鬥行為、但也不見和平的狀態。

在這兩大陣營的操控下，德國、韓國、越南等戰後分裂的國家中冒出了新的國際紛爭。不久，以這些分裂國家為舞台的「熱戰」開始，而這些「熱戰」也可以說是東西兩大陣營的代理戰爭。

蘇聯抵制聯合國決議出兵朝鮮

韓戰是受到冷戰結構影響、進而發展成大規模戰爭的典型例子。第二次世界大戰結束後，朝鮮半島以北緯三十八度線為界，蘇聯軍進駐北邊，美軍進駐南邊。一九四八年八月，南邊以李承晚為總統的「大韓民國（南韓）」成立，北邊則在同年九月，成立以金日成為總理的「朝鮮民主主義人民共和國（北韓）」，朝鮮半島分裂成南北兩國。

南北的對立非常激烈，美蘇兩國的軍隊撤退後，雙方在三十八度線附近依然陸陸續續有一些小摩擦。一九五〇年六月，北韓終於越過界線展開「韓國戰爭」。

由於北韓軍隊攻陷首爾，接著進軍釜山，聯合國為此組織了安全保障理事會。美國斷定北韓此舉是侵略行為，提議聯合國軍發兵以示勸告，並且通過表決。這時的蘇聯因為正在抵制安全保障理事會，所以沒有行使否決權，美軍在聯合國發出勸告前就出兵了。

麥克阿瑟被免職

聯軍的總司令部設於東京，以美軍為主共有十六個國家參加。

一九五〇年九月，登陸仁川的做戰計畫成功，戰況逆轉，聯軍不僅突破三十八度線，還前進到中國國界附近。於是，中華人民共和國（中國）不再保持沉默。中國派出人民志願軍支援北韓，將聯軍趕回首爾（漢城），戰況成了一進一退的攻防戰。在這樣的戰況中，聯

軍總司令、也是占領日本的聯合國軍總司令部（GHQ）最高司令官——麥克阿瑟，因為不只進攻中國本土，還進言美國總統在朝鮮使用原子彈，所以一九五一年四月被免職。

在戰爭特需下，日本恢復獨立

在蘇聯的提議下停戰交涉開始，承諾提早停戰的艾森豪當選美

●韓戰的進軍路線

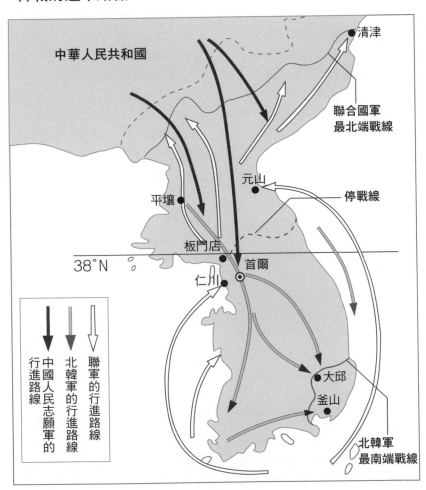

中華人民共和國

清津

聯合國軍
最北端戰線

元山

停戰線

平壤

板門店

首爾

38°N

仁川

大邱

釜山

北韓軍
最南端戰線

中國人民志願軍的行進路線

北韓軍的行進路線

聯軍的行進路線

國總統，加上蘇聯的史達林去世，使得局勢發生了變化。一九五三年七月，兩大陣營在板門店簽定了停戰協定，劃定了與三十八度線交錯的停戰線。

韓戰變成冷戰下的「熱戰」，被美軍做為進攻基地的日本，因為提供韓戰特需，為戰後的經濟復甦奠下了基礎。一九五一年的舊金山和平條約（中、蘇等共產國家拒絕參加）中，對建構東亞的反共體制頗為重視的美國承認日本的獨立，由首相吉田茂代表簽署。同時美日之間也簽署美日安全保障條約，美軍繼續駐留日本。

「兩個德國」和東歐從蘇聯獨立

德國經歷四國分割占領後，一九四九年分裂成「德意志民主共和國（東德）」和「德意志聯邦共和國（西德）」（參見P397）。一九五三年東柏林發生了反蘇聯暴動，蘇聯軍雖然介入，但是所幸沒演變成大戰爭。不過因為從東德逃亡到西德的民眾高達六百萬人，東德在蘇聯新領導人赫魯雪夫的支持下，於東西柏林的邊界上築起「柏林圍牆」，阻斷東德前往西德的通路，這條長約五十公里的牆壁分散了許多家庭，企圖逃亡而被射殺的悲劇也不斷地發生。

不過，東方陣營也並非團結一致，與納粹黨打過游擊戰的英雄狄托領導的南斯拉夫共產黨公然反抗蘇聯。此外，中國也因為西藏問題和經濟援助等，逐漸和蘇聯產生對立。

● 東歐的反蘇運動

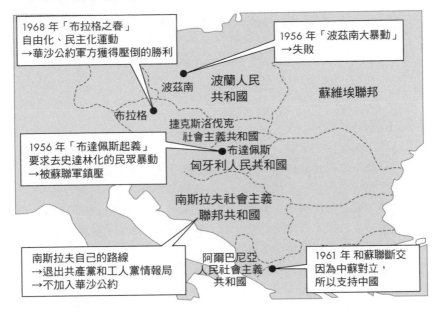

1968 年「布拉格之春」
自由化、民主化運動
→華沙公約軍方獲得壓倒的勝利

1956 年「波茲南大暴動」
→失敗

波茲南　波蘭人民
　　　　共和國

蘇維埃聯邦

布拉格

捷克斯洛伐克
社會主義共和國

1956 年「布達佩斯起義」
要求去史達林化的民眾暴動
→被蘇聯軍鎮壓

布達佩斯
匈牙利人民共和國

南斯拉夫社會主義
聯邦共和國

南斯拉夫自己的路線
→退出共產黨和工人黨情報局
→不加入華沙公約

阿爾巴尼亞
人民社會主義
共和國

1961 年 和蘇聯斷交
因為中蘇對立，
所以支持中國

■「兩個德國」

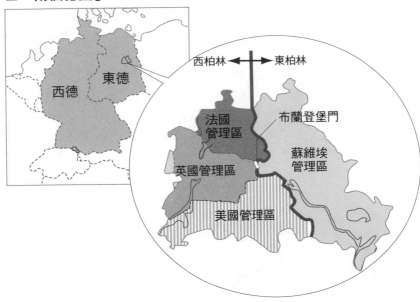

東德
西德

西柏林 ←→ 東柏林

法國
管理區

布蘭登堡門

英國管理區

蘇維埃
管理區

美國管理區

法國、中國的核武裝備

五〇年代以後，東西雙方開始互相靠近的同時，各自的內部也出現了分裂。

麥卡錫主義和卓別林

當韓戰正如火如荼之際，美國總統杜魯門徹底地追查國內的共產主義者或其認同者，以上院議員麥卡錫為中心，被稱為麥卡錫主義的「紅色獵殺」（清共）行動激烈地展開。以「蘇聯可以成功地開發原子彈，是因為有間諜洩漏機密」為理由，將參與美國原子彈開發計畫的羅森堡夫婦處刑之後，許多知識分子、藝術家、電影、戲劇界的相關人士也陸續被關進監獄或者放逐國外。

麥卡錫的追查活動，實際上是以反共為口號，鎖定擁有先進思想的人為對象的瘋狂獵殺行動。喜劇泰斗卓別林，也因為諷刺戰爭大規模殺人的電影《殺人狂時代》（一九四七年）被批評為反國家，而被貼上共產主義者的標籤。

一九五二年，卓別林為了新電影的首映會準備回英國時，在船上接到被拒絕過境美國的通知。他在好萊塢的最後作品《舞臺生涯》，雖然在美國得以首映，但沒多久就因為民眾的反對而被迫下檔。一直到一九七二年得到奧斯卡金像獎的最佳音樂獎和特別獎為止，喜劇泰斗和好萊塢雙方沒有和解過。

麥卡錫主義可說是東西冷戰下，美國產生的異常社會現象。

冷戰解凍

一九五三年一月，主張提早停止韓戰的艾森豪就任美國總統；同年三月，蘇聯的獨裁者史達林病逝，九月赫魯雪夫就任總書記，這些對東西冷戰有很大的影響，兩方陣營都極力呼籲和平。七月，雙方的韓國停戰協議成立後，隔年的日內瓦協定實現了越南停戰（參見414）。

像這樣東西兩大陣營的相互靠攏與和平共存路線，稱為「解凍」，這一名稱取自於蘇聯作家所寫的同名小說書名（譯註：即愛倫堡的著作《The Thaw》）。一九五五年在日內瓦召開的美、英、法、蘇「四巨頭會議」讓世界對和平抱持了希望。一九五六年蘇聯舉行「批判史

● 多極化世界

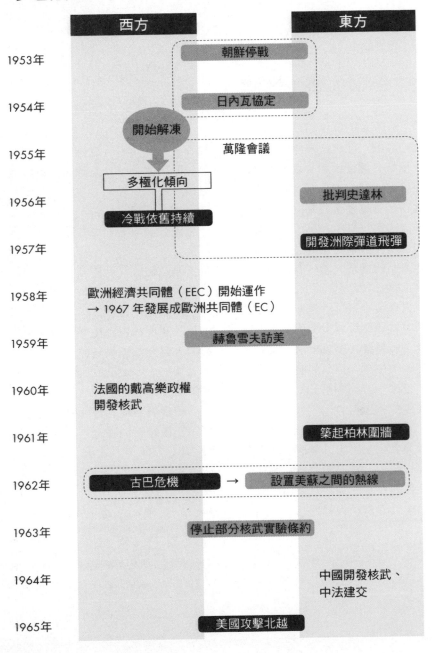

	西方	東方
1953年	朝鮮停戰	
1954年	日內瓦協定	
1955年	開始解凍　萬隆會議	
1956年	多極化傾向　冷戰依舊持續	批判史達林
1957年		開發洲際彈道飛彈
1958年	歐洲經濟共同體（EEC）開始運作 → 1967 年發展成歐洲共同體（EC）	
1959年	赫魯雪夫訪美	
1960年	法國的戴高樂政權 開發核武	
1961年		築起柏林圍牆
1962年	古巴危機　→　設置美蘇之間的熱線	
1963年	停止部分核武實驗條約	
1964年		中國開發核武、 中法建交
1965年	美國攻擊北越	

達林」，一九五八年赫魯雪夫推行去史達林化，並於隔年訪問美國。此外，美國的麥卡錫失勢，「紅色獵殺」終於結束。

古巴危機造成核武戰爭一觸即發

「解凍」的氣氛雖然受到西方國家的歡迎，但是在蘇聯的衛星國──東歐各國卻引起了混亂。由於「絕對史達林」主義受到赫魯雪夫的批判，導致領導體制開始動搖，反蘇情緒與民主主義高漲。在波蘭和匈牙利反蘇暴動相繼發生，東德投奔西德的民眾大增，為了防堵逃亡因而築起「柏林圍牆」。

還有，中國批評蘇聯所提出的與西方共存路線，雙方因此對立。蘇伊士戰爭後（參見P400）美蘇間雖然取得協調，但是和英、法及亞洲、中東、非洲等第三勢力之間的隔閡卻愈來愈深。

一九六二年的「古巴危機」讓世界發現，原來「解凍」不過是個夢想罷了。當美國總統甘迺迪得知，蘇聯在卡斯楚建立革命政權的古巴建設導航飛彈基地時，公開聲明：「如果美國受到攻擊，就會對蘇聯採取報復手段。」核武戰爭的

恐懼出現在現實生活中，全世界提心吊膽地屏息靜觀兩國的交涉。

結果赫魯雪夫要甘迺迪答應，以不進攻古巴做為撤除基地的交換條件，危機才解除。

走向歐洲統合的困難之路

西歐從第二次世界大戰得到反省，開始有了「歐洲統合」的構想。所謂歐洲統合是讓失去殖民地之後，不只是經濟、政治、甚至精神上受損的西歐各國，以歐洲文化和民主主義的理念為基礎互助合作。

但是跨國互助體制的建構並沒有想像中容易。雖然一九五八年歐洲經濟共同體（EEC）成立，實現了互降關稅，可自由轉移資本與勞動力，但是法國總統戴高樂拒絕宿敵英國加入，並展開與美國保持明顯距離的外交政策。

糾纏著各國利害關係及獨立性等錯綜複雜的問題之下，歐洲共同體（EC）於一九六七年成立。之後，西歐開始邁向政治、經濟性的統合。二〇〇二年一月一日起，歐洲單一貨幣──歐元開始流通，貨幣的統合也是歐洲統合的策略之一。

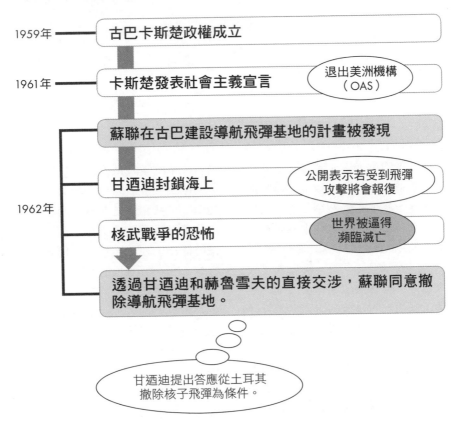

●古巴危機的經過

1959年 —— 古巴卡斯楚政權成立

1961年 —— 卡斯楚發表社會主義宣言 　　退出美洲機構（OAS）

蘇聯在古巴建設導航飛彈基地的計畫被發現

甘迺迪封鎖海上 　　公開表示若受到飛彈攻擊將會報復

1962年

核武戰爭的恐怖 　　世界被逼得瀕臨滅亡

透過甘迺迪和赫魯雪夫的直接交涉，蘇聯同意撤除導航飛彈基地。

甘迺迪提出答應從土耳其撤除核子飛彈為條件。

美、中、蘇各自的苦難

軍事介入越南戰爭、進攻阿富汗，讓美國、蘇聯兩個超級大國開始衰退。

越戰——南越民族解放陣線與美國對峙

「古巴危機」化解後，美國總統甘迺迪提出新疆土政策，發動把人類送上月球的阿波羅計畫。但是沒多久，自認是西方盟主的美國又陷入了新的泥淖——越南戰爭。

一九四五年九月，第二次世界大戰中仍被稱為法屬印度支那的越南，由胡志明為首的越南共產黨建立「越南民主共和國」（首都為河內）。

不過舊宗主國法國不承認越南的獨立，隔年開始策畫「印度支那戰爭」，不過最後失敗，一九五四年簽署日內瓦停戰協定（參見P410）撤兵。日內瓦停戰協定中，暫定北緯十七度線為軍事界線，規定兩年後實施統一南北的自由選舉。不過，隔年「越南共和國」便成立了南越，首都為西貢。（譯註：一九五五年，吳廷琰在美國的支持下，在西貢發動政變，建立越南共和國）

但是，對選舉獲勝沒有信心的美國和南越政府，沒有簽署協定中的選舉條款，僅發表「尊重」的聲明。終於，越南民眾對始終不著手進行改革的獨裁政府產生反感，組成南越民族解放陣線（越共），在越南民主共和國（北越）的援助下展開游擊戰。美國認為這是北越的侵略行為，因此加強對南越的軍事援助，越南戰爭就此展開。

一九六三年，甘迺迪還沒看到人類登上月球，就在美國達拉斯被暗殺了。南越政府被軍部發動的政變瓦解後，一九六五年美國開始對北越展開猛烈攻擊；一九六八年，支援南越的美國陸軍兵力已高達五十萬人之多。不過，北越也得到蘇聯、中國援助，展開游擊戰對抗，這場以叢林為舞台的戰爭逐漸陷入泥淖化。

抗議歌曲

美國投入燃燒彈和枯葉劑等現代武器，試圖掃盡南越民族解放陣線。但是另一方面，屠殺越南居民的事實被大肆報導，而受到國內外嚴重的批評。

●越南戰爭和反戰運動

嬉皮的出現

和平主義、博愛主義、反文化

校園抗爭

電影《草莓宣言》

搖滾音樂

胡士托音樂節

反戰運動興起

年輕人對社會制度的反抗

─── 有關越南戰爭的美國電影 ───

- 《返鄉》、《越戰獵鹿人》（1978）
- 《現代啟示錄》（1978）
- 《第一滴血》（1982）
- 《前進高棉》（1986）奧斯卡最佳影片獎
- 《金甲部隊》（1987）
- 《越南家書》（1987）
- 《七月四日誕生》（1989）
- 《天地》（1993）
- 《阿甘正傳》（1994）

甘迺迪暗殺事件

1963 年 11 月 22 日，甘迺迪到德克薩斯州達拉斯市進行巡迴演說，車隊遊行時被人從對面大樓的六樓暗殺，來福槍的子彈射中腦部，在當地的醫院去世。據說被逮捕的嫌犯李哈維奧斯華，是古巴總統卡斯楚的支持者，不過後來他也被人暗殺。也有人說這是策略性的暗殺，真相至今仍是個謎。

美國國內甚至興起了以學生為中心的「反越戰運動」，他們不只拒絕徵兵和發起抵抗運動，還在通俗音樂、搖滾音樂領域創作許多抗議歌曲（反戰歌曲），使得美國文化發生了很大的變化。

這一波影響也傳到了美國做為攻擊北越的基地——日本，當地市民組織起為越南訴求和平的團體、或者形成嬉皮的流行風俗表現出來。

美元衝擊和美國戰敗

甘迺迪被暗殺之後，就任美國總統的詹森，因為國內外日漸高漲的批評聲浪而陷入困境，最後在一九六八年決定停止攻擊北越，並且同意進行巴黎和平會議。接下來的尼克森總統雖然曾再度展開對北越的攻擊，不過美國最後在一九七三年簽署和平協定，完全撤兵越南。

美國雖然沒有投降，不過事實上卻是戰敗了。五〇年代的強國美國首次嚐到戰敗的滋味，越南戰爭在美國國民心中留下了很深的傷痕。

再者，越戰的餘波也直接衝擊到美國經濟，因為戰費負擔過大，使得美元不斷地流向海外。一九七一年，尼克森發表暫停黃金兌換美元等美元防衛策略，這個措施使得世界一些大型的外匯市場關閉，稱為美元衝擊。這也使得原本採取固定匯率制（一美元對三六〇日圓）的日本，將匯率改為變動匯率制。

一九七五年四月解放戰線占領西貢，一九七六年以河內為首都的「越南社會主義共和國」成立，南北越終於完成統一。南越的首都西貢改名為胡志明市，沿用至今。

蘇聯、中國也激烈動盪

越戰結束後，軍事介入阿富汗的蘇聯又發生了激烈動盪。

蘇聯趁著阿富汗發生內亂之際，於一九七九年軍事介入，扶植了傀儡政權。但是國際上的批評及戈巴契夫的開放政策，使得蘇聯在一九八八年到八九年之間撤出阿富汗。

另外，支援北越的中國也在一九六六年由毛澤東發動無產階級文化大革命，使國家產生了激烈的動盪。

毛澤東主張：「國家主席劉少奇的政策導致資本主義化，身為革命國家不可放任，一定要打倒他。」透過林彪在幕後操控人民解放軍，逮捕監禁劉少奇為首的黨內要人、學者、文化人。

●蘇聯進軍阿富汗始末

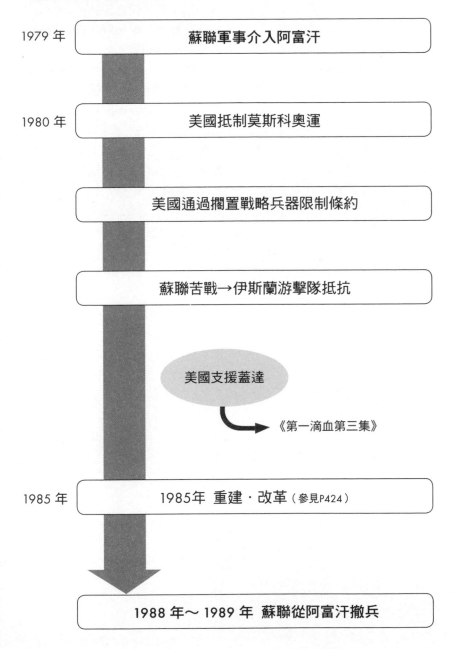

1979 年　　蘇聯軍事介入阿富汗

1980 年　　美國抵制莫斯科奧運

美國通過擱置戰略兵器限制條約

蘇聯苦戰→伊斯蘭游擊隊抵抗

美國支援蓋達

《第一滴血第三集》

1985 年　　1985年 重建・改革（參見P424）

1988 年～ 1989 年　蘇聯從阿富汗撤兵

文化大革命

文化大革命的前鋒是被稱為紅衛兵的青少年，他們配戴有「紅衛兵」字樣的紅色臂章，搖著有紅色封面的《毛主席語錄（毛澤東語錄）》小冊子，稱文化人為「知識分子」，徹底迫害他們。紅衛兵首先在清華大學組成，接著是北京大學，然後擴大到全國，中學以下的稱為紅小兵。

一九六九年四月，共產黨選出毛澤東擔任黨主席，林彪擔任副主席。被奪走國家黨主席地位的劉少奇則被除名，凌虐至死。之後林彪企圖暗殺毛澤東失敗，搭飛機逃亡時在蒙古墜機死亡。

狂風般的文化大革命經過毛澤東的死、四人幫被逮捕、鄧小平上台後，被重新審視認為是個「重大的錯誤」，以劉少奇為首，在文革中失勢的人全部敗部復活或平反，現在文化大革命在中國只被單純地稱為「動亂」。

●從文革到經濟解放

發動「文化大革命」

林彪事件

1976年1月　周恩來去世
　　　　9月　毛澤東去世

毛澤東

鄧小平敗部復活

逮捕四人幫

四個現代化

走向經濟改革（鄧小平路線）

「革命不是請客吃飯，不是作文章，不是繪畫繡花……
革命是暴動，是一個階級推翻一個階級的暴烈行動。」
（毛主席語錄）

高呼「造反有理」，推行文化大革命的毛澤東語錄，據說幾乎
都是他的祕書所寫。

伊斯蘭基要主義在與誰打仗?

同是伊斯蘭教徒的波斯灣阿拉伯國家之間,發生激烈戰爭。

柯梅尼的伊朗革命

一九七〇年代後半期,因巴勒斯坦問題而動盪不安的中東各國,伊斯蘭教徒之間展開了激烈的抗爭,其中兩伊戰爭還發展成長期戰爭。

一九五三年,伊朗國王巴勒維二世推行「白色革命」,這是促進農地改革和賦予女性參政權的「近代化」政策,但是由上而下強制執行的做法,引起了民眾的反感。加上豐富的石油資源所儲蓄的石油資金被用於增加軍備,國內貧富差距擴大,使得一九七八年以後,伊朗經常發生恐怖活動和罷工。

一九七九年一月,民眾的不滿爆發,發動了革命運動,國王不得不逃到海外。同年三月,伊斯蘭教什葉派的最高領導人柯梅尼掌控軍部、勞動者、以及農民,宣布成立「伊朗伊斯蘭共和國」。

柯梅尼呼籲伊斯蘭世界要重生,提倡「伊斯蘭基要主義」,主張回歸到與穆罕默德的教義成為共同體的原點。柯梅尼的主張不只打動了什葉派,也打動了多數的遜尼派,得到國民熱烈的支持,這就是帶給世界衝擊的「伊朗革命」。

兩伊戰爭中的「西方」──海珊

柯梅尼政權在伊斯蘭基要主義之下,恢復了嚴格的宗教紀律,展開強硬的內外政策,甚至因為大量減少石油產量而引起世界上遠比第一次石油危機(參見P400)還要嚴重的衝擊(第二次石油危機)。

一九七九年,就任伊拉克總統的海珊,警覺到伊朗革命將會影響伊拉克國內屬於少數的什葉派,加上與伊朗因為底格里斯與幼發拉底河口的領土問題產生對立,遂於一九八〇年斷然出兵伊朗,展開「兩伊戰爭」。

伊拉克拉攏擔心受伊朗革命波及的遜尼派波斯灣國家,並接受西方歐美各國所提供的近代化武器,使得戰爭逐漸長期化。一九八八年,伊朗接受聯合國的停戰決議,造成兩國嚴重耗損的戰爭終告結

束。

美國制裁發動波斯灣戰爭的海珊

戰爭使得伊拉克經濟疲憊，不過海珊總統擁有歐美提供的武器，這些武器成了新戰爭的火種。一九九○年八月，伊拉克突然進攻並占領科威特。

為了懲罰這個侵略行為，一九九一年一月，美國主導的多國籍軍隊收到聯合國決議，出兵伊拉克展開「波斯灣戰爭」。

以美軍為主體、加上阿拉伯各國軍隊的多國籍軍隊，不只破壞伊拉克的軍事設施，更連街道和石油相關設施也徹底破壞。電視新聞真實地報導了美軍攻擊伊拉克的情景，大大地改變了戰爭的情況。

結果，伊拉克投降並從科威特撤兵，波斯灣戰爭終於結束。不過經過兩伊戰爭和波斯灣戰爭，阿拉伯各國的凝聚力開始破裂，加上美國的介入引起混亂，後來宗教的對立和主導權的抗爭便經常發生。

●中東的紛爭

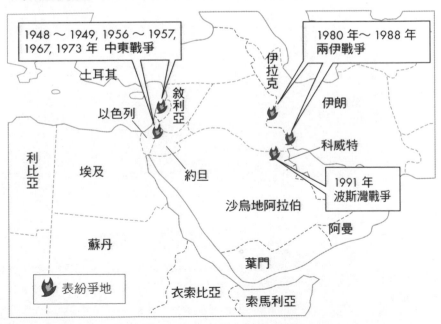

1948 ～ 1949, 1956 ～ 1957, 1967, 1973 年 中東戰爭

1980 年～ 1988 年 兩伊戰爭

1991 年 波斯灣戰爭

土耳其

以色列

敘利亞

伊拉克

伊朗

科威特

利比亞

埃及

約旦

沙烏地阿拉伯

阿曼

蘇丹

葉門

表紛爭地

衣索比亞

索馬利亞

自衛隊的PKO使得日本國會停頓

波斯灣戰爭爆發，日本被迫要對多國籍軍隊做出「國際貢獻」。日本政府根據憲法及自衛隊的規章拒絕派遣自衛隊，不過卻也交出了一百三十億美元做為援助。

但是儘管做出了巨額的財政貢獻，在國際社會（特別是美國）得到的正面評價卻非常低。於是日本政府在一九九二年六月，通過「幫助聯合國維持和平活動的相關法律（PKO合作法）」，目的是為了對聯合國維持和平活動（PKO）做出人力貢獻，派遣人員救援因為武力紛爭受害的一般市民、整頓受破壞的環境，以及做好疾病防治等。不過因為聯合國維和活動之中，最直接的行動是維持和平部隊（PKF）的工作，由各國負責廣泛的區域，執行停戰監視和盤問、巡邏，所以必須是軍隊才可以擔任。因此被喻為「雖然不是軍人才能做的事情，但是非是軍人身分不可」。

一九九八年聯合國維和法修正案通過，對於自衛官的武器使用，原則上必須遵從上級的命令。不過加入聯合國維和部隊一案依然被凍結，二〇〇一年十二月的修正案，日本自衛隊才終於得以加入聯合國維和部隊。

中東和平之路──會談和暗殺反覆不斷

一九七三年的第四次中東戰爭之後，埃及總統沙達特改變方針，想要改善和以色列的關係，透過美國總統卡特居中牽線，終於得以在大衛營會談，並於一九七九年和以色列的比金總理締結和平條約。不幸的是，一九八一年沙達特總統遭到阿拉伯激進派暗殺，雖然如此，埃及還是遵守條約，於一九八二年將西奈半島歸還給以色列。

另一方面，巴勒斯坦難民組成的巴勒斯坦解放組織（PLO）和以色列的武力對決情況依然嚴重。

一九九一年，美蘇共同舉行中東地區和平會議，為中東的各種問題開了一道解決之門。一九九三年巴勒斯坦解放組織和以色列決定商談解決之道，巴解組織的阿拉法特議長和以色列的拉賓總理，在同年的九月互相承認，並同意建立巴勒斯坦自治區。之後，以色列開始撤出部分占領區，看起來中東的和平似乎有所進展。但是一九九五年十一月，拉賓總理卻被反對兩國會談結果的猶太激進派暗殺。和平之路似乎又變得遙遠了。

●阿拉真神，神聖不可侵犯

《魔鬼詩篇》
一九九三年，伊朗的柯梅尼以英國作家薩爾曼魯西迪寫的小說《魔鬼詩篇》褻瀆伊斯蘭教為由，宣布要判薩爾曼魯西迪死刑，引起歐美各國的反感。

1998年
伊朗政府答應不
執行死刑

薩爾曼魯西迪

蘇聯突然解體

人類的未來還有著民族紛爭、人口爆發、地球環境等難題。

戈巴契夫的重建改變了世界

一九八〇年代後期開始到九〇年代，最讓世界感到震驚的是圍繞著蘇聯所發生的激烈動盪。

一九八五年就任的戈巴契夫總書記（一九八八年兼任總理），提出整體性重新審視經濟、政治社會、文化、國民意識的「Perestroika（重建、改革）」與「Glasnost (資訊公開)」，大膽實行改革。

一九八六年車諾比核能發電廠發生大事故，使蘇聯民眾深深感到安全管理和資訊公開的重要，一連串的改革也帶動了美蘇間的協調路線和軍事縮減。一九八九年老布希總統和戈巴契夫在馬爾他舉行高峰會議，宣布結束自一九四五年以來的冷戰，一九九〇年戈巴契夫就任蘇聯總統，共產黨的一黨獨裁體制終於被廢除。

小戈斷然讓蘇聯解體

在日本被稱為「小戈」的戈巴契夫，擁有相當高的知名度，但是他在蘇聯國內的改革並非一帆風順。

九〇年代左右開始，蘇聯內部常年的弊病陸續浮上檯面，加上財政惡化、通貨膨脹和物資不足，使得經濟陷入了谷底。另外，民主化在各地發展成對俄羅斯民族統治的反抗，致力於恢復共和國主權的市民運動興起。一九九〇年，第二次世界大戰中，一九四〇年被併吞的波羅的海三小國（參見P396）宣布從蘇聯獨立。

一九九一年，反對戈巴契夫的保守派政變失敗後，共和國獨立的氣勢愈來愈高。於是戈巴契夫斷然決定解散共產黨，在他卸任的同時蘇聯解體，由俄羅斯、烏克蘭等十一個共和國組成的獨立國家共同體（CIS）成立。

不過儘管如此，經濟的混亂還是未能平定，各共和國費盡心思做民族間的調整。其中由改革派的葉爾欽就任總統，也是由獨立國家共同體中最大的俄羅斯共和國，繼承著包括聯合國安全保障理事會的常任理事國等（參見P394）舊蘇聯的

對外地位。之後，葉爾欽當上俄羅斯聯邦的第二任總統。

歷史性的一刻──柏林圍牆拆除

動搖蘇聯大改革的波瀾也傳到了東歐各國。這些國家身為衛星國，被迫長年依附蘇聯的經濟，對與西方的經濟差距抱持著不滿。

一九八九年，東德開始有大量民眾逃到西德，無法阻止的東德政府索性拆除柏林圍牆，讓東西柏林自由往來。這個歷史性的新聞傳遍全世界，柏林充滿著喜悅的氣氛。一九九〇年十月東西德統一，不過實際上是東德消失了。

舊東歐的變革與紛爭

在柏林圍牆拆除的骨牌效應之下，匈牙利、捷克斯洛伐克、保加利亞、羅馬尼亞的共產政權也瓦解。波蘭的獨立自主性公會「團結工聯」的領導人華勒沙，從一九八〇年就展開反政府運動，一九九〇年當選總統。就這樣，東歐的社會主義圈也消失了。

不過南斯拉夫的民族紛爭則是愈來愈激烈，波士尼亞內戰不斷持續，最後南斯拉夫分裂成斯洛維尼亞、克羅埃西亞、波士尼亞赫塞哥維納聯邦、新南斯拉夫等共和國。

●世界主要紛爭地圖

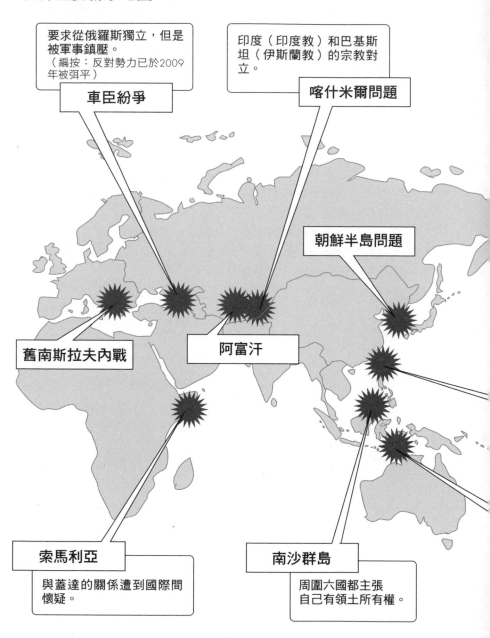

要求從俄羅斯獨立,但是被軍事鎮壓。
(編按:反對勢力已於2009年被弭平)

車臣紛爭

印度(印度教)和巴基斯坦(伊斯蘭教)的宗教對立。

喀什米爾問題

朝鮮半島問題

舊南斯拉夫內戰

阿富汗

索馬利亞

與蓋達的關係遭到國際間懷疑。

南沙群島

周圍六國都主張自己有領土所有權。

發生於
2001年9月11日

美國九一一事件

台灣海峽問題

哥倫比亞革命軍

東帝汶問題

於2002年5月獨立

美國是世界的警察？

走出「報復的鎖鏈」，尊重個別價值，期待和平曙光出現。

在索馬利亞敗退的聯合國軍隊

冷戰結束後，人們以為像古巴危機的全面核武戰爭已經消失。蘇聯解體後，就像多國籍軍出動波斯灣戰爭一樣，已經成為世界唯一軍事大國的美國不再單獨出兵，而是以聯合國做後盾展開「維持國際和平活動」。

不過美國也在一九九二年，以聯合國的和平執行部隊軍事介入非洲的索馬利亞時，嚐到了失敗的滋味。翌年十月，在索馬利亞首都摩加迪休，美軍遭到反抗勢力襲擊，美軍的特殊直升機部隊墜落，被索馬利亞的民兵包圍，十八名美軍遭到殺害後遺體被拖來拖去，畫面透過電視傳到全世界後，美國國內認為應該撤退的聲浪高漲，迫使柯林頓總統從索馬利亞撤回美軍。

索馬利亞之役的失敗，讓自許為「世界警察」的美國留下了很深的傷痕。進入二十一世紀後，這個悲劇成了「不可觸摸的過去」。

美國九一一事件

二〇〇一年九月十一日，發生了被劫的客機衝撞紐約世界貿易中心大樓和國防總部（五角大廈）的恐怖攻擊。大樓倒塌、包括消防人員在內死傷了許多人，其畫面震驚了全世界。

美國政府斷定主謀是國際恐怖組織「蓋達」的領導人奧薩瑪賓拉登，並且以阿富汗伊斯蘭教基要主義塔利班政權窩藏賓拉登為由，向世界各國主張要杜絕國際恐怖活動，和英國聯手對阿富汗從空中展開攻擊。

將索馬利亞悲劇拍成英雄故事的電影《黑鷹計畫》，在九一一事件後上演，美國國民的民族意識燃起，許多反對報復的少數意見被漠視。日本也被要求要做出明確的表態，後來，日本決定派出自衛隊支援。

塔利班政權垮台，阿富汗誕生了新政權。不過美國並沒有放鬆追緝國際恐怖組織的腳步。小布希總統將北韓、伊拉克、伊朗並列為

●擁有核武、有開發核武之嫌的國家

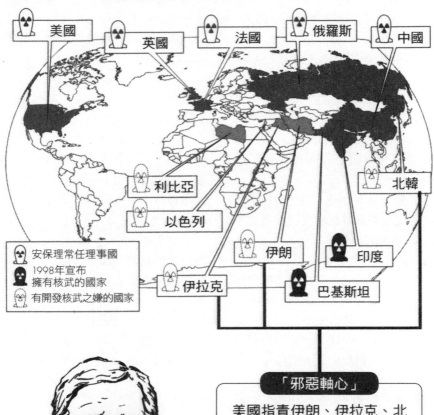

美國　英國　法國　俄羅斯　中國

利比亞
以色列
北韓
伊朗
印度
伊拉克
巴基斯坦

安保理常任理事國
1998年宣布
擁有核武的國家
有開發核武之嫌的國家

布希

「邪惡軸心」

美國指責伊朗、伊拉克、北
韓是「邪惡軸心」（Axis of
Evil）。另外也將利比亞、敘
利亞、古巴視為「恐怖活動
的支援國家」而敵視他們。

（編按：利比亞於2003年迫於美軍壓力宣布
放棄核武計劃。而關於伊拉克是否有核武，
美國表示我們不知道我們不知道。）

「邪惡軸心」，示意對這些國家加強軍事行動，但是充滿憎惡的報復行動反而引起了國際輿論的反感。

巴基斯坦局勢的惡化和民族問題

亞洲、非洲等發展中國家，和歐美先進國家之間嚴重的經濟差距，被稱為「南北問題」，取代昔日的東西冷戰而成為世界的新課題。

九一一事件後，伊斯蘭教世界對歐美基督教世界的反撲，增加了紛爭的新火種。

緊張不斷持續的巴勒斯坦局勢，也在二〇〇二年之後愈來愈惡化。以色列人採取空襲報復阿拉伯人的自殺式恐怖行動，世界對和平所付出的努力全成了泡影。以牙還牙的心態，讓以色列的夏隆總理和巴勒斯坦解放組織的阿拉法特議長依然激烈對立，看不到出口的局勢依然不變。

因為喀什米爾紛爭，印度和巴基斯坦之間在軍事上的緊張關係也愈來愈嚴重。

在歐洲，實現了貨幣統合的歐盟（EU）以政治、軍事的整體化為目標，與美國劃清界線。不過過去歷史上的衝突和國家的自尊仍可能成為障礙，歐洲聯盟的構想會進展到什麼地步是個未知數。

向歷史學習

什麼是「世界史」？到這裡為止，我們追溯了從人類出現在地球上開始，到經過數百萬年後的現代史。

相信大家應該都發覺到，其實到近代為止的「世界史」是各地的地域史，廣義地說是大陸歷史的集合。涵蓋了全世界的歷史，仔細分是一個地區或國家、或更小的共同體所形成的歷史，而再細分的話，則是每個人在每個時代度過一生的歷史集合。

其過程有許多戰爭、以及不斷重複的悲劇。民族問題、宗教問題並不是善惡論可以解決的，甚至愈熟讀歷史就愈納悶：「人類為何不斷重複著相同的事？」相信在未來的日子裡，戰爭並不會消失。此外，隨著人口增加而產生的糧食危機和溫室效應等環境污染也是很大的問題。

不過，藉著閱讀歷史及向歷史學習，若能「了解」自己現在所處的世界，應該也可以認識到共同體中，能夠解決問題的「個人」價值。而維繫這份價值的不只是自尊心，還要有能尊重異文化的歷史認知。

我們不只是單純地把歷史當成資料瀏覽，更要學習非表面的、非情感上的歷史認知，才是今後國際社會中「個人」重要的課題。

日語外來詞條翻譯對照表

	日文	英文	頁碼
2 劃			
《七月四日誕生》	7月4日に生まれて	Born on the Fourth of July	415
乃蠻族	ナイマン族	Nairnan	216
八思巴	バスバ	Hphags-pa	191
十二月黨	デカブリスト	Decemberist	310
十字軍	クルセイド	Crusades	196 ～ 201
十誡	十戒	The Ten Commandments	72
3 劃			
三色旗	トリコロール	Tricolore	303
于闐、和闐	ホータン , コータン	Khotan	127,151
凡爾賽宮	ベルサイユ宮殿	Versailles	274,300,370
凡爾賽條約	ベルサイユ条約	Versailles Structure	364,370
千禧人	ミレニアム・アンセスター	Millennium Ancestor	36
土耳其	トルコ	Turkey	224,290
《土耳其進行曲》	トルコ行進曲	Turkish March	226
土魯斯	トゥールーズ	Toulouse	205
大布理士	ダブリーズ	Tabriz	223
《大地英豪》	ザ・ラスト・オブ・モヒカン	The last of the Mohicans	329
大西庇阿	大スピオ	Sciplo Africanus the hider	132
大流士一世	ダレイオス1世	Dareios I	82,92
大流士三世	ダレイオス3世	Dareios III	117
大夏	バクトリア	Bactria	119,163
大馬士革	ダマスクス	Damascus	70,116,163
大祭司長	大神祇官（ポンティフエク・スマクシム）	pontifex maximus	134
大摩拉維亞帝國	大モラビア帝国	Great Moravian Empire	178
大衛王	ダビデ王	King David	74
大衛像	ダビデ	David	232
大憲章	マグナ_カルタ	The Great Charter	210
獵殺女巫	魔女狩り	Witch hunting	209
小西庇阿	小スキピオ	Scipio Africanus the Younger	135
小亞美尼亞王國	小アルメニア王国	Kingdom of Lesser Armenia	201
山岳黨	モンターニュ派	Montagnard	302
《工作與時日》	労働と日々	Works and Days	97
4 劃			
丹地	ダンディー	Dundee	404
丹麥	デンマーク	Denmark	280
丹麥王國	デンマーク王国	Kingdom of Denrnark	175
丹敦	ダントン	Georges Jacques Danton	302
五月花	メイフラワー	Mayflower	266

什切青	シュチェチン	Szczecin	397
什葉派	シーア派	Shiites	259,420
內華達	ネバダ	Nevada	328
公民大會	民会	Ekklesia	90
公會	ギルド	guild	203
厄瓜多爾	エクアドル	Ecuador	246
厄爾巴島	エルバ島	Elba	308
反文化	カウンター・カルチャー	Counterculture	415
《天方夜譚》	アラビアン・ナイト	Arabian Nights	168
天主教	カトリック	Catholicism	198,206
《天地》	天と地	Heaven & Earth	415
太陽曆（又稱格里曆）	グレゴリオ暦	Gregorian calendar	303
孔雀王朝	マウリヤ朝	Maurya empire	57,86,108
尤里烏斯二世	ユリウス2世	Julius II	334
巴士底監獄	バスチーユ牢獄	the Bastille	300
巴比倫	バビロン	Babylon	48,83
巴比倫之囚	バビロン捕囚	Babylonian Captivity	73,74,208
巴比倫尼亞	バビロニア	Babylonia	49
巴卡斯	バッカス	Bacchus	99
巴伐利亞	バイエルン	Bavaria	338
巴米揚	バーミヤン	Bamiyan	181,193
巴西里卡	バシリカ	Basilica	159
巴伯爾	バーブル	Babur	225,258
巴克緹	バクティ信仰	Bhakti	260
巴別塔	バベル塔	Tower of Babel	82
巴底亞	パルティア	Parthia	137
巴洛克	バロック	Baroque	282
巴格達	バグダッド	Baghdad	122,166,344
巴特農神殿	パルテノン神殿	Parthenon	94
巴勒斯坦	パレスチナ	Palestine	68,140,398,422
巴勒斯坦解放組織	パレスチナ解放機構	Palestine Liberation Organization (PLO)	402
巴勒維二世（穆罕默德・禮薩・沙・巴勒維）	パーレビ2世	Mohammad Reza Shah Pahiavi	420
巴勒摩	パレルモ	Palermo	205
巴基斯坦伊斯蘭共和國	パキスタン・イスラム共和国	Pakistan-Islam	404
巴斯克	バスク	Basque	383
巴斯拉	バスラ	Basra	122
巴斯德	パスストゥール	Louis Pasteur	349
巴達維亞	バタヴィア	Batavia	263
巴爾喀什湖	バルハシ湖	Balkhash Lake	123
巴爾幹半島	バルカン半島	Balkan	350,360
巴膩尼	パーニニ	Panini	58
戈巴契夫	ゴルバチョフ	Mikhail Sergeevich Gorbachyov	418
戈培爾	ゲッペルス	Joseph Goebbels	383
戈登	ゴードン	Charles George Gordon	326
扎克雷起義	ジャックリーの反乱	Jacquerie Uprising	208
文藝復興	ルネサンス	Renaissance	102,214,230

方濟各沙勿略	フランシスコザビエル	Francisco Xavier	244
日內瓦協定	ジュネーブ協定	the Geneva Accords	410,411
日耳曼	ゲルマン	German	152,166
比金	ペギン	Menachem Begin	422
比基尼	ビキニ	Bikini	395
比莉哈樂黛	ビリー・ホリディ	Billie Holiday	330
爪哇原人；直立猿人	ジャワ原人（ピテカントロピス・エレクトス）	Pithecanthropus erectus	34,36

5 劃

丕平	ピピン	Pepin	172
代達羅斯	ダイダロス	Daidalos	76
以弗所	エフェソス	Ephesus	77,83
以色列	イスラエル	Israel	93,398,422
加利福尼亞	カリフォルニア	California	321,328
加里波底	ガリバルディ	Giuseppe Garibaldi	333
加里斯都二世	カリストゥス2世	Calixtus II	207
加洛林	カロリング	Carolingian	172,212
加菲爾德	ガーフィールド	James Abraham Garfield	331
加萊	カレー	Calais	213
加爾底亞	カルデア	Chaldea	93
加羅林群島	カロリン諸島	Caroline Islands	377
占婆	チャンバー	Champa	195
卡夫拉王	カフラー王	Khafre	55
卡比爾	カビール	Kabir	261
卡皮托利諾博物館	カピトリーノ美術館	Musco Capitolino	130
卡西諾山	モンテ・カシノ	Monte Cassino	173
卡佩王朝	カペー朝	Capetians dynasty	174,210,211
卡林尼卡斯	カリニコス	Kallinikos	158
卡洛斯一世	カルロス1世	Carlos I	262,284
卡迪根	カーディガン	Earl of Cardigan	350
卡特（考古學家）	カーター	Howard Carter	52
卡特（美國總統）	カーター	James Carter	422
卡特萊特	カートライト	Edmund Cartwright	293
卡提阿瓦	カチアワル	Kathiawar	404
卡斯提雍	カスティヨン	Castillon	213
卡斯楚	カストロ	Fidel Castro	412
卡瑙季	カナウシ	Kanauj	183
卡德墟戰役	カディシュの戦い	War of Kadesh	54,93
卡諾莎	カノッサ	Canossa	196,206
卡羅來納	カロライナ	Carolina	331
古夫王	クフ王	Khufu	50
古巴比倫王國	古バビロニア王国	Old Babylonian Empire	48,93
古巴危機	キューバ危機	Cuban crisis	411
古里；卡利刻特	カリカット	Calicut	237
古騰堡	グーデンベルク	Johannes Gutenberg	235,242

史帝文生	スティーヴンソン	Stevenson	293
史特拉斯	ストラスブール	Strasbourg	205
史達林	スターリン	Stalin	369,396,408
史達林格勒	スターリングラード	Stalingrad	2089
司法官	法務官	praetor	134
尼古拉一世	ニコライ1世	Nicholas I	310
尼古拉二世	ニコライ2世	Nicholas II	366
尼尼微	ニネヴェ	Nineveh	82
尼布甲尼撒二世	ネブカドネザル2世	Nebuchadnezzar II	82
尼布楚	ネルチンスク	Nerchinsk	271,351
《尼布龍根的指環》	ニーベルングの指輪	Der Ring des Nibelungen	338
尼安德塔人	ネアンデルタール人	Neanderthal	36
尼西亞	ニケーア	Nicaea	200
尼克森	ニクソン	Richard Milhous Nixon	416
尼斯	ニース	Nice	334
尼普頓	ネプチューン	Neptune	99
尼祿	ネロ	Nero	142
尼德蘭	ネーデルランド	Netherlands	311
尼羅河	ナイル川	Nile River	41,43
《巧斯島的屠殺》	シオの虐殺	The Massacre at Chios	313
巨港	パレンバン	Palembang	195
市民	ブルジョワジー	Bourgeoisie	202
布希	ブッシュ	George W. Bush	429
布宜諾斯艾利斯	ブエノスアイレス	Buenos Aires	236
布拉格	プラハ	Prague	409
布韋希王朝	ブワイフ朝	Buwayhid dynasty	169
布匿戰爭	ポニエ戦争	Punic War	68,130
布路沙布羅	プルシャプラ	Purushapura	107
布達珮斯	ブタペスト	Budapest	409
布爾歇	ル・ブールジェ	Le Bourget	378
布魯日	ブリュージュ	Brugge	205
布魯特斯	ブルータス	Brutus	136
布蘭登堡	ブランデンブルク	Brandenburg	280
《布蘭登堡協奏曲》	ブランデンブルク協奏曲	Brandenburg Concertos	283
幼發拉底河	ユーフラテス川	Euphrates River	41,46
弗里吉亞	フリギア	Phrygia	93
弗拉基米爾一世	ウラジーミル1世	Vladimir	178
弗拉德四世	ブラド・ツェペシュ	Vlad Tepes(Vlad IV)	226
弗蕾亞	フレイヤ	Freyja	177
本篤會	ベネディクト	Benedictine	173
札馬戰役	ザマの戦い	Battle of Zama	132
朮赤	ジュチ	Juchi	219
民粹派；民粹主義者	ナロードニキ	Narodnik(俄); Populist(美)	350,367
瓦拉幾亞公國	ワラキア公国	Walachia	226

瓦倫西亞	バレンシア	Valencia	205
瓦倫紐斯	ヴァレンヌ	Varennes	301
瓦格拉姆戰役	ヴァグラムの戦い	Battle of Wagram	305
瓦特	ワット	James Watt	270,294
瓦特泰勒起義	ワット・タイラーの反乱	Wat Tyler's Rebellion	208
瓦爾肯	ヴァルカン	Vulcan	99
瓦爾納	ヴァルナ	Varna	104
瓦盧瓦王朝	ヴァロア朝	Valois dynasty	210,211
甘地	ガンジー	Mohandas Karamchand Gandhi	404
甘迺迪	ケネディ	John Fitzgerald Kennedy	331,412
田納西	テネシー	Tennessee	331
田納西河谷管理局	テネシー渓谷開発公社法	Tennessee Valley Authority	380
《申辯篇》	ソクラテスの弁明	Apology	102
白令海峽	ベーリング海峡	Bering Strait	246
白夏瓦	ペシャワール	Peshawar	123,193
白朗	ルイ・ブラン	Louis Blanc	322
皮薩羅	ピサロ	Francisco Pizarro	248
立陶宛	リトアニア	Lithuania	288,399
6 劃			
伊凡三世	イワン三世	Ivan III	174,178,288
伊比利半島	イベリア半島	Iberian Peninsula	168,236
伊本・拔圖塔	イブン・バットゥータ	Ibn Battutah	220
《伊利亞德》	イリアス	Iliad	78,96
伊利斯	エリス	Ellis	98
伊兒汗國	イル・ハン	Il khanate	219,225
《伊底帕斯王》	オイディプス王	King Oedipus	97
伊拉克	イラク	Iraq	46,420
伊拉斯謨斯	エラスムス	Desiderius Erasmus	235
伊朗伊斯蘭共和國	イランイスラム共和国	Islamic Republic of Iran	420
伊莎貝拉	イサベラ	Isabella	211
伊莎貝爾女王	イサベル女王	Queen Isabel	198,237
伊斯坦堡	イスタンブル	Istanbul	224,344
伊斯班尼亞	ヒスパニア	Hispania	132
伊斯蘭帝國	イスラム帝国	Islam Empire	181
伊斯蘭基要主義	イスラム原理主義	Islamic Fundamentalism	420
伊斯蘭教	イスラム教	Islam	162
伊奧利亞人	アイオリス人	Aeolians	80
伊楚利亞人	エトルリア人	Etrurians	93
伊麗莎白一世	エリザベス１世	Elizabeth I	272,276
伊蘇斯戰役	イッソスの戦い	Battle of Issus	117
伏爾泰	ヴォルテール	Voltaire	275,287
伐彈那王朝	ヴァルダーナ朝	Vardhana dynasty	181,183
光榮革命	名誉革命	Glorious Revolution	270
共產黨和工人黨情報局	コミンフォルム	Cominform	394

共濟會	フリーメーソン	Freemason	287
列寧	レーニン	Lenin	367
列寧格勒	レニングラード	Leningrad	290
匈牙利	ハンガリー	Hungary	179
匈奴	フン	Hun	152,154
印加帝國	インカ帝国	Incaic Empire	228
印度支那	インドシナ	Indochine	414
印度兵叛亂	セポイの反乱	Sepoy Mutiny	327
印度河	インダス川	Indus River	32,41,108,192
印度教	ヒンズー教	Hinduism	108
印度穆斯林聯盟	インド・ムスリム連盟	India Muslim League	404
印歐語系	インド・ヨーロッパ語族	Indo-European Language family	44,152
各各他	ゴルゴタ	Calvary	140
吉拉尼謨	ジェロニモ	Geronimo	328
吉朋	ギボンー	Gibbon	138
吉耶訥	ギュイエンヌ	Guienne	210
吉倫特薰	ジロンド党（派）	Girondins	302
吉爾吉斯	キルギス	Kirghiz	122
《吉爾伽美什敘事詩》	ギルガメシュ叙事詩	Epic of Gilgamesh	40
吉薩	ギゼー（ギザ）	Giza	50,83
同業公會抗爭	ツンフト闘争	Zunftkampf（德）	203
吐魯番	トルファン	Turfan	183
多利亞人	ドーリア人	Dorians	80,90
多哥	トーゴ	Togo	377
多瑙河	ドナウ川	Donau River	152
多雷米	ドンレミ	Domremy	213
多瑪斯阿奎那	トマスア・クィナス	Thomas Aquinas	173
多數派	ボリシェビキ	Bolshevism	367
好斯敦	ホルンシュタイン	Holstein	339
字喃	チュノム	Chu Nom	191
安卡拉	アンカラ	Ankara	225
安那托利亞	アナトリア	Anatolia	54
《安妮日記》	アンネの日記	The Diary of a Young Girl	383
安東尼	アントニウス	Antonius	137
安哥拉之戰	アンゴラの戦い	Battle of Angora	196
安娜塔西亞	エカテリーナ	Anastasia	367
安息王國	パルチア王国	The Kingdom of Parthia	119
安條克	アンティオキア	Antioch	122,201
成吉思汗	チンギスハン（チャンギス・ハン）	Chinggis Khan (Genghis Khan)	197,216
托利薰	トーリー党	Tory	278
托洛斯基	トロツキー	Trotsky	367
托勒密（希臘學者）	プトレマイオス	Ptolemaios Klaudios	238
托勒密五世	プトレマイオス5世	Ptolemy V	52
托勒密王朝	プトレマイオス朝	Ptolemy dynasty	118,136
托斯堪內里	トスカネリ	Paolo dal Pozzo Toscanelliqa	237
托普卡普宮殿	トプカプ宮殿	Topkapi Palace	224

托雷	トゥルイ	Tului	219
托爾特克人	トルテカ人	Toltec	249
托爾斯泰	トルストイ	Lev Nikolaevich Tolstoy	309
托瑪伊猿人	トゥーマイ猿人	Toumai	39
托德西利亞斯條約	トルデシリャス条約	Treaty of Tordesillas	262
旭烈兀	フラグ	Hulagu	218
曲女城	カニャークブシャ	Kanyakubja	183
朱彼特	ジュピター	Jupiter	99
朱特族	ジュート族	Jutes	152
朱諾	ジュノー	Juno	99
米利都	ミトレス	Miletus	77
米坦尼	ミタンニ	Mitanni	49,93
米底	メディア	Media	82,85,93
米娜娃	ミネルヴァ	Minerva	99
米開朗基羅	ミケランジェロ	Michelangelo Buonarroti	74,230
《米蒂亞》	メディア	Medea	97
米諾斯	ミノス	Minos	76
米諾斯文明	ミノア文明	Minoan Civilization	76
米蘭詔令	ミラノ勅令	Edict of Milan	142
色諾芬	クセノフォン	Xenophon	97
艾文・托佛勒	アルビン・トラフ	Alvin Toflier	41
艾伯特	エーベルト	Friedrich Ebert	374
艾曼紐	エマニュエル	Carl Philipp Emanuel Bach	282
艾斯布利登邦巴	エスピリトゥ・パンバ	Espiritu Pampa	248
艾森豪	アイゼンハワー	Dwight David Eisenhower	390,408
艾菲爾鐵塔	エッフェル塔	Eiffel Tower	346
艾爾卡彭	アル・カポネ	Al Capone	372
艾靈頓公爵	デューク・エリントン	Duke Ellington	372
衣索比亞	エチオピア	Ethiopia	34
西台	ヒッタイト	Hittite	49
西台王國	ヒッタイト王国	The Kingdom of Ilittite	54
西多派	シトー派	Cistercians	173
西西里	シチリア島	Sicily	132,334
西伯利亞	シベリア	Siberia	352,366,368
西里西亞	シュレジェン	Schiesien	280,284
西奈	シナイ	Sinai	70,72,400
西奈半島	シナイ半島	Sinai	422
西門子	ジーメンス	Siemens	344
西門子──馬丁	ジーメンス・マルタン	Siemens-Martin	349
西突厥斯坦	西トルキスタン	West Turkestan	216
西哥德王國	西ゴート王国	Kingdom of Visigoths	166
西哥德族	西ゴート族	Visigoths	152
西徐亞人	スキタイ人	Scythians	120

西班牙內戰	スペイン内乱	Spanish Civil War	383
西貢	サイゴン	Saigon	414
西發里亞和約	ウェストファリア条約	Treaty of Westphalia	245,280
西頓	シドン	Sidon	68

7 劃

亨利（葡萄牙王子）	エンリケ	Henry	237
亨利八世	ヘンリ8世	Henry VIII	272
亨利四世	ハインリヒ4世	Henry IV	206,211
伯利恆	ベツレヘム	Bethlehem	141
伯里克利	ペリクレス	Pericles	94
伯羅奔尼撒	ペロポネソス	Peloponnesian	86,90,116
《伯羅奔尼撒戰爭史》	ペロポネソス戦争史	History Of The Peloponnesian War	97
伽利略	ガリレオ・ガリレイ	Galileo Galilei	235,236
但丁	ダンテ	Dante Alighicri	234
但澤	ダンチヒ	Danzig	205
佛朗哥	フランコ	Francisco Franco	383
佛逝	ヴィジャヤ	Vijaya	195
佛蒙特州	ヴァーモント	Vermont	266
佛羅里達	フロリダ	Florida	328
佛羅倫斯	フィレンツェ	Florence	205,228,230
佛蘭克林羅斯福	フランクリン・ルーズベルト	Franklin Roosevelt	380
《你往何處去》	オク・ヴァディス	Quo Vadis	142
克卜勒	ケプラー	Johannes Kepler	235,239
克丘亞人	ケチュア人	Quechua	249
克利斯提尼	クレイステネス	Cleisthenes	88
克呂尼修道院	クリュニー修道院	Cluny Abbaye	206
克里米亞半島	クリミア半島	the Crimea	290
克里米亞戰爭	クリミア戦争	the Crimean War	323,350
克里希納	クリシュナ	Krishna	104
克里姆林	クレムリン	kremlin	367
克里特	クレタ	Creta	68,76
克拉科	クラクフ	Cracow	399
克拉蘇	クラッスス	Crassus	137
克洛維	クローヴィス	Clovis	172
克倫威爾	クロムウェル	Cromwell	276
克倫普頓	クロンプトン	Samuel Crompton	293
克烈族	ケレイト族	Kercyid	216
克萊蒙	クレルモン	Clermont	199
克萊蒙會議	クレルモン公会議	Council of Clermont	207
克雷西	クレンシー	Crécy	213
克雷芒五世	クレメンス5世	Clement V	208
克爾特人	ケルト人	Celts	152,276
克諾索斯	クノッソス	Knossos	76

克羅埃西亞	クロアチア	Croatia	425
克羅埃西亞人	クロアチア人	Croatias	178
克羅馬儂人	クロマニョン人	Cro-Magnon	37
克麗歐佩脱拉	クレオパトラ	Cleopatra	135
《利西翠妲》或譯《男人與女人的戰爭》	女の平和	Lysistrata	97
利物浦	リバプール	Liverpool	294
利格尼茲	リーグニッツ	Liegnitz	196,218
利奧九世	レオ 9 世	Leo IX	206
利奧十世	レオ 10 世	Leo X	232
利奧三世	レオ 3 世	Leo III	207
利瑪竇	マテオリッチ	Matteo Ricci	262
努爾哈赤	ヌルハチ	Nurhachi	254
君士坦丁大帝	コンスタンティヌス帝	Emperor Constantinus	138,142,152
君士坦丁堡	コンスタンチノープル	Constantinople	122,138,199,288
《吠陀》	ヴェーダ	Veda	58
含	ハム	Ham	43
吳哥	アンコール	Angkor	192
吳哥窟	アンコールワット	Angkor Wat	161,192
呂克昂學園	アカデメイア	lyceum	103
呂貝克	リューベック	Lubeck	205
坎大哈	カンダハル	Kandahar	118
坎尼戰役	カンネの戦い	Battle of Cannae	133
希巴	シバ	Sheba	74
希伯來	ヘブライ	Hebrew	32,72,93,398
希波克拉提斯	ヒポクラテス	Hippocrates	97
希律	ヘロデ	Herod	141
希律安提帕	ヘロデ・アンティパス	Herod Antipas	141
希特勒	ヒトラー	Adolf Hitler	383,388
希羅多德	ヘロドトス	Herodotus	50,97
希臘主義	ヘレニズム	Hellenism	52,118,193
希臘正教	ギリシア正教	Greek Orthodox Church	159
《希臘羅馬名人傳》	《英雄博》	Parallel Lives	92
庇西特拉圖	ペイシストラトス	Peisistratus	88
庇護七世	ピウス 7 世	Pius VII	306
忘憂宮	サン・スーシ	Sanssouci	282
戒日王	ハルシャ・ヴァルダナ	Harsavardhana	182
抗議歌曲	プロテスト・ソング	Protest Song	416
李哈維奧斯華	リー・ハーベー・オズワルド	Lee Harvey Oswald	415
李將軍	リー将軍	Robert Edwards Lee	330
李頓	リットン	Lytton	386
李爾王	リア王	King Lear	235
杜林	トリノ	Turin	334
杜南	デュナン	Jean-Henri Dunant	350
杜勒	デューラー	Albrecht Durer	235

杜斯妥也夫斯基	ドストエフスキー	Dostoevsky	351
杜魯門	トルーマン	Harry S Truman	397,410
汪古族	オングート族	Onggud	216
汪達爾王國	ヴアンダル王国	Kingdom of Vandal	153
沃登	オーディン	Woden	155
沃爾姆斯宗教協定	ヴオルムス条約	Concordat of Worms	207
沙賈汗	シャー・ジャハーン	Shah Jahan	258
沙達特	サダト	Anwar al-Sadat	400,422
狄托	チトー	Tito	408
狄亞士	ディアス	Bartholomeu Dias	236
狄奧多西大帝	テオドシウス帝	Emperor Theodosius	142
狄奧多拉	テオドラ	Theodora	157
狄蜜特	デメテル	Demeter	99
貝加爾	バイカル	Baikal	368
貝林	ベーリング	Emil von Behring	349
貝琪羅斯	ベッツィー・ロス	Betsy Ross	298
貝塞麥	ベッセマー	Henry Bessemer	293
貝爾	ベル	Alexander Graham Bell	348
車臣	チェチェン	Chechen	426
車諾比	チェルノブイリ	Chernobyl	424
那納克	ナーナク	Guru Nanak	261
那斯卡	ナスカ	Nazca	246
那爛陀	ナーランダー	Nalanda	151,183
里加	リガ	Riga	205
里奇蒙	リッチモンド	Richmond	331
里底亞	リディア	Lydia	82,88,93
里斯本	リスボン	Lisbon	236
8 劃			
乳粥	ヨーグルト	Yoghurt	106
亞丁	アデン	Aden	122
亞大納西派	アタナシウス派	Athanasians	154,172
亞伯拉罕	アブラハム	Abraham	73
亞克興	アクティウム	Actium	124,137
亞利桑那	アリナ	Arizona	328
亞里斯多芬	アリストファネス	Aristophanes	97
亞里斯多德	アリストテレス	Aristotle	86,100
亞拉臘山	アララト山	Ararat	40
亞美尼亞	アルメニア	Armenia	117
亞美利歐・維斯浦奇	アメリゴ・ヴェスプッチ	Amerigo Vespucci	238
亞述	アッシリア	Assyria	32,49,74,82,93
亞述巴尼拔	アッシュール・バニパル王	King Ashurbanipal	82
亞特蘭大	アトランタ	Atlanta	331
亞特蘭提斯	アトランティス	Atlantis	77,102
亞馬他	エクバダナ	Ecbatana(Ecbatane)	85
亞馬遜河	アマゾン川	Amazon River	42

拉伯雷	ラブレー	Francois Rabelais (法)	235
拉姆西斯二世	ラムセス 2 世	Paraoh Ramses II	54
拉韋納	ラヴェンナ	Ravenna	159
拉密達猿人	ラミダス猿人	Ardipithecus ramidus	34
拉傑普特繪畫	ラージプート絵画	Rajput paintings	261
拉斐爾	ラファエロ	Rafihello Sanzio	232
拉斯科	ラスコー	Lascaux	37
拉斯普丁	ラスプーチン	Rasputin	366
拉賓	ラビン	Yitzhak Rabin	423
拉黛斯基進行曲	ラデッキー行進曲	Radctzky Marsch	332
拔都	バトゥ	Batu	217
拘尸那揭羅	クシナガラ	Kushinagar	107
昔儂	シノン	Chinon	213
東方特快車	オリエント急行	Orient Express	346
東帝汶	東ティモール	East Timor	426
東哥德族	東ゴート族	Ostrogoths	152
林布蘭	レンブラント	Rembrandt	283
林白	リンドバーグ	Charles Lindbergh	378
林肯	リンカーン	Abraham Lincoln	329
河內	ハノイ	Hanoi	414
泊瑟芬	ペルセフォネ	Persephone	99
法西斯主義	ファシズム	fascism	379,382
法西斯戰鬥團	戦闘者フアッショ	Fasci di Confattimento	382
法西斯黨	ファシスト党	fascist	382
法利賽派	パリサイ派	Pharisee	140
《法律篇》	法律	Laws	102
法蒂瑪王朝	フアーティマ朝	Fatimid dynasty	169,198
《法櫃奇兵》	レイダース／失われたアーク	Raiders Of The Lost Ark	74
法蘭西斯・史考特・凱伊	フランシス・スコット・キー	Francis Scott Key	298
法蘭克王國	フランク王国	Kingdom of Frank	153,166,172,332
法蘭克族	フランク族	Franks	152
法蘭克福國民議會	フランクフルト国民会議	Frankfurter Nationalversammlung (德)	336
法蘭茲一世	フランツ 1 世	Franzl	286
法蘭德斯	フランドル	Flanders	210,213
泗水	スラバヤ	Surabaya	195
泛美洲主義	パンアメリカニズム	Pan-Americanism	348
波士尼亞	ボスニア	Bosnia	360,425
波士尼亞赫塞哥維納聯邦	ボスニア・ヘルツェゴビナ	Bosnia-Herzegovina	425
波尼法修八世	ボニファティウス 8 世	Boniface VIII	207
波多西銀山	ポトシ銀山	Potosi	248
波西米亞	ベーメン（ボヘミア）	Bohemia	245
波西米亞王國	ベーメン王国	Kingdom of Bohemia	178
波坦金號	ポチョムキン号	Battleship Potemkin	366
波美拉尼亞	ポンメルン	Pomerania; Pommern	311

波拿巴主義	ボナパルチズム	Bonapartism	322
波旁王朝	ブルボン王朝	Bourbon Dynasty	280,308,316
波旁家族	ブルボン家	House of Bourbon	284
波茨坦	ポツダム	Potsdam	282,390
波茲南	ポズナニ	Poznan	409
波提且利	ボッティチェリ	Sandro Botticelli	235
波斯波利斯	ペルセポリス	Persepolis	117
波斯戰爭	ペルシャ戦争	Persian Wars	86,89
波斯灣戰爭	湾岸戦争	Gulf War	421
波爾班達	ポルバンダル	Porbandar	404
波賽頓	ポセイドン	Poseidon	99
波羅的海	バルト海	Baltic Sea	290
波蘭	ポーランド	Poland	288
波蘭立陶宛王國	リトアニア・ポーランド王国	Kingdom of Poland -Lithuania	178
《玫瑰之名》	薔薇の名前	The Name of the Rose	173
玫瑰戰爭	ばら戦争	Wars of Roses	212,272
的里雅斯特	トリエステ	Trieste	397
的黎波里	トリポリ	Tripoli	201
《社會契約論》	社会契約論	The Social Contract	287
肯塔基	ケンタッキー	Kentucky	331
臥亞	ゴア	Goa	259,262
近羅	シャム	Siam	192
《返鄉》	帰郷	Corning Home	415
邱吉爾	チャーチル	Winston Leonard Spencer Churchill	391,396
《金甲部隊》	フルメタル・ジャケット	Full Metal Jacket	415
金雀花王朝	プランタジネット朝	Plantagenet dynasty	211
長島	ロングアイランド	Long Island	378
門羅	モンロー	Monroe	312
門羅宣言	モンロー宣言	Monroe Doctyine	270,328
阿尤布王朝	アイユーブ朝	Ayyubid dynasty	200
阿比爾派	アルビジョワ派	Albigenses	208
阿卡巴	アカバ	Aqaba	400
阿卡亞人	アカイア人	Achaeans	80
阿卡德	アッカド	Akkad	93
阿卡德人	アッカド人	Akkadian	48
阿布辛貝	アブ・シンベル	Abu Simbel	51
阿布阿拔斯	アブー・アルアッバース	Abu al Abbas	167
阿瓦爾人	アヴァール人	Avars	154
阿瓦爾王國	アヴァール王国	Kingdom of Avar	175
《阿甘正傳》	フォレスト・ガンプ	Forrest Gump	415
阿伽門農	アガメムノン	Agamemnon	78,97
阿佛列大帝	アルフレッド大王	Alfred the Great	176
阿克巴	アクバル	Akbar	258
阿利斯塔克斯	アリスタルコス	Aristarchus	238
阿吞神	アトン神	Aton	53
阿罕布拉宮	アルハンブラ宮殿	Alhambra Place	166

《阿闥婆吠陀》	アタルヴァ・ヴェーダ	Atharva Veda	105
阿穆利烏斯	アムリウス	Amulius	130
雨果	ユゴー	Victor Marie Hugo	322
青年義大利黨	青年イタリア党	Young Italy	333
非利士	ペリシテ	Philistine	74

9 劃

俄羅斯	ロシア	Rossiya	288
保加利亞	ブルガリア	Bulgaria	158,178,361
保加利亞王國	ブルガリア王国	Kingdom of Bulgaria	175
保羅	パウロ	Paulos	142
保羅三世	パウルス3世	Paulus III	232
《前進高棉》	プラトーン	Platoon	415
剎帝利	クシャトリヤ	Kshatriya	106
勃艮第族	ブルグント族	Burgundian	152
南丁格爾	ナイチンゲール	Nightingale	350
品達羅斯	ピンダロス	Pindaros	97
哈巴羅夫斯克	ハバロフスク	Khabarovsk	368
哈布斯堡	ハブスブルク	Habsburg	262,280,284,302
哈利卡納素斯	ハリカルナッソス	Halicarnassus	83
哈里發	カリフ	Kalifa	164
哈拉帕	ハラッパ	Harappa	56
哈林區	ハーレム地区	Harlem	372
哈格里沃斯	ハーグリーヴス	James Hargreaves	293
哈喇和林	カラコルム	Kharakhorum	218
哈斯摩尼王朝	ハスモン朝	Hasmonean Dynasty	141
哈圖薩什	ハットゥシャッシュ	Hattushash	54
奎隆	クイロン	Kollam	123
《契拉姆・巴拉姆》	チラム・バラム	Chilam Balam	41
威尼斯	ヴェネチア	Venice	199,202,311,334
威妥瑪	ウィード	Thomas Francis Wade	341
威斯比	ウィスビー	Visby	205
威廉	ウィリアム	William	176
威廉一世	ヴィルヘルム1世	Wilhelm I	338
威廉二世	ウィルヘルム2世	Wilhelm II	344,374
威廉三世	ウィリアム3世	William III	278
威廉泰爾	ウィルヘルム・テル	Wilhelm Tell	284
威爾第	ヴェルディ	Giuseppe Verdi	345
威爾斯	ウェールズ	Wales	276
威爾森	ウィルソン	Woodrow Wilson	370
威瑪	ワイマール	Weimar	374,383
威靈頓	ウエリントン	Arthur Wellesley Wellington	307
室利佛逝	シュリーヴィジャヤ王国	Kingdom of Srivijaya	192
屋大維	オクタヴィアヌス	Octavianus	137
建志補羅	カーンチープラム	Kanchipuram	181
恰克圖	キャフタ	Kyakhta	271
拜占庭	ビザンツ	Byzantine	138
拜占庭	ビザンティウム（ビザンツ）	Byzantium	228,312,344
拜占庭帝國	ビザンツ帝国	Byzantine Empire	153,156,162, 175,196,199

拜倫	バイロン	George Gordon Byron	313
《政府二論》	市民政府二論	Two Treatises on Government	287
施馬加登聯盟	シュマルカルデン同盟	Smalcaldic League	241
柏拉圖	プラトン	Plato	86,100
柏林	ベルリン	Berlin	282,337
柏郎嘉賓	プラノ・カルビニ	Piano Carpini	220
柏塞麥	ベッセマー	Henry Bessemer	349
查士丁尼大帝	ユスティニアヌス大帝	Justinian I	156
查文文化	チャビン文化	Chavin Culture	246
查理一世	チャールズ1世	Charles I	276
查理七世	シャルル7世	Charles VII	211
查理十世	シャルル10世	Charles X	316
查理大帝	カール大帝	Charles（英）; Karl I	160,172,207
查理五世	カール5世	Charles V	240,262,284
查理六世	シャルル6世	Charles VI	211
查理馬特爾	カール・マルテル	Charles Martel	172
查理曼	シャルルマーニュ	Charlemagne	172
查爾斯・明格斯	チャールズ・ミンガス	Charles Mingus	330
柯林頓	クリントン	William Jefferson Clinton	428
柯梅尼	ホメイニ	Ayatollah Ruhollah Khomeini	420
毘濕奴神	ヴィシュヌ	Vishnu	104
洛克	ジョンロック	John Locke	287,297
洛克菲勒	ロックフエラー	John Davison Rockefeller	348
洛林公爵	ロートリンゲン公	Lothringen（德）; Lorraine	286
祆教	ゾロアスター教	Zoroaster	163
科西嘉島	コルシカ島	Corsica	304
科林斯	コリント	Corinth	77,94,116
科威特	クウェート	Kuwait	421
科特	コート	Henry Cort	293
科德斯	コルテス	Hernan Cortes	246
突尼西亞	チュニジア	Tunisia	131
突尼斯	チュニス	Tunis	199
約克	ヨーク	York	212
約書亞	ヨシュア	Joshua	74
約瑟	ヨセフ	Joseph	73
約瑟夫二世	ヨーゼフ2世	Joseph II	286
約瑟芬	ジョセフィーヌ	Josephine	306
約翰（福音書的約翰）	ヨハネ	John	143
約翰（蘭開斯特公爵）	ジョン	John	211
約翰二世	ジャン2世	Jean II（法）	211
約翰十二世	ヨハネス12世	John XII	207
紅色獵殺（清共）	赤狩り	Red Purge	410
美利堅聯邦	アメリカ連邦	Confederate States of America	329
美泉宮	シェーンブルン	Schonbrunn	310
美索不達米亞	メソポタミア	Mesopotamia	32,41,46
美國原住民	ネイティブ　アメリカン	Native American	328
《耶柔吠陀》	ヤジュル・ヴェーダ	Yajur Veda	105
耶拿戰役	イエナの戦い	Jena	305
耶斯里卜	ヤスリブ	Yathrib	162

耶路撒冷	エルサレム	Jerusalem	116,198,350,398
胡士托音樂節	ウッド・ストック反戦集会	Woodstock Music Arts Festival	415
胡佛	フーバー	Herbert Clark Hoover	378
胡志明	ホーチミン	Ho Chi Minh	414
胡格諾派	ユグノー	Huguenots	242
英格蘭	イングランド	England	276
英國國旗	ユニオンジャック	Union Jack	213
英諾森三世	インノケンティウス3世	Innocent III	200,207
范戴克	フアン・ダイク	Anthony van Dyck	283
迦太基	カルタゴ	Carthage	32,68,124,130
迦南	カナン	Canaan	70,72,398
迦毗羅衛國	カピラバストゥ	Kapilavastu	107
迦耶	ガヤー	Gaya	183
迦勒底人	カルデア人	Chaldeans	82
迦膩色迦王	カニシア王	Kaniska	108,124,193
迦薩	ガザ	Gaza	201
重建	プレストロイカ	Perestroika	424
韋爾多派	ワルド派	Waldenses	208
食鹽行軍	塩の進行	Salt of March	404
香檳	シャンパーニュ	Champagne	204
10 劃			
修昔底德	トゥキディデス	Thucydides	97
俾斯麥	ビスマルク	Otto von Bismarck	336,344
俾斯麥群島	ビスマルク諸島	Bismarck Archipelago	377
倫巴底	ロンバルディア	Lombardy	311,334
倫巴底王國	ロンバルド王国	Kingdom of Lombard	153,172
倫巴底族	ロンバルド族	Lombards	152
倫巴底聯盟	ロンバルディア同盟	Lombard League	205
倫琴	レントゲン	Wilhelm Conrad Roentgen	349
倭馬亞王朝	ウマイヤ朝	Umayya dynasty	160,163,166,181
《原野奇俠》	シェーン	Shane	329
哥尼斯堡	ケーニヒスベルグ	Konigsberg	205
哥白尼	コペルニクス	Copernicus	235
哥多華	コルドバ	Cordova	167
哥多華王國	コルドバ・アミール国	Kingdom of Cordova	179
哥倫比亞	コロンビア	Colombia	238
哥倫布	コロンブス	Christopher Columbus	201,222,228,237,238
哥薩克	コサック（カザーク）	Cossack; kazak (俄)	288
哲學	フィロソフィー	philosophy	101
唐吉訶德	ドンキホーテ	Don Quijote (西)	234
《唐吉訶德》	ドン・キホーテ	Don Quixote	214
《唐懷瑟》	タンホイザー	Tannhäuser	338
埃文斯	エヴァンス	Arthur Evans	76
埃姆斯	エムス	Ems	339

馬斯	マース、マルス	Mars	99,130
馬雅	マヤ	Maya	246
《馬雅族聖經》	ポポル・プフ	Popol vuh	41
馬歇爾計畫	マーシャル・プラン	Marshall Plan	394
馬爾他	マルタ	Malta	311,424
馬爾他騎士團	マルタ騎士団	Knights of Malta	201
馬爾羅	マルロー	Andr Malraux	385
馬德拉斯	マドラス	Madras	259
馬賽克	モザイク	mosaic	159
馬薩索德	マササイト	Massasoit	269
高棉人	クメール人	Khmer	192
高盧	ガリア	Gallia(Gaul)	134,137

11 劃

勒頒多	レバント	Lepanto	263
商博良	シャンポリオン	Jean Francois Champollion	52
國土收復運動	レコンキスタ	Reconquista（西）	237
執政官（希臘）	執政官	Archon	88
執政官（羅馬）	コンスル	Consul	135
基甫公國	キエフ公国	Kievan State	178
基督	キリスト	Christ	140
婆羅多	バーラタ	Bharata	104
婆羅米	ブラフミー	Brahmi	191
婆羅門	バラモン	Brahman	104
婆羅門教	バラモン教	Brahmanism	58,106
婆羅浮屠	ボロブドゥール	Borobudur	193
密西西比	ミシシッピ	Mississippi	331
密斯拉教	ミトラス教	Mithraism	154
密蘇里	ミズーリ	Missouri	331
康貝	キャンベイ	Canvey	56
康迺迪克州	コネチカット	Connecticut	266,299
得里雅斯特	トリエステ	Trieste	335
捷克斯洛伐克	チェコスロバキア	Czechoslovakia	368,388
掃羅王	サウル王	King Saul	74
推羅	ティルス	Tyrus	68
救世主	メシヤ	Messiah	140
「救世主信仰」	メシア	Messiah	74
敘利亞	シリア	Syria	49,68,82
敘拉古	シラクサ	Syracuse	132
曼徹斯特	マンチェスター	Manchester	294
曼蘇爾	マンスール	Mansur	168
梅克倫堡	メクレンブルク	Mecklenburg	337
梅特涅	メッテルニヒ	Mettemich	310,320,332
梅梅爾	メメル	Memel	205
《梨俱吠陀》	リグ・ヴェーダ	Rg veda	58,105
梯林斯	ティレンス	Tiryns	81

梵蒂岡	バチカン	Vatican	331
梵蒂岡公國	ベネヴェンド公国	Vatican	175
梵蒂岡西斯汀禮拜堂	バチカン・システィーナ礼拝堂	Vatican Sistine Chapel	232
梵語	サンスクリット	Sanskrit	58
清教徒	ピルグルム（ピューリタン）	Pilgrim; Puritan	228,270,278
清潔派	カタリ派	Cathari	208
《現代啟示錄》	地獄の黙示録	Apocalypse Now Redux	415
理姆斯	ランス	Reims	213
理查一世	リチャード１世	Richard I	200
《理想國》	国家	The Republic	102
畢卡索	ピカソ	Pablo Ruiz Picasso	383
畢達哥拉斯	ピタゴラス	Pythagoras	100,101
第一公民	プリンケプス	Princeps	136
《第一滴血》	ランボー	Rambo: First Blood	415
《第一滴血第三集》	ランボー怒りのアフガン	Rambo III	417
粒線體 DNA	ミトコンドリア DNA	Mitochondria DNA	38
細密畫	ミニアチュール	miniature painting	261
荷比盧三國關稅同盟	ベネルクス三国	Union Economique Benelux	318
荷姆茲	ホルムズ	Hormuz	122
荷姆茲島	ホルムズ	Hormuz	223
荷馬	ホメロス	Homer	76
荷蘭	ネーデルランド（オランダ）	Nederland (Olanda)	235
莎士比亞	シェークスピア（シェイクスピア）	Shakespeare	235,274
莎孚	サッフォー	Sappho	96
莫三比克	モザンビーク	Mozambiquc	236
莫札特	モーツァルト	Wolfgang Amadeus Mozart	286
莫臥兒帝國	ムガル帝国	Mughal Empire	170,225,227,258,270,327
莫斯科	モスクワ	Moscow	288,305
莫斯科大公國	モスクワ大公国	Grand Duchy of Moscow	178
訛答剌城	オトラル	Otrar	223
通古斯	ツングース	Tungus	190
都鐸王朝	テューダー朝	Tudor dynasty	211,212,276
陶片放逐制度	オストラシズム	Ostracism	88
陶蒂華康	テオティワカン	Teotihuacan	246
鹿野苑	サールナート	Samath	107
麥加	メッカ	Mecca	162,226
麥卡托	メルカトル	Gerardus Mercator	235
麥卡錫	マッカーシー	McCarthy	410
麥卡錫主義	マッカーシズム	MaCarthyism	410
麥地那	メディナ	Medina	162,226
麥克阿瑟	マッカーサー	Douglas MacArthur	406
麥金萊	マッキンレー	William McKinley	331
麥哲倫	マゼラン	Ferdinand Magellan	238
麥第奇	メディチ	Medici	228
麻六甲海峽	マラッカ海峡	Strait of Malacca	192
麻薩諸塞	マサチューセッツ	Massachusetts	266,299

貴格利改革	グレゴリウス改革	Gregory's Relbrm	206
貴格教	クェーカー教	Quaker	266
貴霜王朝	クシャーナ朝	Kushan Dynasty	108,124,193
費南多國王	フェルナンド王	King Femando	198
費城	フィラデルフィア	Philadelphia	297
費茲傑羅	フィッツジェラルド	Francis Scott Key Fitzgerald	372
費隆	フィロン	Philo	83
越共	ベトコン	Vietcong	414
《越南家書》	ディア・アメリカ	Dear America:Letters home from Vietnam	415
《越戰獵鹿人》	ディア・ハンター	The Deer Hunter	415
鄂圖曼土耳其	オスマン・トルコ	Ottoman Turkey	158,159,170,223, 228,312,360
鄂圖曼帝國	オスマン帝国	Ottoman Empire	350
鄂霍次克海	オホーツク海	Sea of Okhotsk	290
開普	ケープ	Cape	347
開普敦	ケープタウン	Cape Town	348
雅弗	ヤペテ	Japheth	43
雅各賓派	ジャコバン派	Jacobins	302
雅利安人	アーリア人	Aryans	56
雅典	アテネ	Athens	88
雅典娜	アテナ	Athena	99
雅爾達	ヤルタ	Yalta	391,396
《黃巾騎兵隊》	黄色いリボン	She Wore a Yellow Ribbon	329
黑死病	ペスト	Pest (德) ; Black Death (英)	208
黑帝斯	ハデス	Hades	99
黑森	ヘッセン	Hesse	337
《黑鷹計畫》	ブラックホークダウン	Black Hawk Down	428
13 劃			
圓頂	ドーム	dome	159
塔列朗	タレーラン	Talleyrand	304
塔克拉馬干	タクラマカン	Taklamakan	123
塔利班	タリバーン	Taliban	428
塔塔兒 (韃靼)	タタール	Tatar	250
塞瓦斯托波	セヴァストーポリ	Sevastopol	350
塞阿格利斯王國	シャグリウス王国	Kingdom of Syagrius	160
塞斯	サイス	Sais	85
塞斯爾・羅德斯	セシルローズ	Cecil John Rhodes	347
塞萬提斯	セルバンテス	Cervantes (Saavedra)	214,234
塞爾柱土耳其	セルジュクトルコ	Scljuk Turkey	170
塞爾柱王朝	セルジューク朝	Scljuq dynasty	198
塞爾維亞	セルビア	Serbia	158,178,360
塞維爾	セビリャ	Sevilla	205
奧丁	オーディン	Odin	177
奧古斯都	アウグストゥス	Augustus	137
奧地利	オーストリア	Austria	284
奧地利匈牙利帝國	オーストリア・ハンガリー帝国	Austria-Hungary	336
奧多亞克	オドアケル	Odoacer	139,153
奧托一世	オットー1世	Otto I	174,207

碎葉城	スーヤブ城	Tokmak（今稱）	183
經院哲學	スコラ哲学	Scholasticism	173
義大利王國	イタリア王国	Kingdom of Italy	175
聖女貞德	ジャンヌ・ダルク	Saint Joan of Arc	212
聖巴赫特雷米	サン・バルテルミ	Saint-Barthelemy	244
聖本篤	聖ベネディクトゥス	St. Benedict of Nursia	173
聖母大教堂	ノートルダム大聖堂	Notre Dame de Chartres	306
聖母慟子像	ピエタ	Piela	232
聖地牙哥	サンチャゴ・デ・コンポステラ	Santiago de Compostela	198
聖托里尼島	サントリニ	Santorini Island	77
聖彼得大教堂	サンピエトロ	Basilica di San Pietro（義）	232
聖彼得堡、彼得堡	サンクトペテルブルク、ペテルブルク	Sankt-Peterburg、Petersburg	270,288,351,366
聖約翰騎士團	ヨハネ騎士団	Knights of St. John	201
聖斯特法諾修道院	サンステファノ大修道院	San Stephano Abbey	203
聖華倫提日	バレンタイン・デー	St Valentine ▲ fs Day	142
聖雅各	聖ヤコブ	St. James	198
聖殿騎士團	テンプル騎士団	Knight ▲ Templar	201
聖路易精神號	セントルイスの魂	Spirit of St. Louis	378
聖瑪莉亞號	サンタ・マリア号	Santa Maria	203,237
聖維托	サン・ヴィターレ	San Vitale	159
聖赫勒拿島	セントヘレナ島	Saint helena	309
聖遷	ヘジラ（ヒジュラ）	Hegira	160,162
聖戰	ジハード	jihad	162
聖職者階層制度	ヒエラルキー	Hierarchy	206
聖薩爾瓦多	サンサルバドル	San Sulvador	238
聖羅倫佐教堂	サンロレンツオ教会	Basilica di San Lorenzo	203
聖蘇菲亞	聖ソフィア	Santa Sophia	159
聖蘇菲亞大教堂	聖ソフィア大聖堂	Church of Hagia Sophia	156
萬帕諾亞格族	ワンパノアーグ族	Wampanoag	269
萬隆會議	バンドン会議	Bandung Conference	411
葉卡捷琳娜二世（凱薩琳二世）	エカチェリーナ 2 世	Ekaterina TI Aleksccvna; Catherine II（英）	285,290
葉卡捷琳堡（凱薩琳堡）	エカテリンブルク	Yekaterinburg	367
葉爾欽	エリツィン	Boris Yeltsin	367,425
葛雷科	エル・グレコ	El Greco	235
蒂瓦納庫；蒂亞瓦那科文化（舊稱）	ティアナワコ文化	Tiwanaku	246
解凍	雪解け	The Thaw	412
詹姆斯一世	ジェームズ 1 世	James I	276
詹森	ジョンソン	Johnson	416
資產階級	ブルジョワジー	Bourgeoisie	321
路加	ルカ	Luke	143
路易九世	ルイ 9 世	Louis IX	199
路易十八	ルイ 18 世	Louis XVIII	308
路易十六	ルイ 16 世	LouisXVI	300
路易十四	ルイ 14 世	LouisXIV	270,300

路易拿破崙	ルイ・ナポレオン	Louis Napoleon	322
路易斯安那	ルイジアナ	Louisiana	338,341
路易斯阿姆斯壯	ルイ・アームストロング	Louis Armstrong	372
路易腓力	ルイフィリップ	Louis Philippe	316
《遊記》	三大陸周遊記	Rihlah	221
道威斯	ドーズ	Dawes	358,376
達文西	レオナルド・ダ・ヴィンチ	Leonardo da Vinci	230
達比	ダービー	Abraham Darby	293
達伽瑪	ヴァスコ・ダ・ガマ	Vasco da Gama	237,265
達拉斯	ダラス	Dallas	331,414
達羅毗荼	ドラヴィダ	Dravidian	56
達靈頓	ダーリントン	Darlington	293
雷比達	レピドゥス	Lepidus	137
雷馬克	レマルク	Erich Maria Rernarque	362
雷摩斯	レムス	Remus	130
雷賽	レセップス	Ferdinand de Lesseps（法）	346
頓巴敦橡樹園	ダンバートン・オークス	Dumbarton Oaks	394
14 劃			
僧伽羅	シンハラ	Sinhala	151
圖坦卡門	ツタンカーメン	Tutankhamen	32,52
圖林根	チューリンゲン	Thuringia	338
圖爾	トゥール	Tours	160,166,213
察合台汗國	チャガタイ・ハン	Chagatai Khanate	219,224
幕佐	ギソー	François Pierre Guillaume Guizot（法）	320
榮格	ユング	Carl Gustav Jung	40
歌利亞	ゴリアテ	Goliath	74
滿者伯夷王國	マジャパイト王国	Kingdom of Majapahit	195
漢尼拔	ハンニバル	Hannibal	132
漢梅林	ハーメルン	Hameln	202
漢堡	ハンブルク	Hamburg	205
漢摩拉比王	ハンムラビ王	King Hammurabi	48
漢摩拉比法典	ハンムラビ法典	Code of Hammurabi	48
漢撒聯盟	ハンザ同盟	Hanseatic League	204
漢諾威	ハノーバー	Hannover	278
煽動政治家	デマゴーグ	Demagogue	101
瑣羅亞斯德教	ゾロアスター教	Zoroastrianism	184
瑪莉亞泰瑞莎	マリア・テレジア	Maria Theresa	280,284
瑪麗	メアリ女王	Mary	244
瑪麗安束尼	マリーアントワネット	Marie Antoinette	284,302
窩瓦河	ボルガ川	Volga River	218
窩闊台	オゴタイ	Ögedei	217
維也納	ウィーン	Wien	226,310
維也納愛樂交響樂團	ウィーンフィル	Wiener Philharmoniker（德）	332
維也納體制	ウィーン体制	Vienna structure	316

維卡邦巴	ビルカバンバ	Vilcabamba	248
維吉尼亞	バージニア	Virginia	266,299,331
維多利亞女王	ビクトリア女王	Queen Victoria	324
維克托·伊曼紐爾二世	ヴィットリオ・エマヌエーレ	Victor Emmanuel II	333
維吾爾	ウイグル	Uighur	71,181,191
維京人	バイキング人	Vikings	176,288
維拉斯奎茲	ベラスケス	Velazquez	283
維納斯	ヴィーナス	Venus	99
維斯塔	ヴェスタ	Vesta	99
維琪奧宮	パラッツォ・ヴェッキオ	Palazzo Vecchio	203
維爾金森	ウィルキンソン	John Wilkinson	293
《與狼共舞》	ダンス・ウィズ・ウルブス	Dances with Wolves	329
《舞臺生涯》	ライムライト	limelight	410
蒙古族	モンゴル族	Mongol nationality	216
蒙田	モンテーニュ	Michel Eyquem de Montaigne	235
蒙彼利埃	モンペリエ	Montpellier	205
蒙哥	モンケ	Möngke	219
蒙娜麗莎	モナ・リザ	Monna Lisa（義）	230
蒙特內哥羅	モンテネグロ	Montenegro	361
蒲甘王朝	パガン朝	Pagan dynasty	190,192
蓋世太保	ゲシュタポ	Gestapo	1383
蓋茨堡戰役	ゲティスバーグの戦い	Battle of Gettysburg	330
蓋勒廷	ギョタン	Joseph Ignace Guillotin	301
蓋婭	ガイア	Gaia, Gaea	99
蓋達	アルカイダ	Al-Qaeda	417
裏海	カスピ海	Caspian Sea	85
賓士	ベンツ	Carl Friedrich Benz	344
赫西俄德	ヘシオドス	Hesiodos	97
赫拉	ヘラ	hera	99
赫拉克利圖斯	ヘラクレイトス	Heracleitus	100
赫拉特	ヘラート	Herat	225
赫密斯	ヘルメス	Hermes	99
赫斯	ルドルフ・ヘス	Rudolf Hess	396
赫發斯特斯	ヘファイストス	Hephaistos	99
赫塞哥維納	ヘルツェゴビナ	Herzegovina	360
赫爾曼戈林	ヘルマン・ゲーリング	Hermann Goering	396
赫魯雪夫	フルシチョフ	Nikita Sergeevich Khrushchyov	392,408,410
遜尼派	スンナ派	Sunni	200,420
齊柏林	ツェッペリン	Ferdinand von Zeppelin（德）	349
15 劃			
墨丘利	マーキュリー	Mercury	99
墨索里尼	ムッソリーニ	Benito Mussolini	334,382,388
嬉皮	ヒッピー	Hippie	415

國家圖書館出版品預行編目資料

圖解世界史 / 小松田直作；黃秋鳳譯. -- 修訂一版. -- 臺北市：易博士文化，城邦文化出版：家庭傳媒城邦分公司發行，2019.02　面；　公分
譯自：手にとるように世界史がわかる本
ISBN 978-986-480-069-8(平裝)
1.世界史
711　　　　　　　　　　　　　　　　　　　　　　　107020893

DK0085

圖解世界史【更新版】

原 著 書 名／手にとるように世界史がわかる本
原 出 版 社／株式会社かんき出版
作　　　　者／小松田直
譯　　　　者／黃秋鳳
選 　書　 人／蕭麗媛
執 行 編 輯／潘雅琴、馬思卿、呂舒峮

業 務 經 理／羅越華
總 　編　 輯／蕭麗媛
視 覺 總 監／陳栩椿
發 　行　 人／何飛鵬
出 　　　 版／易博士文化
　　　　　　　城邦文化事業股份有限公司
　　　　　　　台北市中山區民生東路二段141號8樓
　　　　　　　電話：(02) 2500-7008　　傳真：(02) 2502-7676
　　　　　　　E-mail: ct_easybooks@hmg.com.tw
發 　　　 行／英屬蓋曼群島商家庭傳媒股份有限公司城邦分公司
　　　　　　　台北市中山區民生東路二段141號11樓
　　　　　　　書虫客服服務專線：(02) 2500-7718 、2500-7719
　　　　　　　服務時間：週一至週五上午09:30-12:00；下午13:30-17:00
　　　　　　　24小時傳真服務：(02) 2500-1990、2500-1991
　　　　　　　讀者服務信箱：service@readingclub.com.tw
　　　　　　　劃撥帳號：19863813
　　　　　　　戶名：書虫股份有限公司
香 港 發 行 所／城邦（香港）出版集團有限公司
　　　　　　　香港灣仔駱克道193號東超商業中心1樓
　　　　　　　電話：(852) 2508-6231 傳真：(852) 2578-9337
　　　　　　　E-mail: hkcite@biznetvigator.com
馬 新 發 行 所／城邦（馬新）出版集團 Cité (M) Sdn. Bhd.
　　　　　　　41, Jalan Radin Anum, Bandar Baru Sri Petaling,
　　　　　　　57000 Kuala Lumpur, Malaysia.
　　　　　　　電話：(603) 90578822 傳真：(603) 90576622
　　　　　　　Email：cite@cite.com.my
美 術 編 輯／簡至成
封 面 構 成／廖冠雯
製 版 印 刷／卡樂彩色製版印刷有限公司

TE NI TORU YOUNI SEKAISHI GA WAKARU HON
©NAOSHI KOMATSUDA 2002
Originally published in Japan in 2002 by KANKI PUBLISHING INC.
Traditional Chinese translation rights arranged with KANKI PUBLISHING INC. through AMANN CO., LTD.

■2012年5月22日初版合訂版
■2019年2月12日修訂一版
■2019年7月1日修訂一版3刷

城邦讀書花園
www.cite.com.tw

ISBN 978-986-480-069-8
定價580元　HK$ 193